Quaderni dell' Accademia Università
di della
architettura Svizzera
Mendrisio italiana

Direttore
Dean
  Marc Collomb

Coordinamento di Direzione
Dean's Office Coordinator
  Marco Della Torre

Responsabile
Editor
  Bruno Pedretti

Coordinamento editoriale
Editorial coordination
  Tiziano Casartelli

Progetto grafico
Graphic design
  Sidi Vanetti

Progetto di copertina
Cover design
  Andrea Lancellotti

English translations
  Richard Sadleir (rs)
  Sylvia Notini (sn)
  Paul Metcalfe,
  Scriptum, Roma (pm)
  Catherine Schelbert (cs)
Traduzioni In italiano
  Marina Aldrovandi (ma)

Redazione
Editing
  Gabriele Neri

© 2016 Accademia
  di àrchitettura
  Mendrisio
  Università
  della Svizzera
  italiana

L'atlante dell' architetto

The Architect's Atlas

A cura di
Edited by
Bruno Pedretti

Mendrisio
Academy Press
Silvana Editoriale

		Sommario	Summary
5	Marc Collomb Marco Della Torre	Un atlante di atlanti	An atlas of atlases
16	Bruno Pedretti	L'atlante, ovvero il congedo dal trattato	The atlas, or Adieu to the treatise
30	Manuel Aires Mateus	Eredità e discontinuità	Legacy and discontinuity
44	Walter Angonese	Pensiero interstiziale	Interstitial thinking
60	Michele Arnaboldi	Vita d'incontri	A life of encounters
76	Valentin Bearth	Alla ricerca della felicità	The search for happiness
88	Riccardo Blumer	Un'architettura delle cose	An architecture of things
102	Martin Boesch	A proposito di...: alcune risposte a dieci domande	Apropos: a few comments on ten questions
116	Mario Botta	Incontri	Encounters
134	Burkhalter Sumi	6 temi 6 progetti	6 themes 6 projects
148	Antonio Citterio	Elementi di un linguaggio progettuale	Elements of a design language
160	Marc Collomb	Piccolo romanzo di formazione	Small coming-of-age novel
172	Grafton Architects	Come e perché immaginiamo?	How and why do we imagine?
184	Diébédo Francis Kéré	Una dichiarazione di poetica	Statement of poetics
194	Quintus Miller	Frammenti di un discorso progettuale	Fragments of an architectural discourse
208	João Nunes	I fiumi interdisciplinari del paesaggio	The interdisciplinary rivers of the landscape
220	Valerio Olgiati	Verso un'autobiografia icastica	Towards an icastic autobiography
230	Jonathan Sergison	Sei argomenti di conversazione	Six talking points
243		Note biografiche	Biographies

**Un atlante
di atlanti**

Dopo i primi due numeri dei "Quaderni dell'Accademia di architettura" dedicati rispettivamente al *Riuso del patrimonio architettonico* e all'*Architetto generalista*, abbiamo deciso di dedicare questo volume alle riflessioni teoriche degli architetti professori che insegnano nella nostra scuola. Come s'intuisce sin dal titolo, con *L'atlante dell'architetto* non abbiamo chiesto la consueta esposizione della loro visione disciplinare e neppure una presentazione dei loro lavori progettuali. Questi temi sono in diversa misura presenti, ma vengono svelati in modo per così dire indiretto, attraverso il racconto dei riferimenti culturali che di volta in volta hanno concorso a plasmare la personalità del singolo architetto. Il termine "atlante", di solito usato per definire un'antologia geografica o tematica di opere, va dunque qui inteso diversamente, ossia come quel mosaico di orientamenti ampiamente culturali che ogni architetto ritiene significativi nella costituzione della propria teoria progettuale e pratica professionale.

L'interesse di una pubblicazione così concepita è presto detto: consiste nel mostrare come la cultura di un architetto si articoli in un complesso assemblaggio di principi disciplinari, debiti formativi, sguardi storici, competenze professionali, esplorazioni estetiche, curiosità tecnologiche e scientifiche, attrazioni artistiche... Nei difficili scenari in cui l'architettura contemporanea è chiamata a operare, il concetto di "atlante" ci è dunque parso particolarmente adatto a illustrare gli strumenti culturali anche non strettamente disciplinari che partecipano all'elaborazione del linguaggio espressivo dell'architetto.

La riflessione storica e critica sullo statuto aperto e interdisciplinare dell'architettura, avviata dalla nostra scuola con *L'architetto generalista*, con *L'atlante dell'architetto* viene ora sviluppata calandola nelle testimonianze dirette degli architetti progettisti. Sono le loro stesse voci a raccontare come l'architettura che non voglia limitarsi a semplice servizio tecnico o a standardizzato protocollo professionistico ha bisogno di aprirsi verso molteplici fonti. Lasciata alle spalle l'antica normatività del trattato e ridotto a umile suggeritore operativo il manuale, l'architetto dei nostri giorni è sempre alla ricerca di canoni che non gli sono più garantiti da dettami tecnici né prescritti da modelli ereditati dalla tradizione. Ogni architetto che voglia essere degno della sua arte ha insomma bisogno di elaborare una propria poetica. E proprio per questo, agli architetti professori che insegnano all'Accademia di architettura di Mendrisio sono state sottoposte alcune domande mirate a raccoglierne le "dichiarazioni di poetica". È stato chiesto loro di parlare dei riferimenti culturali che sentono più prossimi, di esplicitare i possibili "alberi genealogici" del proprio linguaggio progettuale, di raccontare i percorsi formativi seguiti, di chiarire come vedono il rapporto tra cultura disciplinare e altre fonti artistiche o letterarie, di pronunciarsi infine su alcune questioni ricorrenti nel dibattito architettonico contemporaneo, quali la rilevanza dei "maestri", il rapporto tra tecnica e invenzione, il dialogo tra novità e tradizione... Quello che ne emerge è una carrellata di brevi e vivaci autoritratti nei quali ogni architetto enuncia la sua visione della pratica architettonica riservando un particolare riguardo a un tema troppo spesso sottaciuto, frainteso o liquidato frettolosamente: il ruolo esercitato dai debiti culturali nel costituirsi della nuova personalità artistica.

Le pagine che seguono mostrano a tale proposito un ventaglio di risposte alquanto diversificate. C'è chi ha scelto di mettere l'accento sui momenti ritenuti più importanti della propria formazione, mentre altri hanno privilegiato un resoconto autobiografico allargato a considerazioni storiche e generazionali sui "maestri" della disciplina; taluni hanno deciso di concentrare l'attenzione sul proprio "museo" iconografico, e in modo simile altri hanno privilegiato mostrare il proprio "museo" bibliografico; in alcuni casi troviamo riflessioni che abbozzano una vera e propria teoria progettuale, laddove altri raccontano dei propri incontri artistici e intellettuali; in qualche caso compaiono i lavori personali e in altri casi questi sono invece del tutto assenti; qualcuno ha scelto di raccontarsi con sequenze fotografiche commentate, diversamente da altri che hanno preferito rappresentarsi attraverso propri disegni o i lavori dell'attività didattica…

  In tutti i contributi le immagini, con una capacità di sintesi più efficace delle stesse parole, si dimostrano insostituibili nel fissare la mappa intellettuale e artistica che contraddistingue ogni architetto, ribadendone, se ancora ve ne fosse bisogno, la forte impronta di artista visivo. Da qui l'originalità di una pubblicazione nella quale ogni architetto rende letteralmente visibili i suoi temi e le sue figure di riferimento, a dimostrazione che la creatività non vive sospesa nel vuoto della storia e nell'autoreferenzialità dell'autore, bensì nel confronto con la memoria, sia essa disciplinare, culturale, artistica o sociale.

  In conclusione, potremmo definire questo volume un atlante di atlanti, poiché raduna in un'unica mappa le geografie culturali che caratterizzano le personalità della composita schiera di architetti professori dell'Accademia di architettura di Mendrisio.

Marc Collomb, Direttore
Marco Della Torre, Coordinatore di Direzione
Accademia di architettura
Università della Svizzera italiana

An atlas of atlases

After the first two issues of the "Quaderni dell'Accademia di architettura" devoted respectively to the *Reuse of the Architectural Heritage* and *The Architect Generalist*, we decided to dedicate this book to the theoretical reflections of the architect teachers in our school. As might be guessed from the title, with *The Architect's Atlas* we did not apply to them for the usual exposition of their vision of the discipline or a presentation of their project works. These themes are present to varying degrees, but they emerge, so to speak, indirectly, through an account of the cultural bearings that have variously helped shape the personalities of the individual architects. The term "atlas", usually applied to a geographic or thematic anthology of works, should here be seen differently, as the mosaic of broadly cultural orientations that each architect regards as significant in the constitution of their design theory and professional practice.

The interest of a publication conceived in this way is obvious: it lies in showing how the culture of an architect is articulated in a complex assembly of disciplinary principles, formative debts, historical views, professional skills, aesthetic explorations, technological and scientific curiosity, artistic sympathies, and much else. In the difficult scenarios in which contemporary architecture is required to work, the concept of the "atlas" therefore seemed particularly apt as illustrating the cultural instruments, including those that are not strictly professional, involved in the development of the architect's expressive language.

A historical and critical reflection on the open and interdisciplinary status of architecture, begun by our school with *The Architect Generalist*, is now developed further with *The Architect's Atlas*, by embedding it in the direct testimony of the architect designers. In their own voices they relate how architecture that seeks to be more than mere technical service or professional standardised protocol needs to be receptive to multiple sources. Having left behind the ancient normative approach of the treatise and reduced the manual to a humble practical prompt book, the architect of our day is always searching for canons that are no longer guaranteed by technical dictates or prescribed by models inherited from the tradition. Any architect who wants to be worthy of the art needs to develop a poetic of their own. And for this very reason, certain questions were submitted to the architect teachers on the Mendrisio Academy of Architecture, in order to elicit "statements of their poetics". They were asked to speak of the cultural references they feel closest to, to make explicit the possible "family trees" of their design language, to recount the formative programmes they pursued, and clarify how they see the relation between the disciplinary culture and other artistic or literary sources; and finally to deal with some of the recurrent issues in the contemporary architectural debate, such as the relevance of the "masters", the relations between technology and invention, the dialogue between innovation and tradition... What emerges is a gallery of brief and lively self-portraits in which each architect sets out his vision of architectural practice, with a particular focus on a topic all too often omitted, misunderstood or hastily dismissed: the role played by cultural debts in the establishment of the new artistic personality.

In this respect the following pages will reveal a range of quite different responses. Some have chosen to lay the stress on moments they consider particularly significant in their formation, while others have focused on an autobiographical account broadened to take in historical

and generational considerations about the "masters" of the discipline. Some decided to focus on their own iconographic "museum", while others have preferred to present their bibliographical "museum". Some of the reflections sketch out a true theory of design, whereas others speak of artistic and intellectual encounters. In some cases personal works appear in the foreground while in others they are completely absent. Some have chosen to tell their stories with commented photographic sequences, contrasting with others who have chosen to represent themselves through their drawings or teaching...

In all the contributions, images, with a greater power of synthesis than words themselves, prove invaluable in presenting the intellectual and artistic map that distinguishes each architect, stressing, if it were needed, their strong imprint as visual artists. Hence the originality of a publication in which each architect literally makes visible their themes and their landmark figures, showing that creativity does not live suspended in the void of history and the self-referentiality of the author, but draws on memory, whether disciplinary, cultural, artistic or social. In conclusion, we might call this book an atlas of atlases, as it brings together in a single map the cultural geographies that characterise the personality of the composite array of architects teachers at our Academy of Architecture. (rs)

Marc Collomb, Dean
Marco Della Torre, Dean's Office Coordinator
Academy of Architecture
Università della Svizzera italiana

1.

1.
André Malraux
sceglie le immagini
per il suo libro
Le musée imaginaire
(Genève 1947).
André Malraux
chosing the images
for his book
Le musée imaginaire
(Genève 1947).

2.
3.

4.

5. 6. 7.

2.
Édouard Manet, *Ritratto di Émile Zola*, 1869 (Paris, Musée d'Orsay).
Édouard Manet, *Portrait of Émile Zola*, 1869 (Paris, Musée d'Orsay).
3.
Charles Robert Cockerell, *The professor's Dream*, 1849, particolare/detail (London, Royal Academy of Arts).
4.
Hans Schmidt, *Costruire non è architettura*, fotomontaggio ("Das Werk", 5, 1927).
Hans Schmidt, *Build is not architecture,* montage ("Das Werk", 5, 1927).
5, 6.
Hermann Finsterlin, *Giochi di stile*, modelli e disegni ("Frülicht", 1922).
Hermann Finsterlin, *Style games,* models and drawings ("Frülicht", 1922).
7.
Hannes Meyer, *Libri adeguati ai tempi*, collage fotografico ("Das Werk", 7, 1926).
Hannes Meyer, *Adequate books at the time,* photographic collage ("Das Werk", 7, 1926).

8.

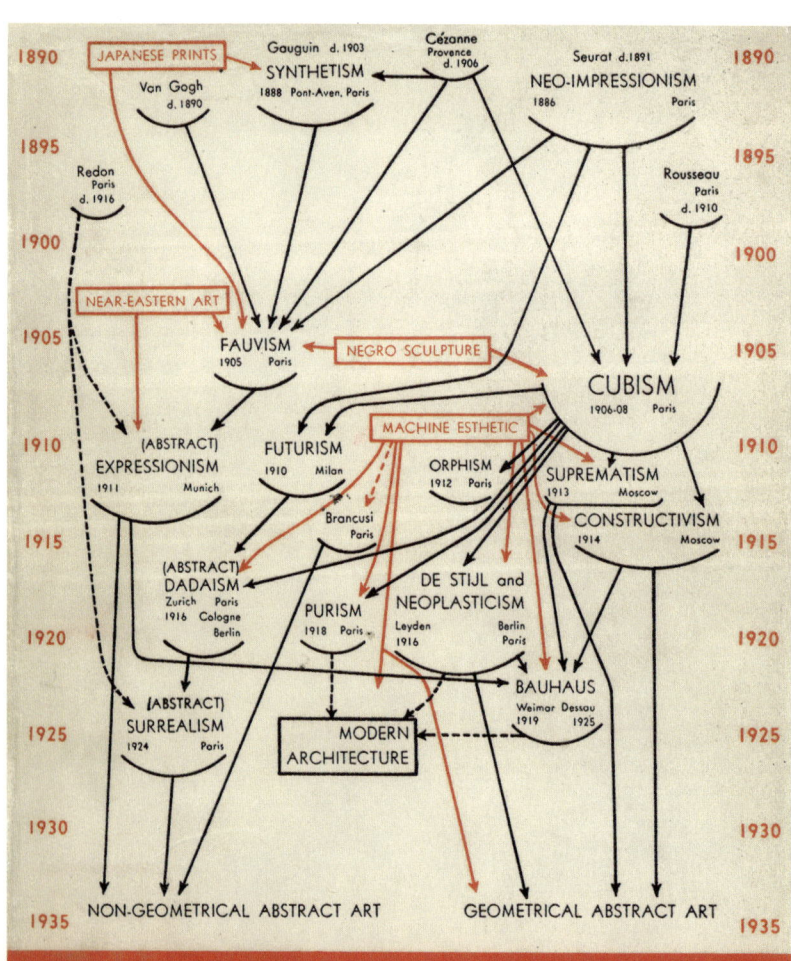

9. 10.   11.

8.
Alfred H. Barr,
Cubism and Abstract Art, copertina del catalogo della mostra (New York, Museum of Modern Art, 1936).
Alfred H. Barr,
Cubism and Abstract Art, the cover of the exhibition catalog (New York, Museum of Modern Art, 1936).
9, 10.
Independent Group,
Parallel of Life and Art, allestimento della mostra/exhibition design
(London, Institute of Contemporary Art, 1953).
11.
Marianne Brandt,
Our Unnerving City, fotomontaggio/photomontage, 1926
(Berlin, Galerie Berinson; New York, UBU Gallery).

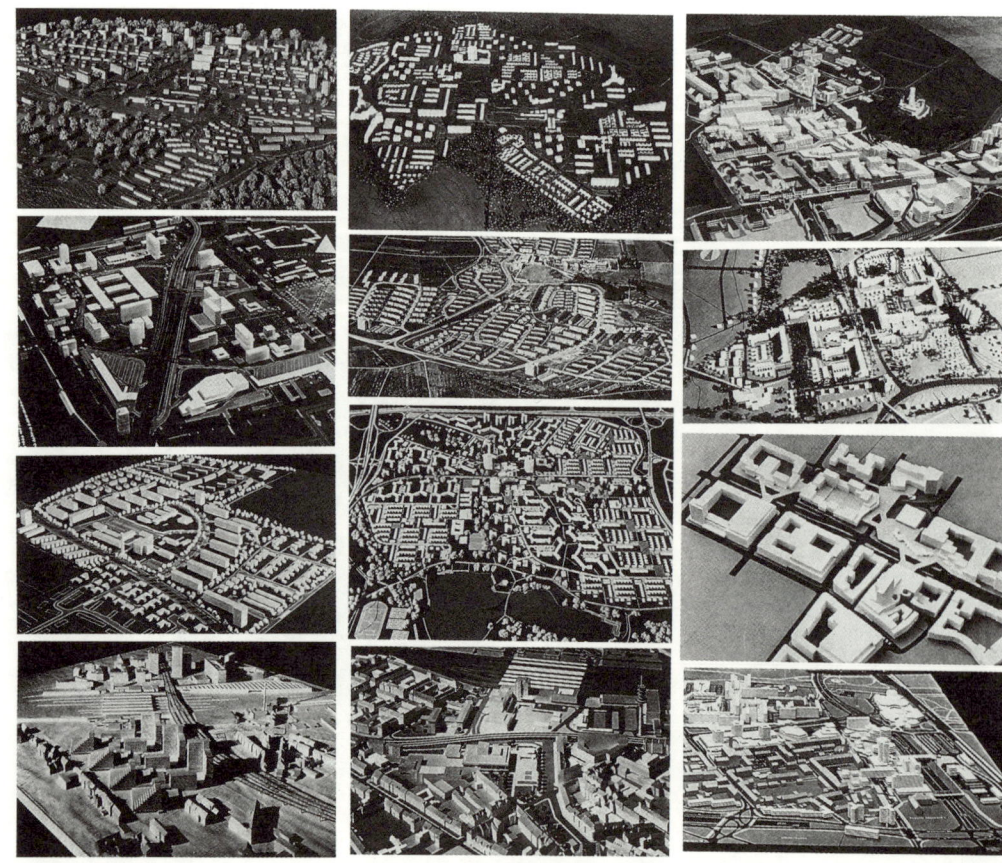

12.

13.

14.

12.
Alison e Peter
Smithson con Nigel
Henderson, *Griglia per
il CIAM IX*, 1953
(Londra, coll. Alison
and Peter Smithson).
Alison and Peter
Smithson with Nigel
Henderson, *Barbecue
CIAM IX*, 1953 (London,
coll. Alison and Peter
Smithson).
13, 14.
Gerhard Richter, *Cities*
(1968), *For 48 Portraits*
(1971).

**L'atlante,
ovvero
il congedo dal trattato**
Bruno Pedretti

Se l'arte fosse ancora considerata un sapere tecnico come nel mondo antico, sarebbe comunicata soprattutto, se non esclusivamente, da un genere letterario: il trattato, o dal suo erede impoverito: il manuale. La sua lingua teorica tenderebbe a essere una e vincolante, ispirata a protocolli normativi come nelle odierne scienze sperimentali. Anche la lingua delle immagini si adeguerebbe, presentando grammatiche di base con figure astratte, modelli, prototipi... Le arti moderne però, com'è diventato evidente soprattutto in quelle visive e in architettura, hanno preso sempre più le distanze dallo statuto tecnico, sino a proiettare le loro abilità oltre il "saper fare" e le regole prescrittive che nei trattati e manuali marcano i confini della conoscenza.

Difficile stabilire se il sapere tecnico sia davvero sparito dalle pratiche artistiche o se piuttosto non si sia travestito sotto spoglie clandestine. Ma, che oggi esso venga delegato ad altre figure del processo costitutivo dell'opera, che sia considerato una semplice condizione preliminare come la conoscenza della lingua per uno scrittore, o che lo si ritenga metabolizzato nella forma conoscitiva che si usa definire "creativa", il senso non cambia: in arte il primato del sapere tecnico è tramontato, e il trattato che ne era il plenipotenziario ha ceduto le sue funzioni ad altre lingue teoriche, narrative, iconiche.

Le lingue delle arti – nel senso in cui Walter Benjamin parlava di una lingua della musica, della scultura, della giurisprudenza... – in epoca moderna si sono così disseminate in svariati generi letterari e visivi. Sono loro i fedeli testimoni della distanza, se non addirittura dell'inimicizia, incuneatasi tra cultura artistica e conoscenza tecnico-scientifica. Il prosperare nel nostro tempo di molteplici discorsi sull'arte non va dunque interpretato come un bisogno "naturale" di articolarne la comunicazione su vari fronti: tecnico, storico, critico... Esso decreta più nel profondo il congedo moderno dell'arte dai fondamenti normativi di cui il trattato era depositario e guardiano, fondamenti il cui declino non poteva che essere compensato dalla ricerca di una diversa "maestria": quella costruita su aperti e diversificati riferimenti culturali. L'artista o l'architetto che opera nell'epoca del tramonto del trattato è di questi che ha bisogno, ossia di un mosaico di eredità intellettuali, processi formativi e dialoghi disciplinari che assemblino ecletticamente fonti tanto letterarie quanto iconografiche o d'altro genere andando a formare quello che con una sintesi efficace possiamo definire *atlante culturale*.

Per verificare quanto l'atlante culturale sia cresciuto in misura proporzionale al parallelo declino del trattato normativo, basta un veloce sorvolo sugli ultimi secoli con lo sguardo rivolto ai generi letterari e iconografici che accompagnano la prassi e la teoria artistica. Dall'alto del sorvolo sfuggono molti particolari, ma il panorama ne guadagna in visione prospettica. E questa dice chiaramente che in architettura abbiamo assistito dapprima al progressivo passaggio dall'egemonia assiomatica del trattato di età umanistica e rinascimentale a forme letterarie ancora normative ma meno "autoritarie", quali i *précis* e le *recueils*, i *principles*, *discourses* e *dictionnaires* diffusi tra Sette- e Ottocento. A queste pubblicazioni si dovevano presto affiancare testi di carattere squisitamente saggistico, a riprova che i dettami prescrittivi andavano cedendo irreversibilmente terreno a favore di variegati indirizzi disciplinari. L'Ottocento ha quindi visto accelerare ulteriormente la migrazione delle lingue artistiche verso gli agognati lidi della poetica. Nel frattempo, è vero, non cessano le opere di teoria che insistono sui precetti artistici, ma la loro è un'attività estrattiva di regole da una cava i cui giacimenti si stanno ormai esaurendo, e i fondamenti tecnici vi occupano di solito una posizione gregaria, quando non sono tralasciati o addirittura colpevolizzati (nelle numerose "grammatiche" dell'epoca dedicate all'architettura e alle arti applicate ci si preoccupa a tal punto di stile, forma, linguaggio, che la tecnica viene vissuta spesso come una minaccia, sino a fomentare un autentico "timore della conoscenza" che si trascina ancora ai nostri giorni).

La decadenza del trattato non è stata comunque accettata senza resistenze. I "quattro elementi dell'architettura" di Gottfried Semper e i "cinque punti della nuova architettura" di Le Corbusier, per esempio, possono essere visti come vere e proprie missioni mirate a riconquistare i fondamenti perduti della disciplina. Ma ben poco hanno potuto davanti al crollo dell'antica civiltà del trattato, se non recuperare qualche frammento dalle sue rovine. E lo stesso si può dire di altri testi famosi del primo Novecento, come quelli di Tony Garnier sulla *Cité industrielle*, di Walter Gropius sull'*Internationale Architektur*, di Henry Russell Hitchcock e Philip Johnson sull'*International Style* o di Sigfried Giedion su *Spazio,*

**The atlas,
or
Adieu to the treatise**
Bruno Pedretti

If art were still considered to be a technical skill, as it was in the ancient world, it would mostly, if not exclusively, be communicated by a literary genre: the treatise, or its more modest heir, the handbook. Its theoretical language would tend to be one and binding, inspired by normative protocols akin to today's experimental sciences. Even the language of images would follow suit, comprising basic grammars characterised by abstract figures, models, prototypes... The modern arts, however, as has become especially evident in the visual arts and in architecture, have increasingly grown distant from the technical statute, ending up projecting their skills beyond the "know-how" and prescriptive rules that in treatises and handbooks demarcate the boundaries of knowledge. It is hard to say whether technical knowledge has truly disappeared from artistic practice, or whether it hasn't instead been concealed beneath a secret guise. But whether today it is delegated to other figures of the work's constitutive process, whether it is considered a simple prerequisite like the knowledge of a language for a writer, or whether it is believed to be metabolised in the cognitive form that is generally identified as "creative", the meaning doesn't change: in art, the supremacy of technical knowledge is a thing of the past, and the treatise that was its plenipotentiary has surrendered its functions to other theoretical, narrative, and iconic languages.

The languages of the arts – in the sense that Walter Benjamin spoke of a language of music, sculpture, law... – in the modern age have been disseminated through various literary and visual genres. These are the faithful witnesses of the distance, if not the hostility, that has become wedged between artistic culture and technical-scientific knowledge. The thriving in our day and age of multiple discourses on art must not be interpreted as the "natural" need to articulate their communication on several fronts: technical, historical, critical... It more deeply decrees modern art's leave-taking from the normative fundaments of which the treatise was the repository and guardian, fundaments whose decline could only be compensated for by the search for a different "mastery": one based upon open and diversified cultural references. This is what the artist or the architect operating in the era of the fall of the treatise needs, that is to say, a mosaic of intellectual legacies, formative processes, and disciplinary dialogues that can eclectically assemble sources both literary and iconographic, or of other kinds, thus forming what we can simply and effectively refer to as a *cultural atlas*.

To see to what extent the cultural atlas has grown in proportion to the parallel decline of the normative treatise, one need only take a quick glance at the most recent centuries and the literary and iconographic genres that accompany artistic practice and technique. From this bird's-eye view, many details may escape us, but the view gains in terms of perspectival vision. And this clearly tells us that in architecture we at first witnessed the gradual passage from the axiomatic hegemony of the treatise of the humanist age and Renaissance to literary forms that are still normative but less "authoritative", such as the *précis* and the *recueils*, the *principles*, *discourses*, and *dictionnaires* that spread during the eighteenth and nineteenth centuries. These texts were soon joined by others of a purely essayistic nature, proof that the prescriptive dictates were steadily losing ground to the advantage of a variety of disciplines. The nineteenth century then witnessed a further acceleration of the migration of artistic languages towards the greatly desired shores of poetics. In the meantime, the theoretical works that insisted on artistic precepts did not cease, but theirs was an activity that entailed the extraction of rules from a quarry whose deposits had by then been depleted, and the technical fundaments usually occupied a gregarious position, when they were not abandoned or even branded as blameworthy. (In the many "grammars" dedicated to architecture and to the decorative arts, the concern with style, form and language was so great that the technique was often felt to be a threat, even fostering a genuine "fear or knowledge" that has continued until our own day and age).

Nonetheless, the decadence of the treatise was not accepted without some resistance. Gottfried Semper's "four elements of architecture", and Le Corbusier's "five points of a new architecture", for instance, can be seen as full-fledged missions aimed at regaining the lost fundaments of the discipline. But they could do little when faced with the collapse of the ancient civilization of the treatise, if not recuperate a few fragments from its ruins. And the same can be said for other famous texts of the early twentieth century, such as Tony Garnier on the *Cité industrielle*, Walter Gropius on *Internationale Architektur*, Henry Russell Hitchcock and Philip Johnson on *International Style*, or Sigfried Giedion on *Space, Time*

tempo, architettura, opere dove il congedo dal trattato viene risarcito dalla ricerca di un possibile canone del Moderno.

Dal patrimonio unitario del trattato, in cui convivevano tecnica, metrica, "ordini", come in un processo di spartizione tra eredi discordi non potevano pertanto che diramarsi generi letterari e iconografici nei quali si attesta che adesso sono l'intenzione estetica e l'invenzione creativa a legiferare, sebbene attraverso "leggi" cui è precluso ogni valore disciplinare universalistico. Va inoltre ricordato che anche il racconto storico infieriva intanto sul già fiaccato statuto tecnico delle arti negandone l'assolutismo atemporale. Sino a che, nella scia di questa storicità e culturalità, esploderà la fantasmagoria dei modelli comunicativi della modernità artistica, gli stessi che tutt'oggi ne rappresentano i portavoce più accreditati: i manifesti delle avanguardie, i documenti programmatici di gruppi, scuole e movimenti, i racconti storici militanti o "di tendenza", i testi degli stessi artisti e le monografie a loro dedicate, i cataloghi espositivi che presentano nuovi stili e figure emergenti, le riviste illustrate, i periodici e le pubblicazioni di settore che si ergono a giudici nella costituzione dei diversi canoni artistici e nell'edificazione dei novelli pantheon della disciplina...

L'uscita di scena del trattato in età contemporanea, esito del lento crepuscolo che nel frattempo inghiottiva i fondamenti tecnici e dunque normativi della pratica artistica, viene peraltro ribadita da un riscontro letterario sul fronte opposto: la triste sorte toccata al "manuale", il cui compito, una volta persa l'integrazione con l'autorità fondativa del trattato, doveva confinarlo in mansioni di umile servitore chiamato a porgere il prontuario all'artista come il chierichetto il messale al sacerdote durante la messa.

Seguendo la metamorfosi delle lingue che l'hanno accompagnata, la vicenda delle arti moderne (tra le quali l'architettura si distingue per il complesso rapporto che in ogni caso intrattiene con la competenza tecnica e la necessità funzionale) può dunque essere vista come il racconto della cessione dello scettro disciplinare dal trattato all'atlante. Esaurita l'aspirazione a tenere uniti sapere tecnico e facoltà creativa, quasi che tale unità sia appannaggio esclusivo degli esordi artistici o privilegio di mitici momenti fondativi della cultura, potremmo illustrare la nuova condizione facendo nostra l'incisiva immagine usata dal giovane Friedrich Hegel a inizio Ottocento in *Fede e sapere*, dove parla della scissione del "bosco sacro" in "legname e sentimento".

Così formulata la questione, si capisce quanto il divorzio dalla tecnica sia forse la più importante delle rivoluzioni di cui è portatrice l'arte moderna. Ma ogni rivoluzione richiede i suoi prezzi. Come lo stesso Hegel sentenziò, ora l'arte poteva involarsi sulle ali della libertà "sentimentale", ma per reggere il volo le toccava "alleggerire" il peso della sua verità: con la separazione dal sapere tecnico (qui da intendersi piuttosto come pensiero scientifico) l'arte diventava infatti "arte estetica". È inevitabile che mutazioni storiche di tale portata lascino tracce nella stessa lingua. Tra le varie, mi sembra che ricopra una particolare rilevanza l'innovazione lessicale che ha visto l'antica *autorità* allevare in seno la "serpe" dell'*autorialità*, neologismo la cui fortuna contemporanea celebra lo statuto ormai compiutamente "atlantico", soggettivo e creativo, delle nostre arti.

Il connubio di arte e tecnica, dopo aver retto per secoli, rompendosi non poteva evitare di lasciare tracce del suo divorzio nella lingua, ma neppure poteva nascondere i propri dolori nella pratica. Ora bisognava affrontare la faticosa, dolorosa domanda sui principi o valori con cui sostituire le leggi del precedente "governo tecnico" dell'arte. Al riguardo, Friedrich Schiller, intuendo quanto stava succedendo, risolse drasticamente il dilemma scrivendo che «è arte ciò che da sé si dà legge». La formula giungeva, a fine Settecento, a rivendicare con orgoglio ineguagliato la nuova autonomia e libertà dell'arte. Ma dalla rinuncia alle sicurezze precettistiche del trattato nasceva anche quella "sofferenza dei fondamenti" che non smetterà di tormentare le arti moderne, da allora costrette a trovare sempre nuovi rimedi con cui sostituire la tramontata autorità normativa con l'autorialità creativa.

Questo processo culturale fa venire in mente quanto Giambattista Vico diagnosticò nei suoi *Principi della scienza nuova* a proposito degli stadi evolutivi dell'umanità, che il filosofo immaginava suddivisa in tre fasi: teocratica (l'età degli dèi), aristocratica (l'età degli eroi) e democratica (l'età degli uomini). Lo schema vichiano presenta una sorta di parabola dei sistemi culturali, che, da quello originario e fondativo del mito, evolverebbero in forme più sviluppate e ma-

and Architecture, texts in which the departure from the treatise is compensated for by research into a possible canon of the Modern.

From the unitary heritage of the treatise, in which technique, metrics, "orders" were combined and forced to share – much like squabbling heirs – the only things that could branch out were literary and iconographic genres in which it was attested that aesthetic intention and creative invention were now the ones making the rules, although such "rules" were precluded from any universalistic disciplinary value. We also need to remember that historical knowledge was launching an attack on the already exhausted technical statute of the arts, denying it timeless absolutism. That is until, in the wake of this historicity and culturalism, there was an explosion of the phantasmagoria of the communicative models of artistic modernity, the same that are still their most accredited voice: the manifestos of the avant-gardes, the programmatic documents of groups, schools, and movements, the militant, historical or tendential accounts, the texts by the artists themselves, and the monographs devoted to them, the exhibition catalogues that presented new styles and emerging figures, the illustrated magazines, the periodicals and the trade publications that rose up as though they were the judges of the constitution of the different artistic canons and the building of the new pantheons of the discipline...

The exit from the stage of the treatise in the contemporary age, the outcome of the slowly approaching decline that in the meantime swallowed up the technical and thus normative fundaments of artistic practice, is moreover reiterated by a literary clash on the opposite front: the fateful downfall of the "handbook", whose function, once the integration with the founding authority of the treatise had been lost, must have relegated it to the task of the humble servant hired to hand over to the artist his manual, akin to the way the altar boy hands the missal to the priest during the Mass.

Following the metamorphosis of the languages that accompanied it, the events of modern art (among which architecture is distinguished by its complex relationship with technical skill and functional necessity) can thus be seen as the story of the handing over of the disciplinary baton from the treatise to the atlas. Now that the aspiration to keep technical know-how and creative faculties together was exhausted, almost as if this unity were the exclusive prerogative of artistic debuts, or the privilege of legendary founding moments of culture, we could illustrate the new condition by adopting the sharp image used in the early nineteenth century by the young Friedrich Hegel in *Faith and Knowledge*, in which he speaks of the separation of the "sacred grove" into "timber and feeling".

By formulating the question in this way, we can understand just how much the separation from technique is perhaps the most important of the revolutions borne by modern art. But each revolution comes with a price. As Hegel himself declared, now art could take flight on the wings of "sentimental" freedom, but to be able to do so it had to "lighten up" the weight of its truth: with its separation from technical knowledge (here to be understood as scientific thought) art indeed became "aesthetic art".

Needless to say, such far-reaching historical mutations left their mark on language itself. Among them it seems that a particularly important role was played by the lexical innovation that witnessed the ancient *authority* breeding in its bosom the "serpent" of *authoriality*, a neologism whose contemporary fortune celebrates the by now completely "atlantic" statute, both subjective and creative, of our arts.

The combination between art and technique, after holding up for centuries, by breaking apart could not help but leave traces of its divorce in language, nor could it hide its own suffering in practice. Now the time had come to face up to the difficult, painful question regarding the principles or the values with which to replace the laws of art's previous "technical government". In this respect, with insight into what was taking place, Friedrich Schiller drastically solved the dilemma by writing that «Art gives itself its own laws». This formula, at the end of the eighteenth century, claimed the new autonomy and freedom of art with a pride that had never been seen before. But also born from the renunciation of the safety of the treatise was a "suffering of the fundaments" that would never stop tormenting the modern arts, since then forced to find ever new remedies with which to replace the fading normative authority with creative authoriality.

This cultural process reminds us of when Giambattisto Vico,

gari più razionali, ma al contempo paradossalmente più fragili giacché costrette a riconoscerne i limiti umani. Il teorema ebbe fortuna e fu ripreso tra gli altri dal sociologo Auguste Comte e dallo scrittore Victor Hugo, il quale, nell'infervorato elogio dell'architettura affidato al romanzo *Notre-Dame de Paris*, affermò con partigianeria modernista che ogni civiltà comincia con la teocrazia e finisce con la democrazia.

La prudenza è d'obbligo davanti a siffatti quadri antropologici concepiti dal primo storicismo moderno. Essi contengono nondimeno un suggerimento utile al fine del nostro discorso: la similitudine, che credo sia ben più che una coincidenza, con i cambiamenti succedutisi nella cultura artistica moderna. Parafrasando Hugo, verrebbe da dire che anche l'arte dell'epoca moderna cominci con la "teocrazia" del trattato e finisca con la "democrazia" della poetica, dell'atlante, dell'autorialità.

Il percorso che ha condotto a questa "democrazia" (che in parallelo emergeva prepotente anche al di fuori dell'ambito estetico) spiega perché la modernità artistica, dopo il divorzio dalla normatività tecnica, sia di continuo costretta a interrogarsi sui principi che ne legittimano le pratiche. A fine Settecento Schiller chiedeva all'artista di caricarsi sulle spalle le proprie leggi in quanto autodeterminazione della poetica, e con la fierezza dell'artista legislatore di se stesso metteva un'ulteriore pietra, forse quella definitiva, sulla tomba del trattato. Potremmo così concludere che, come nella successione storica dei sistemi di governo politico l'assolutismo cedeva il passo alla democrazia, nel governo artistico il trattato cedeva le funzioni all'atlante. Da qui la libertà eclettica e tendenzialmente anarchica della nuova arte. Ma da qui anche la sua necessità di inventare "leggi" che diano senso a una pratica che paga la propria libertà espressiva con la "sofferenza dei fondamenti perduti".

Affinché l'atlante si potesse caricare di tutta la sua forza doveva insomma consumarsi il congedo dai precetti fondativi e aprirsi la strada ai suoi unici sostituti possibili: i riferimenti culturali. Il termine *atlante*, reso semanticamente dispersivo da usi molteplici (e oggi anche abusato), converrà qui intenderlo in modo più restrittivo. Suggerisco di definirlo come quella forma di conoscenza che – per riprendere un'immagine cara ad Aby Warburg – raduna, accosta e raccorda le proprie fonti, i riferimenti e le ascendenze culturali come in un mosaico. Le tessere di tale mosaico, chiamato a sintetizzare in un montaggio sincronico il debito culturale diacronico, saranno quelle che di volta in volta definiscono il profilo di un artista o i caratteri distintivi di un momento intellettuale, la genealogia di una nuova opera o la formazione di uno specifico canone…

Lo storico dell'arte e della cultura Aby Warburg, come sappiamo, fece un uso ampio e strategico dell'atlante. I suoi ultimi anni di vita, tra 1924 e 1929, si concentrarono addirittura sul grande progetto di un *Bilderatlas*. Questo atlante delle immagini si componeva di molte decine di tavole, a loro volta occupate dal montaggio di decine di illustrazioni di opere d'arte e altri documenti iconografici e rimandi letterari. Gli atlanti servivano a Warburg e ai collaboratori della sua Kulturwissenschaftliche Bibliothek di Amburgo per indagare alcuni temi centrali della storia dell'arte. Tra le serie tematiche affrontate da questo immenso "atlante tipologico" vi erano l'astrologia e le *Pathosformeln* (forme del pathos studiate in particolare attraverso il linguaggio gestuale); nelle sue tavole si assemblavano in forma di *collage* ricerche sui soggetti del sacrificio e della melanconia, vi si connettevano in sofisticati accostamenti genealogici tradizioni iconografiche che dal mondo preclassico e antico sfociavano nel cristianesimo e oltre (come nella famosa conferenza su *Il rituale del serpente*), reperendo e combinando materiali che spaziavano da pregiate edizioni storiche di Ovidio ai francobolli dell'epoca…

Nelle sue erudite tavole Warburg provava a elaborare un metodo per scrivere la storia della cultura usando il montaggio quale supporto visivo di un raffinato procedimento metodologico. La familiarità reperita tra le molte fonti e opere rappresentative dei diversi temi, intendeva mettere in luce delle vere e proprie genealogie e parentele nelle "rappresentazioni dell'Uomo". Ben più che semplice espediente da conferenza di storia dell'arte allietata da pannelli illustrativi, il montaggio era strumento al servizio di una scienza della cultura chiamata a tracciare i processi genetici e i sistemi di trasmissione artistica di temi mitici, religiosi, psicologici, sociali… Gli atlanti di Aby Warburg davano "la parola all'immagine" per raccontare la complessa "funzione formatrice" che prepara ogni opera d'arte, sia essa visiva o letteraria.

15, 16.
Aby Warburg,
l'*Atlante delle immagini*, tavole 25 e A,
1924 sgg.
Aby Warburg,
the *Atlas of images*,
plates 25 and A,
1924 ff.

L'atlante, ovvero il congedo dal trattato
The atlas, or Adieu to the treatise

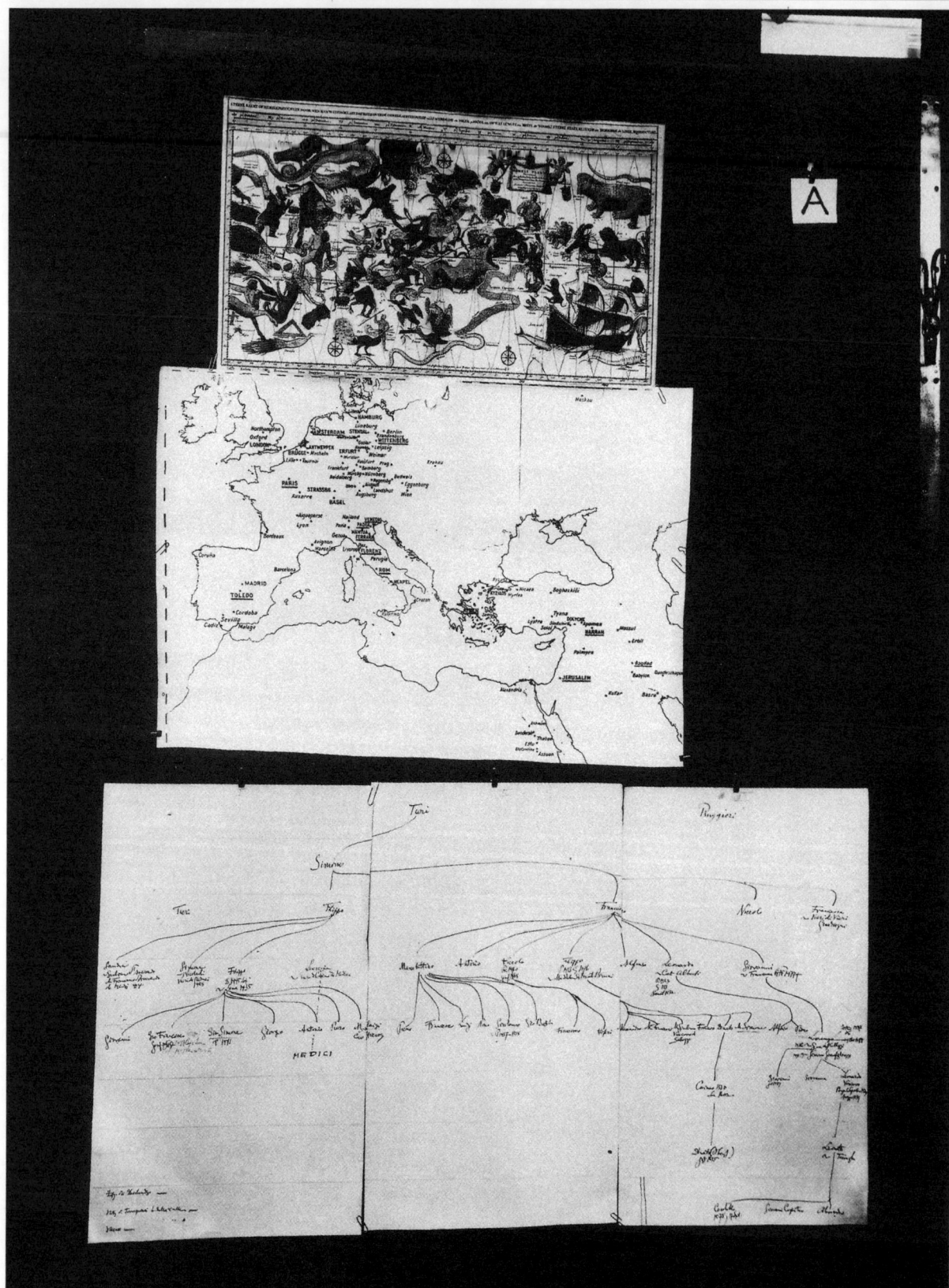

L'atlante, ovvero il congedo dal trattato
The atlas, or Adieu to the treatise

in *Principles of the New Science*, determined the stages in the evolution of humanity, dividing them into three phases: theocratic (the age of gods), aristocratic (the age of heroes), and democratic (the age of men). The Italian philosopher's scheme presents a sort of parabola of the cultural systems which, from the original one underpinning the myth, would evolve into more developed and perhaps more rational forms, but at the same time paradoxically more fragile ones, being forced to acknowledge human limits. The theorem caught on and it was also used, among others, by both Auguste Comte and the writer Victor Hugo, who, in his enthusiastic praise of architecture in *Notre-Dame de Paris,* affirmed with modernist partisanship that each civilisation begins with theocracy and ends with democracy.

We must be cautious before such anthropological pictures conceived by the first modern historicism. They nonetheless contain a suggestion that is useful for the purposes of our discourse: the resemblance, which I think is much more than a coincidence, to the changes that succeeded one another in modern artistic culture. To paraphrase Hugo, one might venture to say that even art in modern era begins with the "theocracy" of the treatise and ends with the "democracy" of poetics, of the atlas, of authoriality.

The road that led to this "democracy" (which in parallel emerged aggressively even outside the aesthetic sphere) explains why artistic modernity, after its divorce from technical norms, is constantly being forced to ponder the principles that legitimise its practices. In the late eighteenth century, Schiller asked the artist to take on the burden of his own laws in as much as they were the self-determination of poetics, and with the pride of the artist who is his own legislator set another stone, perhaps the definitive one, on the tomb of the treatise. We might thus conclude that, just as in the historical succession of political government systems absolutism made way for democracy, in the artistic government the treatise handed over its functions to the atlas. On this is based the eclectic and anarchical freedom of the new art – but also its need to invent "laws" that would provide meaning to a practice that paid for its expressive freedom with the "suffering of the lost fundaments".

For the atlas to be charged with all its force there had to be a leave-taking from the basic precepts and a paving of the way to its only possible substitutes: cultural references. It is worth understanding the term *atlas,* rendered semantically dispersive owing to its multiple uses (often also used incorrectly today), in a more restrictive manner here. I suggest defining it as the form of knowledge that – to use an image dear to the historian of art and culture Aby Warburg – gathers, joins, and unites its own sources, the references and cultural ascendants as though it were a mosaic. The pieces of this mosaic, summoned to synthesise the diachronic cultural debt in a synchronic assembly, will be those that time after time define the profile of an artist or the distinctive features of an intellectual moment, the genealogy of a new work, or the formation of a specific canon…

Aby Warburg made ample and strategic use of the atlas. During the last years of his life, between 1924 and 1929, he focused on the major project of the *Bilderatlas*. This atlas of images was made up of many plates, in turn occupied by the assembly of dozens of illustrations of works of art and other iconographic documents and literary references. These atlases were used by Warburg and his collaborators at his Kulturwissenschaftliche Bibliothek in Hamburg to examine some core themes in art history. Among the thematic series dealt with in this immense "typological atlas" were astrology and *Pathosformeln* (forms of pathos especially studied via the language of gesture). In Warburg's plates research for instance of sacrifice and melancholia collected in the shape of collages, iconographic traditions were connected in sophisticated genealogical associations that from the pre-Classical and Antique worlds developed into Christianity and beyond (such as in Warburg's famous *Lecture on serpent ritual*), gathering and combining materials that ranged from precious historical editions of Ovid to the postage stamps of that period…

In his erudite plates, Warburg tried to develop a method with which to write the history of culture using montage as the visual support for a refine methodological procedure. The familiarity discovered among the many sources and works representative of the various themes was meant to cast light on the true and proper genealogies and kinships in the "representations of Man". Much more than a simple expedient to be used for an art history lecture aided by illustrative panels, montage was an instrument at the service of a science of culture

Il progetto intellettuale di Warburg, che lo studioso intitolò alla figura mitica di *Mnemosyne*, intendeva indagare i processi dell'espressione e della trasmissione artistica sullo sfondo del mondo antico. Ma, ben oltre tale scopo, *Mnemosyne* fu l'intelligente declinazione dell'atlante in una chiave metodologica applicabile ad ambiti più estesi, nonché di riflesso l'ammissione che nel gioco generativo e trasmissivo della cultura opera una struttura conoscitiva ad atlante.

Negli atlanti di Aby Warburg non è difficile cogliere richiami, suggeriti dalla stessa "legge del buon vicinato" in essi applicata, alle coeve sperimentazioni delle avanguardie in materia di *collages*; e similitudini possono essere colte con i procedimenti critici e storiografici a frammenti di Walter Benjamin, nei quali riverberano anche suggestioni mutuate dalle tecniche di montaggio della giovane arte cinematografica. Non sono personalmente a conoscenza di influssi diretti e interscambi dichiarati tra questi protagonisti della scena intellettuale del tempo, ma appare tuttavia evidente quanto nel primo Novecento il concetto dell'atlante culturale abbia avuto una ricca fioritura. Ne è riprova un altro esempio, che qui merita di essere segnalato: le riflessioni di T.S. Eliot contenute in *Tradizione e talento individuale*.

Scritto nel 1919, il testo risale agli stessi anni in cui Warburg andava prefigurando il suo *Bilderatlas*, e, pur non emergendo neppure in tal caso rapporti diretti tra i due autori, leggendolo viene spontaneo rilevarne le affinità intellettuali. Nel suo breve testo, il poeta anglo-americano tratteggia una teoria che non ci stupiremmo se a firmarla, una volta introdotte alcune parafrasi e trasportati gli esempi dal campo letterario a quello delle arti visive, fosse stato lo storico della cultura ebreo-tedesco. Molto significativi sono i passaggi in cui Eliot parla di un passato che «non è solo passato ma anche presente» e di un senso storico che è «senso dell'a-temporale e del temporale insieme». Questo scardinamento della linearità storica gli serve per affermare che nessun nuovo artista ha un significato in sé concluso, ma piuttosto un valore in rapporto agli artisti del passato. Ciò non significa tuttavia, come si potrebbe paventare, una rivincita del continuismo storico. Tutt'altro. Eliot argomenta che, partendo da «un ordine esistente in sé concluso» sedimentato nella tradizione, ogni nuova opera ne provoca delle modifiche, per quanto minime. L'ordine della tradizione non può che essere di continuo trasformato a partire dagli scartamenti introdotti quali effetti della sua stessa eredità culturale. Ricevendo la tradizione come una dote senza doverla per questo investire in un matrimonio obbligato, la nuova opera artistica dimostra che non è affatto «assurda l'idea che il passato sia modificato dal presente, come non lo è che il presente trovi la propria guida nel passato». Secondo il poeta premio Nobel, che in tal modo si poneva in netto contrasto con i proclami di cesura dell'avanguardia ma si differenziava parimenti dai sofferti pensieri sulla discontinuità culturale del collega Paul Valéry, non vi sarebbe dunque antinomia tra tradizione e novità, essendo la seconda sempre una forma di riscrittura, di riposizionamento della prima.

L'atlante culturale – per quanto Eliot non usi mai tale definizione – presta qui le sue armi a liberare la tradizione dal soffocante abbraccio (sottolineato da certa retorica modernista) di un *continuum* storico visto come sostituto temporale del trattato normativo. Così rivisitata, la tradizione si depotenzia per diventare una memoria culturale pronta ad accogliere nel suo ordine, nei suoi canoni, novità che in seguito verranno a loro volta riassorbite nel riassetto della stessa memoria culturale. A ben vedere, questa dinamica tra novità ed eredità culturale ha avvinto più di quanto si sospetti vari protagonisti di quella che spesso viene frettolosamente definita come la stagione della discontinuità delle avanguardie. Negli anni Trenta la vediamo per esempio riaffiorare nella famosa formula della «contemporaneità del non contemporaneo» di Ernst Bloch, il quale, discutendo e polemizzando con colleghi filosofi, affermava che per «usare dialetticamente l'eredità culturale» si debba adottare proprio la strategia del *montaggio*, che «strappa al contesto lacerato e ai relativismi di vario tipo dell'epoca alcune parti, per collegarle in figure nuove». E analogo principio della «contemporaneità del non contemporaneo» lo ritroviamo rivendicato nel secondo dopoguerra anche in campo architettonico, dove, ben prima di cedere il passo alle facilonerie postmoderniste, si cala nelle categorie disciplinari delle «pre-esistenze ambientali» e del «passato sperimentato dal presente» introdotte dalla scuola contestualista di Ernesto Nathan Rogers, che in un articolo del 1954 per "Casabella-continuità" riprendeva persino nel titolo il breve saggio *Tradizione e talento individuale* di Eliot.

Tutte queste prese di posizione, mirate a legittimare la novi-

L'atlante, ovvero il congedo dal trattato
The atlas, or Adieu to the treatise

called upon to trace the genetic processes and systems of artistic transmission of the mythological, religious, psychological, and social themes... Aby Warburg's atlases endowed "the image with speech" in order to describe the complex "formative function" that prepares each work of art, whether it be visual or literary.

Warburg's intellectual project, which he named after the mythological figure *Mnemosyne,* meant to examine the processes of expression and artistic transmission underpinning the ancient world. But, farther beyond this goal, *Mnemosyne* was the intelligent expression of the atlas in a methodological key applicable to more extensive areas, as well as the admission that operating in the generative and transmissive game of culture is an atlas-like cognitive structure.

In Aby Warburg's atlases it is easy to grasp references – suggested by the same "good neighbour rules" applied therein – to the contemporary experiments conducted by the avant-gardes as concerned collages; and we can also glimpse similarities with Walter Benjamin's critical and historiographic procedures in fragments, reverberating within are suggestions borrowed from the montage techniques of the young art of film. Personally, I am not familiar with the influences and the inter-exchanges declared by these intellectuals of the scene back then, but it seems evident just how much the concept of the cultural atlas flourished in the early twentieth century. Proof of this can be found in another example, which warrants mention here: T.S. Eliot's thoughts expressed in *Tradition and the Individual Talent*.

Written in 1919, the text is dated to the same years when Warburg was conceiving his *Bilderatlas*, and while reading it, although a direct relationship between the two authors has never emerged, we can instantly discern the intellectual affinities. In his short text, the Anglo-American author outlines a theory that we would not be surprised to learn was signed, after some paraphrases were introduced and the examples from literature were transported to the field of the visual arts, by the German-Jewish scholar. Highly significant are the passages in which Eliot speaks «not only of the pastness of the past, but of its presence», and of a historical sense that is «a sense of the timeless as well as of the temporal». The poet uses this unhinging of historical linearity to affirm that no new artist has a meaning that is in its complete, but rather a value in relation to artists of the past. This does not mean, however, as one might think, the revenge of the historical continuum. Quite the contrary. Eliot argues that, starting from an «existing order» that is sedimented in tradition, each new work provokes changes, however small these may be. The order of tradition can only continually be transformed starting from the elimination implemented as the effects of a necessary cultural legacy. Receiving tradition as a dowry without having to for this reason invest in an obligatory marriage, the new artistic work shows that «it [is not] preposterous that the past should be altered by the present as much as the present is directed by the past». According to the Nobel laureate, who thus openly opposed the proclamations of caesura made by the avant-garde, but also took his distance from the troubled thoughts on cultural continuity expressed by his fellow writer Paul Valéry, there would be no opposition between tradition and novelty, as the latter is always a form of rewriting, a repositioning of the former.

The cultural atlas – although Eliot never actually uses this term – lends its weapons here to free tradition from the suffocating embrace (underscored by a certain modernist rhetoric) of a historical *continuum* seen as being a temporal replacement for the former normative treatise. Thus revisited, tradition is watered down to become a cultural memory ready to gather into its order, into its canons, novelties that will later in turn be reabsorbed in the realignment of the same cultural memory. If we look closely, this dynamic between novelty and cultural legacy has attracted more than we might suspect the various protagonists of what is often hastily called the season of discontinuity of the avant-gardes. In the 1930s, for instance, we see it re-emerging in Ernst Bloch's famous formula «contemporaneity of the non-contemporary». In discussing and arguing with his fellow philosophers, Bloch affirmed that to use cultural heritage dialectically one must adopt the strategy of the montage, for it «breaks off parts from the collapsed context and the various relativisms of the times in order to combine them into new figures». And similar principles of the «contemporaneity of the non-contemporary» were also claimed in the postwar period in the field of architecture where, well before making way for postmodernist superficiality, it fitted into the disciplinary

tà e il moderno in rapporto alla tradizione, dovevano per forza entrare in rotta di collisione con il vetusto concetto di "influenza". A chiarire i termini dello scontro con speciale intransigenza sarà, nel 1985, l'acuto storico dell'arte Michael Baxandall nel suo breve *"Excursus" contro la definizione di "influenza"*. In esso leggiamo che «ogni volta che un artista viene influenzato da un altro, riscrive in parte tutta la storia dell'arte in cui opera». Il richiamo a Eliot è tanto palese che lo storico dell'arte si guarda bene, chissà perché, dal denunciarlo. Poco grave. Quel che più pesa è il colpo sferrato al concetto di tradizione, che da «gene culturale estetico» si trasforma in «visione discriminante del passato». I calendari storici, preposti di solito a raccontare le discendenze artistiche e a stabilire i debiti culturali, ne risultano talmente scombussolati che – come recita l'esempio scelto da Baxandall per la sua argomentazione – ora non è più Cézanne ad avere "influenzato" Picasso, bensì Picasso che insegna a guardare le opere di Cézanne.

La struttura ad atlante dei riferimenti culturali – volendo dar ragione allo scompaginamento della categoria di "influenza" proposto da Baxandall – giunge dunque a sostegno della moderna autorialità e non a puntello del continuismo storico (quantomeno del continuismo ingenuo). Quella che prende le mosse dall'atlante culturale è tuttavia una discontinuità storica peculiare, poiché esalta la novità mettendola in dialogo con il passato, non venerandola come cesura radicale, tabula rasa, "grado zero" della nuova opera. La discontinuità dell'atlante insegna che tutti gli artisti guardano ad altri artisti venuti prima di loro. La sua è una novità che parte dal riconoscimento di una tradizione, o per meglio dire di un canone, che spetta però al nuovo autore istituire attraverso una «visione discriminante del passato».

A conclusione di queste note, non sorprenderà allora sapere che anche il concetto di *canone* si è trasformato in epoca moderna secondo un processo che richiama lo schema di Vico sugli stadi della civiltà (le età degli dèi, degli eroi e degli uomini). Ad affermarlo è stato, tra gli altri, il grande storico della letteratura Ernst Robert Curtius, che in *Letteratura europea e Medio Evo latino* spiega come il canone si sia storicamente umanizzato, "democratizzato", passando dall'"autorità" degli antichi canoni religiosi e giuridici al significato molto meno costrittivo di "mappa intellettuale" nei canoni letterari moderni. Sulla base del quadro interpretativo di Curtius, il critico Harold Bloom ha potuto riepilogare a sua volta il fenomeno dicendo che «il Canone, parola di origini religiose, è divenuto una scelta fra testi in lotta per la sopravvivenza», un «repertorio di autori approvati».

L'atlante culturale, fiorito in epoca moderna sulle ceneri del trattato, si rivela quindi lo strumento attraverso cui ogni singolo artista si indebita con l'eredità culturale per riscriverne però il canone. Per riprendere le parole categoriche con cui Friedrich Nietzsche parla della «storia monumentale», il canone ci dice che «la grandezza è già esistita un giorno e che perciò sarà possibile un'altra volta». Per questo ogni artista, letterato o architetto che voglia partecipare alla gara della grandezza nella sua disciplina tende sempre a comporre in una "mappa intellettuale" un proprio personale canone. Non disturbiamo dunque gli artisti quando li vediamo all'opera con l'atlante: con i loro riferimenti culturali e montaggi eclettici stanno provando a riscrivere l'autorità del passato con l'autorialità del presente.

categories of «environmental pre-existences» and the «past experimented with by the present» introduced by the contextualism theory of Ernesto Nathan Rogers and others: in an article he wrote in 1954 for "Casabella-continuità", Rogers even quoted Eliot's essay *Tradition and the Individual Talent* in the title.

All these stances aimed at legitimising the new and the modern in relation to tradition were bound to clash with the ancient notion of "influence". It was the art historian Michael Baxandall in *Excursus against Influence* (1985) who clarified the terms of this clash. In Baxandall's essay we read that «each time that an artist is influenced he writes his art's history a little». The allusion to Eliot is so obvious that the art historian is careful, goodness knows why, not to say so. No matter. What is important is the critique of the notion of tradition, which from «aesthetic cultural gene» is transformed into «discriminatory vision of the past». The historical calendars whose purpose is usually that of describing the artistic decent and establishing cultural debts, are so shaken up that, as Baxandall tells us, the question is no longer how Cézanne "influenced" Picasso but rather how Picasso "acted on" Cézanne, changing forever the way we can see Cézanne.

The structure of the atlas of cultural references – if we are to agree with the breakdown in the category of "influence" suggested by Baxandall – thus supports modern authoriality and not the historical continuum (at least a naive continuum). Nonetheless, what is derived from the atlas is a peculiar sort of historical discontinuity, as it exalts novelty by forcing it to converse with the past, not venerating it as radical caesura, tabula rasa, "degree zero" of the new work. The discontinuity of the atlas teaches us that all artists look to other artists who came before them. It is a novelty that starts from the acknowledgement of a tradition, or rather a canon, that it is up to the new author, however, to institute through a «discriminatory vision of the past».

As a conclusion to these notes, it should come as no surprise that even the concept of canon has been transformed during the modern age into a process that recalls Vico's theory of the stages of civilisation (the age of gods, the age of heroes, the age of men). This was affirmed, among others, by the great historian of literature Ernst Robert Curtius, in *European Literature and the Latin Middle Ages*. He explained how the canon was historically humanised, "democratised", going from the "authority" of the ancient religious and juridical canons to the less constrictive meaning of "intellectual map" in the modern literary canons. Based on Curtius' interpretation, critic Harold Bloom has in turn succeeded in summing up the phenomenon by saying that «the canon, a word religious in its origins, has become a choice among texts struggling with one another for survival» in a «repertory of approved authors».

The cultural atlas, which flourished in the modern age upon the ashes of the treatise, therefore reveals itself to be the instrument through which each artist becomes indebted to a cultural heritage – so that he or she can rewrite its canon, however. To quote the categorical words Friedrich Nietzsche used to speak of «monumental history», the canon tells us that «greatness already existed in the past and thus will be possible once more». For this reason, every artist, writer, or architect who wishes to participate in the contest for greatness in his or her discipline tends to always compose an "intellectual map", his or her own personal canon. So let us not disturb artists when we see them at work with the atlas: through their cultural references and eclectic montages they are rewriting the authority of the past with the authoriality of the present.(sn)

Nota bibliografica
Segnalo di seguito alcuni testi, nella relativa edizione italiana consultata, che mi sono stati utili nella stesura di queste pagine e ai quali faccio talvolta esplicito riferimento. L'ordine segue quello della mia esposizione.

Sul soggetto in generale del trattato di architettura restano indispensabili i due volumi di Hanno-Walter Kruft, *Storia delle teorie architettoniche*, Laterza, Roma-Bari 1985-1987. Nonostante l'uso improprio ed estensivo del concetto di "trattato", si veda anche *Teoria dell'architettura: 117 trattati dal Rinascimento a oggi*, introduzione di Christof Thoenes, Taschen, Colonia 2003. Ci sono poi studi utili a capire la genesi del trattato nel sistema di trasmissione della cultura architettonica: è il caso di Joseph Rykwert, *Sulla trasmissione orale della teoria architettonica*, in *Necessità dell'artificio*, Edizioni di Comunità, Milano 1988.

Sul formarsi del significato moderno e contemporaneo di quanto intendiamo "arte", si vedano le sintesi che ne fanno Paul Oskar Kristeller in *Il sistema moderno delle arti*, Alinea, Firenze 1977, e Władysław Tatarkiewicz nel capitolo *L'Arte: storia del concetto*, in *Storia di sei idee*, Aesthetica, Palermo 1997.

Il testo di Walter Benjamin richiamato è *Sulla lingua in generale e sulla lingua degli uomini*, in *Angelus Novus*, Einaudi, Torino 1962.

Circa i diversi generi letterari che affiancano le arti visive moderne, non risultano purtroppo studi sistematici, ma informazioni emergono da molti libri di storia dell'arte nonché dalle antologie di testi degli stessi artisti. Fanno eccezione alcuni contributi, come il breve saggio di Eric Hobsbawm, *Manifesti*, in *La fine della cultura*, Rizzoli, Milano 2013.

Quando parlo del "timore della conoscenza", il riferimento è a Edgar Wind, *Il timore della conoscenza*, in *Arte e anarchia*, Adelphi, Milano 1969.

Sul "bosco sacro" di Friedrich Hegel è prezioso l'inquadramento che ne emerge dal saggio di Odo Marquard, *Arte come compensazione della sua fine*, in *Estetica e anestetica*, il Mulino, Bologna 1994. Il richiamo alle teorie di Friedrich Schiller mi è stato invece suggerito da Władysław Tatarkiewicz, che ne parla in *L'Arte: storia del concetto*, cit.

L'interesse al tema dell'autorialità è in costante crescita e anch'io vi ho dato un piccolo contributo con il breve saggio *Imita te stesso. Riflessioni sul culto contemporaneo dell'autore*, in Giorgio Pigafetta, *Storia dell'architettura moderna*, Bollati Boringhieri, Torino 2007.

Mi hanno condotto alle teorie di Giambattista Vico e alla loro ripresa in Auguste Comte e Victor Hugo le letture di Harold Bloom, *Il canone occidentale*, Rizzoli, Milano 1996, e di Paolo Rossi, *Bambini, sogni, furori*, Feltrinelli, Milano 2001.

Su Aby Warburg e il suo *Bilderatlas* si veda Kurt W. Forster, Katia Mazzucco, *Introduzione ad Aby Warburg e all'Atlante della Memoria*, a cura di Monica Centanni, Bruno Mondadori, Milano 2002.

Il famoso scritto di Thomas Stearns Eliot, *Tradizione e talento individuale*, l'ho consultato nell'edizione italiana de *Il bosco sacro*, Bompiani, Milano 1967. Gli scritti di Paul Valéry sul problema della tradizione sono reperibili in *La crisi del pensiero*, il Mulino, Bologna 1994.

Le teorie di Ernst Bloch sulla «contemporaneità del non contemporaneo» sono esposte in *Eredità del nostro tempo*, Il Saggiatore, Milano 1992. Per l'estensione di tali categorie in ambito architettonico nel secondo dopoguerra, si vedano in particolare: Ernesto Nathan Rogers, "Parte terza. Tradizione e architettura moderna", in *Esperienza dell'architettura*, Skira, Milano 1997, e Aldo Rossi, *L'architettura della città*, Città Studi, Milano 1978.

L'*"Excursus" contro la definizione di "influenza"* è in Michael Baxandall, *Forme dell'intenzione*, Einaudi, Torino 2000.

Le osservazioni di Ernst Robert Curtius sul canone sono in *Letteratura europea e Medio Evo latino*, La Nuova Italia, Scandicci (Firenze) 1992; quelle di Harold Bloom in *Il canone occidentale*, cit. Friedrich Nietzsche parla della «storia monumentale» in *Sull'utilità e il danno della storia per la vita*, Adelphi, Milano 1973.

L'atlante, ovvero il congedo dal trattato
The atlas, or Adieu to the treatise

Bibliographical notes
I would like to mention several texts that I found to be helpful in writing these pages, and which I refer to explicitly in some cases. They are listed here according to their order of appearance in the text.

On the general subject of the architectural treatise the two-part publication by Hanno-Walter Kruft, *A History of Architectural Theory: From Vitruvius to the Present*, Princeton Architectural Press, Princeton 1996 is of seminal importance. Notwithstanding the improper and extensive use of the concept of the "treatise", see also *Architectural Theory: From the Renaissance to the Present*, introduction by Christof Thoenes, Taschen, Cologne 2003. Studies have also been written to help us understand the genesis of the treatise in the system of the transmission of architectural culture: one such study is by Joseph Rykwert, *On the Oral Transmission of Architectural Theory*, in *The Necessity of Artifice,* Rizzoli, New York 1988.

As concerns the development of the modern and contemporary meaning of "art", see the work of Paul Oskar Kristeller in *The Modern System of the Arts*, in "Journal of the History of Ideas 12", 1951, and Władysław Tatarkiewicz in the chapter *Art: History of the Concept*, in *A History of Six Ideas*, Springer, Berlin 2011.

The references to Walter Benjamin are from *On Language as Such and on the Language of Men*, in *Selected Writings*, vol. I 1913-1926, The Belknap Press of Harvard University Press, Cambridge MA 1997.

As concerns the literary genres that accompany the modern visual arts, regrettably there are no systematic studies, but data can be found in many art history books as well as in the anthologies of texts by the artists themselves. An exception to this is the short essay by Eric Hobsbawm, *Manifesto*, in *Fractured Times: Culture and Society in the Twentieth Century*, Little, Brown, Boston 2013, among others.

When I speak of a "fear of knowledge", I am referring to Edgar Wind's *The Fear of Knowledge*, in *Art and Anarchy*, Northwestern University Press, Evanston IL 1985.

On Friedrich Hegel's "sacred grove" particularly interesting is the essay by Odo Marquard, *Kunst als Kompensation ihres Endes*, in *Aesthetica und Anaesthetica. Philosophische Überlegungen,* Wilhelm Fink Verlag, München 2003. The reference to Friedrich Schiller was suggested to me by Władysław Tatarkiewicz, who discusses it in *Art: History of the Concept*, cit.

There is a growing discussion of the subject of authoriality, and I too have contributed to it with a short essay: *Imita te stesso. Riflessioni sul culto contemporaneo dell'autore*, in Giorgio Pigafetta, *Storia dell'architettura moderna*, Bollati Boringhieri, Torino 2007.

I was led to the theories of Giambattista Vico and their mention in Auguste Comte and Victor Hugo through Harold Bloom, *The Western Canon*, Harcourt Brace, New York 1994, and Paolo Rossi, *Bambini, sogni, furori*, Feltrinelli, Milano 2001.

As concerns Aby Warburg and his *Bilderatlas* see Kurt W. Forster, Katia Mazzucco, *Introduzione ad Aby Warburg e all'Atlante della Memoria*, edited by Monica Centanni, Bruno Mondadori, Milano 2002.

T.S. Eliot's renowned essay *Tradition and the Individual Talent* is in *The Sacred Wood*, Faber & Faber, London 1997. Paul Valéry's writings on the question of tradition can be read in *Essais quasi politiques (Variété)*, Gallimard, Paris 1957. Ernst Bloch's ideas on «the contemporaneity of the non-contemporary» are discussed in *The Heritage of Our Times*, Polity Press, Cambridge 1991. For the development of these categories in the field of architecture in the post-Second World War period, see especially: Ernesto Nathan Rogers, *Parte terza. Tradizione e architettura moderna*, in *Esperienza dell'architettura*, Skira, Milano 1997, and Aldo Rossi, *The Architecture of the City*, MIT Press, Cambridge MA, 1982.

Excursus against Influence by Michael Baxandall is included in *Patterns of Intention*, Yale University Press, New Haven 1985.

Ernst Robert Curtius' observations on the canon can be found in *European Literature and the Latin Middle Ages*, Princeton University Press, Princeton 1991, while Harold Bloom's are in *The Western Canon*, cit. Friedrich Nietzsche speaks of «monumental history» in *On the Advantage and Disadvantage of History for Life,* Hackett Publishing Company, Cambridge MA 1980.

Manuel Aires Mateus

Eredità e discontinuità

•

Legacy and discontinuity

con/with
Francisco
Aires Mateus

Testo a cura di
Text edited by
Bruno Pedretti

Manuel
Aires Mateus

Presentare i propri riferimenti culturali è un compito difficile e rischioso. In un atlante culturale sono molte le cose che riemergono, che si assemblano e si confondono. Una prima difficoltà consiste nell'isolare gli stessi elementi di un atlante, mentre una seconda difficoltà consiste nella comprensione di cosa signifchi davvero parlare dei riferimenti che ereditiamo dal passato o che prendiamo in prestito da altri. Per affrontare la questione si usa spesso invocare la cultura da cui si proviene, la formazione disciplinare che abbiamo ricevuto, gli ambienti professionali e intellettuali che frequentiamo. Ma questo tipo di risposta non ci soddisfa del tutto. Dovendo definire che cosa è un riferimento culturale, potremmo intanto dire che è una realtà trasfigurata da uno sguardo. Nella realtà c'è tutto, e per muoverci in essa abbiamo bisogno di selezionare, di evidenziare delle parti che ci permettano di interpretarla. I riferimenti culturali sono i modi con cui altri hanno selezionato la realtà, e si attivano dunque al meglio quando ci poniamo davanti a una realtà simile che dobbiamo interpretare a nostra volta. Per questo è preferibile parlare dei riferimenti culturali non tanto a partire da una loro identificazione in astratto, quanto collegandoli ai compiti che dobbiamo affrontare e nei quali essi entrano in gioco interferendo con il nostro sguardo. Facciamo un esempio per chiarire questo punto. Di recente

Tutte le immagini documentano lavori degli studenti dell'Accademia di architettura.

All the images document work by students at the Academy of Architecture.

Pedro Frade
2014
Abitare Marrakech/
Living Marrakech.

Eredità e discontinuità
Legacy and discontinuity

Presenting one's cultural references is a difficult and risky task. In a cultural atlas there are many things that emerge, that are assembled and mingle. A first difficulty lies in isolating the elements themselves of the atlas and a second difficulty lies in understanding what it means to really speak of the references that we have inherited from the past or borrowed from others. The issue is often addressed in terms of the culture one comes from, the disciplinary training received and one's professional and intellectual associates. But this response does not satisfy us completely. In seeking to define the nature of a cultural reference, we might say that it is a reality transfigured by a gaze. Reality comprises everything, and to move in it we need to select, highlight, the parts that will enable us to interpret it. Cultural references are the ways in which others have selected reality, and they are therefore best activated when we are faced with a similar reality that we have to interpret in our turn. Hence it is preferable to speak of cultural references not so much by starting from their identification in the abstract as by linking them to the tasks we face, in which case they come into play by intercepting our gaze. We can take an example to clarify this point. Recently, one of our projects dealt with the theme of the brick wall. This theme prompted us to think of Sigurd Lewerentz, in particular the walls of his churches, but

Alvise Stramare
2014
Abitare Marrakech/
Living Marrakech.

abbiamo affrontato per un nostro progetto il tema del muro in mattoni. Questo tema ci ha fatto pensare a Sigurd Lewerentz, in particolare alle murature delle sue chiese, ma abbiamo riflettuto anche su alcune esperienze dell'architettura vernacolare e su altri esempi ancora. Il problema specifico del nostro muro ha messo in moto i riferimenti culturali non come la consultazione di un catalogo di forme generiche o di esempi prestabiliti, ma sottoponendo il nostro progetto alle stesse domande che si sono posti altri che ci hanno preceduto in situazioni simili. Se pensiamo ai riferimenti culturali come ad attori chiamati in scena da una nostra esigenza, spostiamo l'accento dal passato al futuro, rovesciando certe idee convenzionali che vedono nel concetto di "influenza" una banale catena di discendenza tra ciò che viene prima e ciò che viene dopo. Ce lo dicono d'altronde anche alcuni critici e filosofi: per quanto sembri strano, la storia si scrive a partire dal futuro, ossia siamo noi ad attivare il passato e i suoi significati. Ecco perché abbiamo deciso che il nostro atlante dovesse mostrare una scelta di lavori dei nostri studenti. Nei progetti dei vari atelier di progettazione che essi hanno seguito con noi nel corso degli anni, possiamo vedere manifestarsi delle cosiddette "influenze" che noi abbiamo ricevuto ma rovesciate nelle "influenze" che in quanto docenti esercitiamo sugli allievi e

João Dos Santos
2013
Ricovero barche e visitatori/
Boatshed and visitor shelter, Antiparos.

Eredità e discontinuità
Legacy and discontinuity

Michela Marabelli
2013
Ricovero barche
e visitatori/
Boatshed
and visitor shelter,
Antiparos.

we also reflected on some examples of vernacular architecture and still others. The specific problem of our wall triggered cultural references, not like consulting a catalogue of general forms or predetermined examples, but by applying to our project the same questions that others who have preceded us asked in similar situations. If we think of cultural references as actors called onto the stage by one of our requirements, we shift the focus from past to future, reversing certain conventional ideas, which see the concept of 'influence' as a banal chain of descent between what went before and what comes next. Moreover, some critics and philosophers tell us the same thing: strange as it may seem, history is written starting from the future; it is we that bring the past and its meanings to life. This is why we have decided that our atlas would show a selection of works by our students. In the projects of the various design studios that they have attended with us over the years, we can see manifested the so-called 'influences' that we have received but inverted into 'influences' that we as teachers present to our students, and which their works then restore to us with further 'influences'. Our atlas lies wholly in this exchange. Cultural debts are naturally present, but they are not fixed reminiscences. The atlas ceases to be a repertoire of disciplinary, historical, professional references, and from being a

che i loro lavori ci restituiscono poi con ulteriori "influenze". Il nostro atlante sta tutto in questo scambio. I debiti culturali naturalmente sono presenti, ma non rappresentano delle reminiscenze fisse. Il nostro lavoro negli atelier di progettazione è molto chiaro da questo punto di vista. Gli studenti devono interrogare un punto preciso della realtà nei suoi elementi fisici, storici, teorici, facendo emergere un proprio sguardo che è anche una risposta ai loro e ai nostri riferimenti culturali. A partire dal caso specifico, si apre un dialogo che si amplifica convocando altri casi, altri progetti, altri autori. Come ci fa capire l'atelier dedicato a Marrakech, il dialogo che si svolge tra noi e gli studenti è sempre, allo stesso tempo, anche un dialogo tra gli studenti e altri "docenti" che di volta in volta rappresentano la cultura progettuale. Abbiamo scelto la famosa città del Marocco, concentrandoci soprattutto sulla medina, per studiare il tema della densificazione urbana e in particolare della casa a patio in verticale. Gli studenti si sono dunque dovuti confrontare innanzi tutto con la lezione che viene dell'architettura vernacolare del luogo; ma hanno svolto ricerche anche sugli interventi urbani dei modernisti in Africa del Nord, e hanno esplorato anche i più ampi orizzonti dell'architettura mediterranea, sia tradizionale, sia moderna e contemporanea. Con questi loro viaggi culturali, lo sguardo dei riferimenti si è progressivamente spostato da singoli autori o esempi a una più estesa lezione morfologica in cui i molteplici riferimenti convogliavano. Si dice spesso che il gioco delle influenze venga molto favorito dai mezzi di comunicazione: libri, riviste, internet... Ma forse c'è qualcosa che comunica anche "nell'aria", come se diversi artisti, autori, architetti sentissero in un determinato momento le stesse vibrazioni e simili esigenze espressive. Noi l'abbiamo sperimentato per esempio con gli alcuni architetti svizzeri dei nostri anni. È come se una sensibilità simile avvicinasse la nostra ricerca alla loro, e magari la loro alla nostra. Questo è accaduto a prescindere dalla conoscenza diretta delle opere reciproche. Anzi, i lavori di questi colleghi che in seguito abbiamo visto, sono giunti a conferma di somiglianze che si erano manifestate prima. Forse siamo qui di fronte a una sorta di "influenza globale" che si traduce in risultati affini. Oppure queste vicinanze di sensibilità sono dettate da non meglio precisati influssi dei tempi. Il concetto di spazio è sempre centrale nel nostro lavoro progettuale e didattico. Lo spazio di vita è la prima giustificazione dell'architettura. Una casa è lo spazio del nostro riposo, del sonno, del cibo, dello studio, della cura del corpo, della convivialità... Ma più ancora che di casa, occorrerebbe parlare in senso lato di "rifugio", una categoria che spiega meglio il no-

Eredità e discontinuità
Legacy and discontinuity

Marco Torri
2013
Ricovero barche
e visitatori/
Boatshed
and visitor shelter,
Antiparos.

Manuel Aires Mateus

stro interesse per lo spazio. Sono diversi gli atelier che abbiamo dedicato a quelli che definiamo rifugi: il rifugio di montagna, il rifugio al mare, il rifugio come spazio meditativo. Che l'area scelta siano le montagne delle Dolomiti, le isole greche o un qualsiasi altro luogo immaginario, in realtà si è trattato ogni volta di riaccostarsi a delle condizioni primarie del progetto. Il programma poteva all'apparenza sembrare banale, eppure diventava straordinario perché chiedeva di spingersi verso il limite delle possibilità inventive. Qualche studente ha scelto di penetrare nella montagna e altri viceversa di appoggiarsi al suolo; qualcuno ha preferito ripensare per il mare la palafitta e altri invece vi hanno inserito una megastruttura galleggiante, o al contrario un edificio minimale; qualcuno ha deciso di usare materiali antichi e altri invece soluzioni tecnologiche, spaziando dalla pietra al calcestruzzo, dal metallo al legno a tende di nuovi tessuti… Ma nella diversità delle risposte, ciò che contava era sempre la ricerca di uno spazio primario, uno spazio tale da poter venire prima di ogni definizione funzionale, come è evidente in particolare nell'atelier dedicato al rifugio per la meditazione. Quali sono i riferimenti culturali in questi esercizi sul rifugio che cercano forme di spazio primarie, se non addirittura archetipiche? Difficile a dirsi. Ma se dovessimo per comodità evocare qualche nome della storia

Andrea Salvatore
2012
La Nuova Opera
sul Tejo /
New Opera House
on the Tagus, Lisboa.

Eredità e discontinuità
Legacy and discontinuity

personal memory becomes a transpersonal culture in which we and the students exchange and share multiple 'influences'. Our work in the design studios is very clear in this respect. Students have to question a precise point of reality in its physical, historical and theoretical entirety, each of them bringing out their own gaze, which is also a response to their and our cultural references. Starting from this specific case, a dialogue is begun that is amplified by summoning up other cases, other projects, other authors. As the workshop dedicated to Marrakech enables us to understand, the dialogue that takes place between us and the students is always, at the same time, a dialogue between the students and the other teachers who in their turn represent design culture. We chose the famous cities of Morocco, focusing especially on the medina, to study the theme of urban densification and in particular the vertical patio house. The students then had to deal first of all with the lesson that comes from the vernacular architecture of the place; but they had also done research into the urban interventions of the Modernists in North Africa and explored the wider horizons of Mediterranean architecture, traditional, modern and contemporary. With these cultural field trips, the gaze of references gradually shifted from the individual architects or examples to a wider morphological

Francesca Caravello
2012
Spazio meditativo/
Meditation space,
Muchoes do Tejo-

disciplinare, per noi il primo e preferito sarebbe certamente quello di Francesco Borromini. Nel grande architetto barocco la spazialità si impone infatti sopra la forma a tal punto che le sue invenzioni vanno oltre ogni limite epocale, stilistico, tipologico, funzionale. Discutendo tempo fa di questi temi a Mendrisio con Eduardo Souto de Moura, ci dicevamo che in ogni progetto dobbiamo "tentare di dimenticare". Sappiamo, naturalmente, che alle spalle di ogni nuovo progetto ci sono richiami ad altri progetti, più o meno contemporanei, storici, antichi o primitivi. Ma sappiamo anche che ogni nuovo progetto deve costruire un proprio atlante, smarcandosi con la sua individualità da ciò che lo ha preceduto. Nel rapporto con l'eredità culturale, dunque, dobbiamo paradossalmente privilegiare la discontinuità. Certe forme di continuità, un po' come succede scorrendo i libri di storia dell'architettura, potranno poi riapparire quando altri osserveranno i nostri lavori. Ma nel momento espressivo è la discontinuità a dover prevalere. Se ora volessimo indicare ad esempio alcuni significativi riferimenti che riteniamo utili alla nostra cultura disciplinare, essi andranno visti comunque come attori di questo dialogo fondato sulla discontinuità. Noi pensiamo che le architetture vernacolari siano sempre di lezione, ma di esse non devono interessare tanto gli stilemi locali, quanto le matrici morfologiche che le reggono. Su questa linea di pensiero è doveroso rendere omaggio naturalmente a un maestro quale Álvaro Siza, figura di eccezionale importanza per il Portogallo moderno e non solo. Prima abbiamo citato Borromini per i suoi capolavori di spazialità, e nella storia dell'architettura potremmo segnalare molti altri protagonisti più o meno ragguardevoli. Ma di tutti costoro, anche quando ne stimiamo molto il lavoro, va evitato di enfatizzare le forme, lo "stile", per ritrovare piuttosto nelle loro opere le scelte fatte in un tempo specifico e in una situazione concreta. Su un altro fronte potremmo richiamare anche alcune figure di artisti visivi i cui lavori si accostano alle tematiche architettoniche e in particolare alle nostre ossessioni per lo spazio. Artisti come Richard Serra, Eduardo Chillida o Gerhard Richter sono di estremo interesse per il loro spazialismo. Ma di tali artisti non deve, ancora una volta, attirarci lo stile, quanto la precisione dell'idea, che essendo nel loro caso svincolata da funzioni specifiche, si traduce in "opere che non hanno scuse". Da loro l'architetto può imparare a "progettare senza scuse", pur praticando un'arte che vive anche di vincoli funzionali. Come cerchiamo di insegnare negli atelier di progettazione, la ricerca espressiva deve dunque guardare ai riferimenti evitando di usare anch'essi come scuse, giustificazioni, pretesti.

Eredità e discontinuità
Legacy and discontinuity

lesson into which multiple references were conveyed. It is often said that the interplay of influences is much favoured by the media: books, magazines, Internet... But perhaps there is something that also communicates 'in the air', as if different artists, writers and architects at a given time felt the same vibrations and similar expressive needs. We have experienced this, for example with some Swiss architects of our own years. It is as if a similar sensibility associated our research with theirs, and perhaps theirs with ours. This happened quite apart from any a direct knowledge of each other's works. In fact the works by these colleagues that we saw later confirmed the similarities that had emerged earlier. Perhaps we are here faced with a kind of 'global influence' which produces similar outcomes. Or else these sympathies of sensibility are dictated by the unspecified influences of the times. The concept of space is always central to our architectural work and teaching. The living space is the first justification of architecture. Home is the space where we rest, sleep, eat, study, take care of our bodies, of our convivial life... But even more than home, we should speak broadly of a 'refuge', a category that best explains our interest in space. We have devoted a number of design studios to what we call refuges: the mountain refuge, the seaside refuge, the refuge as a meditative space. Whether the area chosen was the mountains of the Dolomites, the Greek islands or some other imaginary place, in reality in every case it involved getting closer to each of the primary conditions of the project. The program may have seemed trivial on the surface, yet it became extraordinary because it required the students to push the envelope of their inventive possibilities. Some students chose to set their refuge within the mountainside, while others rested it on the ground; some preferred to rethink the stilt house for a dwelling on the sea, while others installed a mega-floating structure, or on the contrary a minimalist building. Some decided to use old materials and others technological solutions, ranging from stone to concrete, from metal to wood to curtains with new fabrics... But in the diversity of responses, what counted was always the search for a primary space, a space that could come before any functional definition, as was evident in particular studio sessions devoted to the refuge for meditation. What are the cultural references in these exercises on the refuge, which seek the primary, if not archetypal, forms of space? It is hard to say. But if, for the sake of convenience, we were to evoke some names from the history of the discipline, for us the first and favourite one would certainly be Francesco Borromini. In the great Baroque architect spatiality is imposed on the form to the point where

Manuel Aires Mateus

Carlotta Giorgetti
2012
La Nuova Opera
sul Tejo/
New Opera House
on the Tagus,
Lisboa.

Eredità e discontinuità
Legacy and discontinuity

his inventions go beyond all epochal, stylistic, typological or functional limits. Discussing these issues long ago in Mendrisio with Eduardo Souto de Moura, we said that in every project we 'sought to forget'. We know, of course, that behind every new project there are references to other projects, more or less contemporary, historical, ancient or primitive. But we also know that each project has to construct its own atlas, distinguishing itself by its individuality from whatever preceded it. In relation to the cultural heritage, therefore, we paradoxically have to favour discontinuity. Certain forms of continuity will be apparent when others observe our work, rather as happens when scrolling through books on the history of architecture. But in the moment of expression it is discontinuity that has to prevail. If we were now to indicate, for instance, some significant references that we consider useful in our disciplinary culture, they would still be seen as actors in this dialogue based on discontinuities. We think that vernacular architectures are always a valued lesson, but the local stylistic features should not concern one so much as the morphological matrix that supports them. On this line of thought it is, of course, only right to pay tribute to a master like Álvaro Siza, a figure of exceptional importance to modern Portugal, as well as more broadly. Earlier we mentioned Borromini for his masterpieces of spatiality, and we could name many other more or less significant figures in the history of architecture. But in every case, even when we rate their work highly, we have to avoid emphasizing their forms, their 'style', and rather seek in their works for the choices made at a specific time and in a concrete situation. On another front we could also recall some visual artists whose work approaches architectural issues and in particular our obsessions with space. Artists like Richard Serra, Eduardo Chillida or Gerhard Richter are of great interest for their spatial qualities. But, once again, we should not allow ourselves to be attracted by the style of these architects so much as by the precision of the idea, which in their case, being released from specific functions, is translated into 'works which have no excuses'. The architect can learn from them to 'plan without excuses', while practising an art that also lives by its functional constraints. As we seek to teach in the design studios, expressive research must therefore look at the references avoiding using them, too, as excuses, justifications, pretexts. And for this reason the works by the students seems to represent our understanding of the cultural atlas better than any other example.[rs]

Walter Angonese

Pensiero
interstiziale
•
Interstitial
thinking

All'inizio di ogni processo creativo si pone una domanda. Essa può sorgere da noi stessi o venire da qualcun altro, può assumere la forma del dubbio o di una questione che ci rapisce senza preavviso, quasi sorgesse dal nulla. Questo interrogarsi ed essere interrogati è per me la porta d'accesso all'architettura, Il principio che mette in moto l'attività di ricerca. Fare architettura, pensare architettura e articolarla, vuol dire cercare delle risposte. Risposte che noi stessi attendiamo e che altri si aspettano da noi; risposte a dei siti e a delle situazioni trovate, risposte a questioni progettuali o anche teoriche. L'essere architetto non corrisponde a una professione nel senso convenzionale della parola. È piuttosto una vocazione che bisogna coltivare e che richiede molto impegno. Personalmente non credo nel talento innato. Credo invece che curiosità e passione giochino un ruolo molto più importante nello sviluppo dell'architetto. Io mi considero un prodotto di questa curiosità e di questa indispensabile passione verso il progetto. Lavorare per me è mettere in relazione con passione cose, spazi, e anche persone, per creare qualcosa di nuovo: possibili risposte alla domanda iniziale. Credo che ogni processo creativo consista nella "costruzione dell'idea". Una risposta non può (e non deve!) essere solo intuizione. Essa è invece il risultato di un processo che da un'intuizione iniziale (un presentimento inconsapevole, come sa chiunque l'abbia esperito) si evolve e si elabora attraverso una riflessione culturale, fino a raggiungere quel grado di chiarezza e oggettività che possiamo chiamare "idea". Spesso si pensa che l'idea sia una sorta di folgorazione di cui sono capaci le persone particolarmente intelligenti. In tal modo il processo creativo dell'ideazione viene però sopravvalutato: solo rari geni sono in grado di trasformare immediatamente un'intuizione in un'idea, riducendo la mediazione dell'elaborazione culturale a momento irrilevante. Per il resto dell'umanità questo processo è più difficile e faticoso, e anch'io faccio parte di questa diffusa umanità.

Che cos'è però questa riflessione culturale che investe il processo creativo? Se partiamo dal presupposto che ognuno di noi, consapevolmente o meno, ha uno sfondo culturale proprio, e che ci si può appoggiare a un'eredità culturale (anche eventualmente in chiave critica), allora occorre riconoscere in questo "dato" il primo tassello della nostra attività conoscitiva. Indipendentemente da tutto quanto possiamo acquisire e imparare nelle varie fasi della vita, è questo retaggio la base sulla quale costruiamo il nostro primo appoggio. Ogni ulteriore passo ha a che fare con le esperienze che accumuliamo e con la nostra capacità di approfittarne. In altre parole, non si dà evoluzione delle nostre singole ricerche senza le conquiste della conoscenza umana che ci provengono dall'esperienza collettiva, ovvero dalla storia.

Una parte dell'eredità culturale è connessa in modo specifico alla nostra provenienza. L'altra parte è quella che ci è stata insegnata o che, lavorando e studiando, abbiamo imparato da soli. La dimensione dell'apprendimento è un processo infinito. Ciò che del sapere immenso dell'umanità possiamo sperare di imparare e di riuscire a far nostro è sempre solo una minima parte. Per orientarsi nel vasto mare della conoscenza storica è fondamentale la capacità di costruire rapporti, connessioni: ponti culturali. Per quanto mi riguarda, credo di poter dire che la mia formazione sia dipesa da un'innata curiosità e dalla caparbia volontà di capire le cose, più che dalla lezione diretta di figure contemporanee o passate. Nondimeno, nell'arco del mio processo formativo ho incontrato alcuni personaggi che mi sono stati di grande aiuto nel trovare la mia strada. Ancora molto prima di decidermi per l'architettura ho avvicinato il lavoro dell'artista concettuale Donald Judd. È avvenuto in occasione di una mostra a Münster, negli anni Ottanta. Judd mi ha aperto gli occhi sull'astrazione; mi ha fatto scoprire in un modo del tutto nuovo lo spazio e la luce, la materia e il tempo. Di tanto in tanto continuo a sfogliare il catalogo che all'epoca comprai. È per me come uno specchio: ogni volta vi scopro qualcosa di diverso, e al tempo stesso scopro il mio stesso sguardo in trasformazione, il mio sviluppo culturale. Qualcosa di simile è avvenuto anche con Walter Pichler, un artista austriaco con radici sudtirolesi che si è sempre mosso tra arte e architettura. Pichler, che in seguito avrei conosciuto personalmente, era un grande disegnatore, un talentuoso scultore e allo stesso tempo un vero *Baumeister*.

Esperienze analoghe, anche se non così intense, sono state stimolate dall'incontro coi lavori di Gordon Matta Clark, Bernd e Hilla Becher, Andreas Gursky, Candida Höfer e altri ancora. All'inizio sono stati degli artisti (tanti dei miei migliori amici sono artisti) ad aver dato impulso alle prime tappe del mio processo formativo. L'arte mi ha sempre affascinato. Poi, durante e appena dopo gli studi, ho cominciato a subire l'influenza dei grandi architetti. Primo fra tutti Adolf Loos, che è ancora oggi il mio principale riferimento. Insieme a lui voglio citare almeno Le Corbusier, Louis Kahn, Erich Mendelsohn, Mies van der Rohe, anch'essi fondamentali nel mio sviluppo formativo. Non da ultimo Luigi Caccia Dominioni, nonostante l'emarginazione che gli inflisse Manfredo Tafuri allo IUAV, e che io ho avuto però modo di conoscere meglio e apprezzare attraverso la scena svizzera. Non posso poi dimenticare Aldo Rossi, che fu un mio professore: fu lui peraltro che mi insegnò ad amare Loos e Karl Friedrich Schinkel. In modi diversi, Adalberto Libera o Giuseppe Terragni, più tardi Heinz Bienefeld, Sigurd Lewerentz e James Stirling sono entrati a far parte della mia personale formazione e riflessione.

Sono sempre stato molto attratto dal lavoro

Pensiero interstiziale
Interstitial thinking

At the beginning of every creative process one asks oneself a question. It may arise from ourselves or come from someone else, it may take the form of a doubt or a question that fascinates us unexpectedly, as if arising out of nothing. I see this wondering and questioning of oneself as the gateway to architecture, the principle that drives our investigations. Doing architecture, thinking about architecture and articulating it means searching for answers – answers that we ourselves seek and that others expect from us, answers to the sites and the situations found, responses to design issues or even theoretical matters. Being an architect is not a profession in the conventional sense of the word. It is rather a vocation to be cultivated, and it calls for great commitment. Personally I don't believe in natural talent.
I believe rather that curiosity and passion play a much greater role in an architect's development. I consider myself a product of this curiosity and this indispensable passion for design. To me, working means relating things, spaces and even people to each other with passion, so as to create something new: possible answers to the initial question.
I think every creative process consists of 'building the idea'. An answer cannot (and should not!) be merely intuition. Instead it is the result of a process that develops and evolves from the initial insight (an unconscious foreshadowing, as anyone knows who has experienced it) through a cultural reflection until it attains that degree of clarity and objectivity that we can call an idea. An idea is often thought of as a kind of illumination which only very intelligent people are capable of having. But this is to overrate the creative process of ideation: only rare geniuses are capable of transforming an idea into an intuition at once, reducing the mediation of the cultural elaboration to an irrelevant moment. For the rest of humanity this process is more difficult and laborious, and I, too, belong to this common humanity.
Yet what is this cultural reflection that invests the creative process? If we assume that each of us, whether consciously or not, has his or her own cultural background, and that each of us is supported by a cultural heritage (which includes the possibility of adopting a critical attitude to it), then we have to recognize in this datum the first stage of our cognitive activity. Regardless of all that we may acquire and learn at different stages of life, this legacy is the basis on which we build our first support. Every further step has to do with the experiences that we accumulate and our ability to take advantage of them. In other words, there can be no evolution in our individual research without the conquests of human knowledge that come from collective experience or history.
A part of the cultural heritage is specifically bound up with our origin. The other part is what we have been taught or learnt on our own by working and studying. Learning is an endless process. What we can hope to learn and succeed in making our own is always just a fraction of the immense knowledge of humanity.
To take our bearings in the vast sea of historical knowledge it is essential to be able to build up relations, connections: cultural bridges.
For myself, I think I can say that my training has depended on an innate curiosity and a stubborn urge to understand things, rather than being a direct lesson from past or contemporary figures. All the same, during my formative process, I met some people who were a very useful in helping me find my own way. Long before deciding to take up architecture I became interested in the work of the conceptual artist Donald Judd. It happened during an exhibition in Münster, in the 1980s. Judd opened my eyes to abstraction.
He enabled me to discover space and light, matter and time, in a new way. I occasionally still browse the catalogue I bought at the time. To me it is like a mirror: I always discover something different in it, and at the same time I discover my own changing gaze, my cultural development. Something similar happened with Walter Pichler, an Austrian artist with South Tyrolean roots who has always moved between art and architecture. Pichler, whom I later came to know personally, was a great artist, a talented sculptor and at the same time a true *Baumeister*.
Similar experiences, although not so intense, were stimulated by my encounters with the work of Gordon Matta Clark, Bernd and Hilla Becher, Andreas Gursky, Candida Höfer and others.
At first it was the artists (many of my best friends are artists) who gave an impetus to the early stages of my formative process. Art has always fascinated me. Then, during and just after my studies, I began to come under the influence of the great architects. Chief among them was Adolf Loos, who is still my principal point of reference. With him I would like to mention at least Le Corbusier, Louis Kahn, Erich Mendelsohn and Mies van der Rohe, who were also fundamental to my educational development. Last but not least was Luigi Caccia Dominioni, despite the way he was marginalised by Manfredo Tafuri at the IUAV. I had the opportunity to know him better and appreciate his work through the Swiss scene. And I cannot forget Aldo Rossi, who was one of my teachers. He taught me to love Loos and Karl Friedrich Schinkel.
In different ways, Adalberto Libera and Giuseppe Terragni, and later Heinz Bienefeld, Sigurd Lewerentz and James Stirling, all became part of my personal development and thinking.
I have always been drawn to the work of Álvaro Siza. In the mid-nineties, I visited Katsura in Japan and got to know Kazuo Shinohara, whom I respect greatly, and some of his pupils.
After completing my studies at the IUAV, the Swiss and Austrian scene became central to me. As a young architect, perhaps somewhat weary

di Álvaro Siza. A metà degli anni Novanta ho visitato Katsura e in Giappone ho avuto modo di conoscere Kazuo Shinohara, che stimo molto, e alcuni dei suoi allievi. Dopo la conclusione dei miei studi allo IUAV, per me divennero centrali la scena svizzera e quella austriaca. Da giovane architetto forse un po' stanco della tendenza postmoderna italiana (fatta eccezione per Rossi, Caccia e alcuni altri milanesi, o figure come Francesco Venezia), vi trovavo nuovi stimoli e mi ci riconoscevo. Rispetto al mio contesto geografico potrei aggiungere molti nomi alla lista di coloro verso i quali mi sento culturalmente debitore. Chi non voglio dimenticare di nominare è tuttavia l'Escola Paulista, che ancora oggi mi piace molto.

Non si apprende però l'architettura solo attraverso le figure degli architetti. Così, per esempio, ho sempre nutrito un vivissimo interesse per l'architettura senza autore, come quella tematizzata da Bernard Rudofsky nel catalogo della sua famosa mostra sull'architettura anonima. Penso che in generale l'architettura vernacolare mi affascini perché mi diverto molto a elaborare, continuare e completare nella mia testa situazioni pre-esistenti.

Senza negare il ruolo di riferimento degli autori appena citati, continuo insomma a pensare che la curiosità personale sia il fattore creativo più importante del mio lavoro: la curiosità per tutto quello che "ancora" non conosco e la curiosità di riscoprire sempre di nuovo ciò che "già conosco". Ogni tanto è salutare lasciare da parte la nostra disciplina per ritrovare altrove (nell'arte, nella musica, nella letteratura o nella cultura quotidiana) qualcosa di diverso e inaspettato. 2A mio avviso questo è più utile di tante discussioni fumose che si tengono nei circoli ristretti dell'architettura, troppo spesso pervasi da esercizi di pura retorica.

Mi si potrebbe definire un eclettico, non tanto per la maniera di rapportarmi alla nostra disciplina, quanto per il mio continuo tentativo di reinterpretare in nuove relazioni l'esistente, il già pensato, il già approvato e anche il già fallito. Piuttosto che cercare di inventare sempre qualcosa di nuovo, questo esercizio è per me più fruttuoso. È il mio modo di creare qualche cosa di nuovo. Forse è per questo che non mi trovo molto a mio agio nelle discussioni sul ruolo dei maestri. I maestri esistono, e nulla mette in dubbio la loro importanza. Ma insistere con domande sui maestri può diventare noioso.

Dobbiamo essere coscienti che noi architetti abbiamo una grande responsabilità rispetto alla società in cui operiamo e che dobbiamo legittimare il nostro lavoro davanti ad essa. È la ragione per la quale mi interessa molto poco il contesto morfologico nel quale agisco, mentre mi interessa molto di più quello socio-politico. Sono dell'idea che dovremmo ritornare a una maggiore sincerità in architettura, a una maggiore concretezza sostanziale; dovremmo anche essere più "persone", per citare Massimo Cacciari, parti integranti di una società, e meno "individui" che agiscono secondo gli orizzonti ristretti della ricerca di vantaggi egoistici.

È esattamente questo risvolto etico che ispira anche il mio impegno nell'insegnamento. Parlo molto spesso dello spazio interstiziale (*Zwischenraum*). Mi interessa molto l'interstizio tra le cose, tra gli spazi come tra le discipline, tra la cultura alta e quella quotidiana. La scoperta dei fenomeni che si istaurano negli spazi "tra" è per me una continua fonte di ispirazione e di motivazione. Non supporto quei discorsi retorici che insistono su tutto ciò che di buono ci ha portato la tradizione e quanto di male ci ha imposto il contemporaneo. Anche in questo caso mi interessano di più gli aspetti "interstiziali". La storia è un bacino di conoscenze che è inutile mitizzare e dannoso ignorare. Gli insegnamenti che possiamo trarre da essa dovrebbero entrare in dialogo vivente col presente, così da produrre nell'incontro, nel "tra", nuove formazioni di senso. Non sono per nulla convinto che un qualunque canone oppure una riesumata richiesta di "stile" possano di per sé aiutarci a formulare un'architettura migliore. L'urbanistica, la costruzione della città, dovrebbe invece riacquistare il suo grande valore di senso, ma purtroppo questo valore manca. E questa mancanza è responsabile poi della crescita sfrenata e incontrollata dello spazio edificato, dell'individualismo esaltato, di un'architettura episodica e di quant'altro rovina i nostri paesaggi.

Sono molto attratto dal complesso e dalla complessità delle cose. Allo stesso tempo mi impegno, nel mio lavoro e nell'insegnamento, a rendere il complesso semplice e a conferire al semplice un certo grado di complessità.

Se all'inizio di questo testo ho parlato della formazione, della *Bildung*, come di un processo inesauribile, aggiungo adesso che anche la mia evoluzione, la mia crescita, è ancora in cammino. Non mi sento ancora affatto arrivato – ed è bene così.

of Italian Postmodernism (except for Rossi, Caccia Dominioni and some of the other Milanese, or figures like Francesco Venezia), I found new stimuli here and identified myself with them. Compared to my geographical context I could add many names to the list of those I feel I am culturally indebted to. I would like in particular to mention the Escola Paulista, for which I still feel deep affection.

But one learns about architecture not only from architects. So, for example, I have always had a lively interest in architecture without architects, as presented by Bernard Rudofsky in the catalogue of his famous exhibition of anonymous architecture. I feel that vernacular architecture generally fascinates me because I love elaborating, continuing and completing pre-existing situations in my head.

Without denying the role of the figures mentioned above as references, I continue to think that personal curiosity is the most important creative factor in my work: a fascination with everything still unknown to me and the curiosity to discover anew what I already know. It is healthy at times to set aside our discipline to find something different and unexpected elsewhere (in art, music, literature or everyday culture). I think this is more useful than the many woolly discussions that take place in the narrow circles of architecture, all too often pervaded by purely rhetorical exercises.

I could be described as an eclectic, not so much by the way I relate to our discipline, as my unflagging efforts to reinterpret the existing, the already thought, the already approved and even the already failed in new relationships. Rather than trying to invent something new, this exercise strikes me as more fruitful. It's my way of creating something new. Perhaps for this reason, I do not feel very comfortable in discussions about the role of the masters. The masters exist, and no one doubts their importance. But insisting with questions about the masters can become tedious.

We have to realise that as architects we bear a great responsibility towards the society we work in and justify our work before it. This is why I care very little about the morphological context I work in, and much more about the socio-political context. I'm convinced that we need to return to greater sincerity in architecture, to a more substantial concreteness, We also have to be more 'persons', in Massimo Cacciari's sense, meaning integral parts of society, and less 'individuals' who act according to the narrow horizons of the search for selfish advantages. It is precisely this aspect of ethics which also inspires my commitment to teaching.

I often speak of interstitial space (*Zwischenraum*). I'm deeply interested in the interstices between things, between spaces as between disciplines, between high culture and everyday culture. The discovery of the phenomena that become embedded between spaces is a constant source of inspiration and motivation. I cannot stand those rhetorical discourses that insist everything good comes from the tradition and how much harm has been done by the contemporary. In this case, again, I care more about the interstitial aspects. History is a pool of knowledge that it is useless to mythologize and damaging to ignore. The lessons we can draw from it have to engage in a dialogue with the living present, so that the encounter, the in-between, gives rise to new formations of meaning. I am not at all convinced that any canon or a revived demand for 'style' can in itself help to formulate better architecture. Urban planning, the construction of the city, needs rather to regain its great value, but unfortunately this value is lacking. And this failure is then responsible for the unbridled and uncontrolled growth of built-up areas, exalted individualism, episodic architecture and everything else that ruins our landscapes.

I am deeply attracted by the complex and the complexity of things. At the same time I am committed in my work and teaching to making the complex simple and to giving the simple a certain degree of complexity.

If at the beginning of this text I spoke of formation, *Bildung*, as a never-ending process, I should now add that my evolution, my growth, is still taking place. I feel I am still very far from reaching the goal – and this is as it should be.[rs]

Note per una auto-bio-bibliografia

Testo a cura di Bruno Pedretti

Riprendendo la definizione di biblioteca come "casa del sapere", ho scelto di illustrare il mio *Atlante* con una serie di copertine di libri provenienti dalla biblioteca privata che ho raccolto lungo gli anni e che oggi campeggia a casa mia. Penso infatti che questi testi e autori restituiscano la mia cultura meglio delle immagini di alcuni miei lavori o di opere più o meno famose della nostra disciplina. Tra architetti si ama dire che lo spazio è il nostro secondo corpo.

In modo simile potremmo dire che la biblioteca è il nostro secondo spirito. Quando guardo le pareti tappezzate di libri di casa mia, mi sento abitante di un secondo corpo che è insieme spaziale e spirituale.

Ho sviluppato il mio amore per i libri sin da ragazzo, e con gli anni la mia collezione ha superato i duemila titoli. Questa bibliofilia mi impedisce ancora oggi di adeguarmi ai sistemi di comunicazione elettronica, tanto che alla carta dei libri affianco anche la carta di taccuini, quaderni e agende, perché anche a loro chiedo di essere "spaziali" e non virtuali. La biblioteca che nel tempo ho radunato potrebbe dunque essere definita come la casa della mia memoria, o per meglio dire: la casa della mia memoria culturale. Credo che essa riveli la mia personalità in modo particolarmente sincero, perché i suoi libri parlano dei miei debiti culturali così come delle diverse stagioni della mia formazione, parlano dei "maestri" da cui ho cercato di imparare ma racchiudono anche le mie eventuali critiche a taluni loro aspetti o nei confronti di determinate tradizioni.

Ho spesso spiegato la mia architettura come un progetto di spazio interstiziale, ma questo principio può essere esteso al di là della mia pratica professionale. Mi ritengo infatti interstiziale anche culturalmente, come la mia biblioteca dimostra ampiamente. In essa i libri vengono da due grandi aree linguistico-culturali: quella mitteleuropea di lingua tedesca (che è anche la mia lingua madre) e quella latino-mediterranea di lingua italiana. Questa doppia polarità è documentata dalle diverse edizioni dei libri e ribadita anche dal mio percorso formativo, che prima mi ha visto frequentare scuole di lingua tedesca e poi l'Università IUAV a Venezia. Su queste due grandi basi ho innestato anche riferimenti culturali che rimandano al mondo anglosassone e più in generale nordico, così come ho sviluppato un certo interesse per il Giappone. Al carattere interstiziale della mia *Bildung* – per definire in modo più incisivo la mia "formazione infinita" – si affianca anche un mio modo di essere interstiziale dal punto di vista disciplinare. È in nome di questa *Bildung* che, insieme ai libri più attinenti l'architettura e la progettazione, frequento in particolare l'arte visiva e la letteratura del nostro tempo. Non può che essere un percorso interstiziale quello che mi porta a leggere, aprire e consultare libri che passano dalla villa di Katsura a un saggio di Claudio Magris, dagli scritti di Siza a una monografia su Adolf Loos e a un catalogo di Donald Judd. Libri letterari e di immagini mi piacciono entrambi a pari merito. Quando rifletto su alcune mie ipotesi di progetto, noto però che tendo a privilegiare i secondi, come se a un certo punto l'immagine debba averla vinta sulle parole. La biblioteca racchiude anche queste diverse funzioni dei generi e linguaggi artistici.

Credo nel patrimonio culturale, e per questo mi considero eclettico. Chi come me si circonda di tanti libri, dichiara di volersi mettere a confronto con quanti l'hanno preceduto. Da ciò non deriva un eclettismo come accozzaglia irrisolta di elementi: si tratta piuttosto di un eclettismo come nuova sintesi di elementi comunque composti. Il confronto con l'eredità culturale mi interessa come campo di prova in cui la mia riflessione si cimenta su cose già pensate da altri. In tal senso, la mia biblioteca potrebbe essere meglio definita prendendo a prestito la famosa formula di Ernesto Nathan Rogers sulle «pre-esistenze ambientali»: essa racchiude le mie "pre-esistenze culturali".

In architettura siamo sempre alla ricerca di una nostra originalità. Allo stesso tempo sappiamo però che il nostro lavoro, le nostre opere non rappresentano delle vere e proprie invenzioni. Siamo consapevoli che prima di noi in molti hanno già pensato cose analoghe. Questo non implica una rinuncia alla propria soggettività e creatività, ma i riferimenti culturali sono fatti anche per dirci che noi agiamo in una cultura che ci precede. Su questi temi non posso far a meno di richiamare la grande lezione di Aldo Rossi, che fu mio professore, la sua riscoperta della dimensione della memoria in architettura. In tedesco ci sono dei termini composti che fanno capire molto meglio cosa intendo dire: si tratta di *weiterdenken*, *weiterbauen*. La loro traduzione è molto difficile e perde per strada delle importanti sfumature semantiche. Potremmo tradurre queste parole tedesche nelle equivalenti formule italiane di "pensiero ulteriore" o "costruzione ulteriore", o di "pensiero che continua" e "costruzione che continua"; nel nostro linguaggio disciplinare si parla anche di "costruire nel costruito" e di "riuso patrimoniale", come se si trattasse appunto di "continuare a pensare e costruire nel già pensato e già costruito". Per me la biblioteca è appunto il luogo in cui si compie il *weiterdenken*, il *weiterbauen*.

Pensiero interstiziale
Interstitial thinking

Notes for an auto-bio-bibliography

Text edited by Bruno Pedretti

Returning to the definition of a library as a house of knowledge, I have decided to illustrate my *Atlas* with a series of covers of books from my personal library, which I have been collecting for years and which is now looms large in my house. I think that these texts and authors reflect my culture better than the images connected with my works or more or less famous works in our field. Among architects the saying goes that space is our second body. Likewise we could say that our library is our second spirit. When I look at the walls of my home lined with books, I feel I am the inhabitant of another body which is both spatial and spiritual.

My love for books goes back to boyhood, and with the passing of years my collection has increased to over 2000 titles. My bibliophilia still prevents me from adjusting to electronic systems of communication, so much so that I flank the paper of books with the paper of notepads, exercise books and diaries, because I expect them, too, to be spatial and not virtual.

The library that I have built up over the years could then be described as the house of my memories, or rather the house of my cultural memories. I feel it reveals my personality with such sincerity because my books bear testimony to both my cultural indebtedness and various phases of my career; they proclaim the masters from whom I sought to learn, but they also comprise some criticisms of certain features of their works or particular traditions.

I have often explained my architecture as a project of interstitial space, but this principle can be extended beyond my professional practice. I consider myself interstitial also in cultural terms, as my library amply testifies. My books come from two linguistic-cultural areas: German-speaking Central Europe (German is my mother tongue) and the Italian-speaking Latin-Mediterranean area. This twofold polarity is documented by the diverse editions of my books and confirmed by my scholastic career: I attended German schools and then university at the IUAV in Venice. To these two large bases I have added cultural references to the English-speaking or more generally North-European world, as well as developing a certain interest in Japan.

The interstitial character of my *Bildung* – to define my continuous education more incisively – is also supported by my own way of being interstitial from the point of view of my discipline. It is because of this *Bildung* that, together with the books relating most closely to architecture and design, I particularly enjoy the visual arts and contemporary literature. It can only be an interstitial path that led me to open, read and consult books ranging from the Katsura Imperial Villa to an essay by Claudio Magris, writings by Siza to a monograph on Adolf Loos and a catalogue of Donald Judd. I take equal pleasure in literary books and visual ones. But when I reflect on some of my design hypotheses, I realise that I tend to favour the latter, as if at some point images win over words. My library also comprises these varied functions of genres and artistic languages.

I believe in the cultural heritage, and for this reason I consider myself an eclectic. Anyone who, like me, surrounds himself with so many books, is expressing the urge to relate to those who have preceded him. The eclecticism which derives from this is not an unresolved jumble. It is rather eclecticism as a new synthesis of components that are still composite. I am interested in the relation with the cultural heritage, in so far as it is a training ground where my thinking wrestles with problems already faced by others. In this sense my library could be better defined by borrowing Ernesto Nathan Rogers' well-known formula of 'environmental pre-existences'.

In architecture we are always seeking to attain an originality of our own. But at the same time we know that our achievements and our works are not really inventions. We are aware that many people have already thought about similar things before us. This does not mean that we renounce our subjectivity or creativity, but the cultural references are there also to remind us that we are acting within a culture that preceded us. On these topics I cannot help recalling the great lesson of Aldo Rossi, who was my teacher, and his rediscovery of the dimension of memory in architecture. In German there are compound words that can explain more clearly what I mean: *weiterdenken* and *weiterbauen*. Their translation is very difficult and loses many important semantic overtones. We could render these German words with the equivalent English expressions 'further thinking' or 'further building', 'continuous thinking' and 'continuous building'; in the language of our discipline we talk also about 'building on the built' and about 'reusing the heritage', as if they entailed 'continuing to think and build in the already thought and already built'. To me a library is where this process of *weiterdenken* and *weiterbauen* takes place.[rs]

Pensiero interstiziale
Interstitial thinking

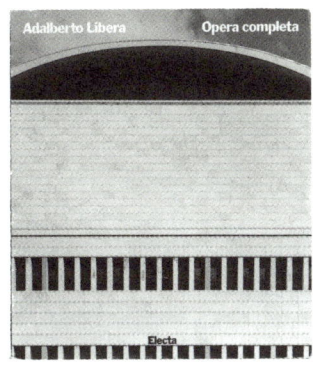

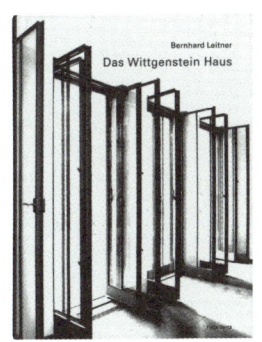
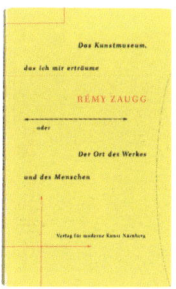

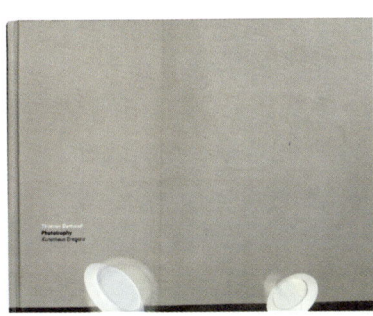

Walter Angonese

Karl Friedrich Schinkel
Collected Architectural Designs
Academy Editions
St. Martin Press
London 1982

Karl Friedrich Schinkel
Reisen nach Italien
Rütten & Loening
Berlin 1979

Donald Judd
Architektur
Westfälischer
Kunstverein
Münster 1989

Richard Long
Electa
Milano 1994

Candida Höfer
Architecture of Absence
Aperture Foundation Inc.
USA 2004

Annette Spiro
Paulo Mendes da Rocha
Bauten und Projekte
Niggli
Sulgen-Zürich 2002

Bruno Zevi
Giuseppe Terragni
Triangle Architectural
Publishing
London 1989

Álvaro Siza
Opere e progetti
Electa
Milano 1995

Andreas Gursky
Architektur
Hantje Cantz
Ostfildern 2008

Pensiero interstiziale
Interstitial thinking

Adolf Loos
Ins Leere
gesprochen
Prachner
Wien 1981

Adolf Loos
Kontroversen
Im Spiegel der
Zeitgenossen
Prachner
Wien 1985

Adalberto Libera
Opera completa
Electa
Milano 1989

Walter Niedermayr
Die bleichen Berge
Edition Raetia
Bozen 1993

Bernhard Leitner
Das Wittgenstein Haus
Hantje Cantz
Ostfildern-Ruit 2000

Rémy Zaugg
Das Kunstmuseum,
das ich mit
erträume oder
Der Ort des Werkes
und des Menschen
Verlag für moderne
Kunst
Nürnberg 1998

Thomas Demand
Phototrophy
Schirmer/Mosel
Kunsthaus Bregenz 2004

Andrea Palladio
I quattro libri dell'architettura
Hoepli
Milano 1990

Kienast Vogt
Aussenräume
Open Spaces
Birkhäuser
Basel 2000

Walter Angonese

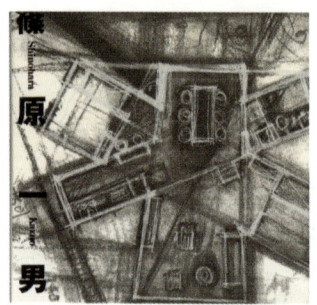
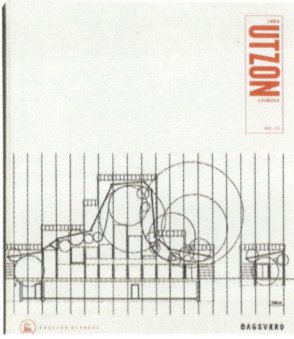

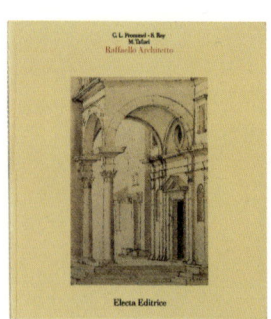

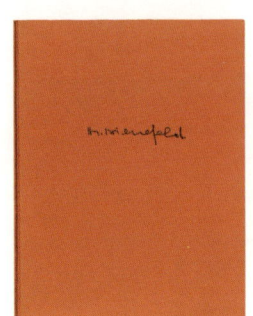

Pensiero interstiziale
Interstitial thinking

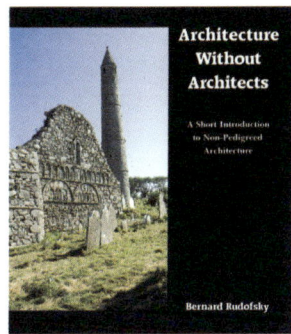

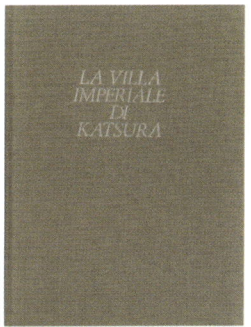

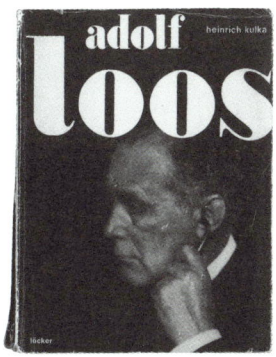

Walter Angonese

Walter Pichler
Skulptur
Residenz Verlag
Salzburg und Wien 1990

W. Boesiger, H. Girsberger
Le Corbusier
1910-65
Zanichelli
Bologna 1987

Luciano Berio
Rendering
London Symphony Orchestra
1988

Die WARE Landschaft
Residenz Verlag
Salzburg 1977

Shinohara Kazuo
TOTO Shuppan
Japan 1996

Jørn Utzon
Logbook vol. II:
Bagsvaerd Church
Edition Bløndal
Kopenhagen 2005

C.L. Frommel, S. Ray, M. Tafuri
Raffaello Architetto
Electa
Milano 1984

Konrad Wachsmann
Wendepunkt im Bauen
Verlag der Kunst
Dresden 1989

Heinz Bienefeld
Schriftenreihe
zur Plan- und
Modellsammlung
des Deutschen
Architektur-Museums
in Frankfurt am Main
Ernst Wasmuth Verlag
Thübingen, Berlin 2000

Pensiero interstiziale
Interstitial thinking

Bernard Rudolfsky
Architecture Without Architects
The Museum of Modern Art
New York 1964

Atelier van Lieshout
A Manual
NAi Publishers
Rotterdam 1997

Structure and Surface
Contemporary
Japanese Textiles
The Museum of
Modern Art
New York 1998

Ugo La Pietra
Gio Ponti
Rizzoli
Milano 1995

Erich Mendelsohn
Das Gesamtschaffen
des Architekten
Vieweg
Braunschweig 1982

La Villa Imperiale
di Katsura
Giunti
Firenze 1987

Christopher Alexander
Sara Ishikawa
Murray Silverstein
Eine Muster-Sprache
Löcker Verlag
Wien 2010

Heinrich Kulka
Adolf Loos
Löcker
Wien 1931

Aldo Rossi
L'architettura
della città
Clup
Milano 1987

Michele Arnaboldi

Vita
d'
incontri

•

A
life
of
encounters

Michele Arnaboldi

I primi anni

Sono nato e cresciuto ad Ascona, piccolo borgo sul Lago Maggiore. Dagli anni Cinquanta sino agli anni Ottanta del Novecento, questo piccolo borgo è stato però meta di artisti e intellettuali provenienti un po' da tutto il mondo. Luogo socialmente vivace, forse fu questo suo profilo culturale cosmopolita che mi spinse precocemente a viaggiare e a conoscere Paesi anche lontani.
Per questo ho scelto di includere nel mio *Atlante*, insieme ad alcuni maestri della mia formazione e a figure disciplinari e professionali che hanno esercitato su di me un forte ascendente, anche qualche grande personaggio "icona" dell'epoca in cui la mia generazione è maturata.

Early years

I was born and raised in Ascona, a little village on Lake Maggiore. From the fifties to the eighties, this village, though small, attracted artists and intellectuals from many parts of the world. A socially vibrant place, perhaps its cultural cosmopolitanism impelled me from an early date to travel and learn about distant countries.
For this reason my *Atlas* includes not only some of the teachers who trained me and representatives of architecture as a discipline or professionals who exerted a strong influence over me, but also some of the great iconic figures of the period when my generation was maturing.

Vita d'incontri
A life of encounters

A favorire i miei contatti giovanili con la dimensione internazionale dell'epoca ("i mitici anni Sessanta", come vengono a volte chiamati) fu l'attività sportiva. Ho infatti frequentato tutte le scuole a pochi metri da casa, ma sin dall'età di 10 anni la passione per lo sport mi ha permesso di intraprendere lunghi viaggi con le rappresentanze sportive del mio Paese, la Svizzera.
I miei non erano viaggi di studio, quanto viaggi di vita. Credo che siano stati quei viaggi a instillarmi il sentimento della libertà. Avendo infatti visitato vari Paesi dove erano fortissimi il controllo della polizia, l'oppressione razziale o la repressione ideologica, ho sviluppato una visione sociale e politica fondata su principi libertari. Da quei viaggi ho capito il significato della libertà individuale, della libertà di pensiero come condizione irrinunciabile per la dignità della vita.
A quel tempo ero ancora lontano dal pensare alla professione da intraprendere. Ma penso che lo spirito libertario sia alla base anche della scelta successiva di praticare l'architettura, che io intendo come un'arte e una disciplina dal forte valore individuale.

My contacts with young people from other countries in those years ("the legendary sixties" they are sometimes called) was due to sport. In fact, all the schools I attended lay within a short walk from home, but from the age of 10 the passion for sport enabled me to take long trips with the sporting representatives of my country, Switzerland.
Mine were not study travels so much as life travels. I believe it was those trips that instilled a sense of freedom in me. Having visited a number of countries where there was strong police control, oppression, racial or ideological repression, I developed a social and political vision founded on libertarian principles. My travels showed me the meaning of individual freedom, freedom of thought as an indispensable condition for dignity of life.
At that time I was still far from thinking about a future. But I believe my libertarian spirit was also the foundation of my later decision to practice architecture, which I see as an art and a discipline with a strong individual value.

Michele Arnaboldi

Leonid Brežnev

Mao Tse-tung

Nelson Mandela

Ho visitato praticamente tutte le città dell'Europa dell'Est prima della caduta del muro di Berlino (Mosca, Varsavia, Cracovia, Berlino, Belgrado, Budapest, Verna, Bucarest, Praga, Lubiana). Ho potuto così conoscere dal vero il "socialismo reale".

Con la delegazione svizzera di ginnastica artistica siamo stati tra i primi e i pochi occidentali a poter entrare nella Cina maoista. Ci andammo con il primo collegamento aereo Swissair. Era il 4 ottobre 1973. Mi ricordo la parata militare a Pechino, e una quantità sterminata di biciclette nere tutte uguali, posteggiate ai bordi delle strade. I cinesi ridevano della nostra presenza. Sopresi e incuriositi, ci toccavano i vestiti e i capelli.

Ho visitato il Sudafrica quando ancora era in vigore l'apartheid. Mandela stava già scontando la sua lunga prigionia. Mi è rimasto impresso il ricordo che anche all'ufficio postale c'era una coda d'attesa per la popolazione bianca e una per la popolazione di colore. Lo stesso per i ristoranti: c'erano quelli per i bianchi e quelli per i neri. Ovunque un mondo bicolore.

I visited almost all the cities of Eastern Europe before the fall of the Berlin wall (Moscow, Warsaw, Krakow, Berlin, Belgrade, Budapest, Verna, Bucharest, Prague, Ljubljana). It enabled me to see "real socialism" at first hand.

With the Swiss gymnastics delegation we were among the first of very few Westerners to be able to enter Maoist China. We flew on the first Swissair service. It was 4 October 1973. I remember the military parade in Beijing, and endless numbers of black bicycles, all exactly the same, parked on the roadside. The Chinese kept laughing at our presence. Surprised and intrigued, they touched our clothes and hair.

I visited South Africa when apartheid was still in force. Mandela was already serving his long imprisonment. I will never forget that even in the post office there was one queue for whites and another for blacks. It was the same for restaurants: there were those for whites and those for blacks. The same colour bar everywhere.

Vita d'incontri
A life of encounters

	Gottfried Semper	Bernhard Hoesli
La formazione	Ho iniziato a studiare architettura nel 1972 al Politecnico federale di Zurigo. Mi decisi a iscrivermi dopo aver visitato lo storico edificio di Gottfried Semper. Quello fu il mio primo vero incontro con l'architettura. Al liceo ci erano state presentate tutte le facoltà universitarie eccetto quella di architettura: chissà perché non era considerata. Forse anche per questa omissione imboccai, "polemicamente", la strada dell'architettura.	Dopo alcune settimane di studio a Zurigo, un giorno Bernhard Hoesli mi chiamò nel suo ufficio. Qui mi illustrò il progetto di Le Corbusier del Convento di Santa Maria de La Tourette. Mi raccontò e spiegò sin nei minimi dettagli come una singola cella fosse stata concepita sulla base del Modulor. È stata la lezione più importante della mia vita. Da quel giorno mi sono convinto che avrei studiato architettura per tutta la vita.
Training	I started studying architecture in 1972 at the ETH Zurich. I decided to enrol after visiting the historic building by Gottfried Semper. That was my first true encounter with architecture. At high school we had presentations of all the university faculties except for the school of architecture: for some reason it got left out. Perhaps because of this omission I polemically took up architecture.	After a few weeks studying in Zurich, one day Bernhard Hoesli called me into his office. Here he explained Le Corbusier's project for the Convent of Santa Maria de La Tourette. He told me about it and explained down to the smallest details how a single cell had been conceived on the basis of the Modulor. It was the most important lesson of my life. On that day I was convinced I would study architecture for a lifetime.

Luigi Snozzi

Verso il termine dei miei studi all'ETH, Luigi Snozzi mi chiese di collaborare presso il suo studio a Locarno. Ci rimasi qualche anno. Fu un periodo straordinario di apprendistato e maturazione. Snozzi è stato per me un grande esempio per quanto riguarda sia la pratica, sia l'etica dell'architettura.

Livio Vacchini

Ho frequentato il suo corso al terzo anno di studi all'ETH. È l'architetto che mi ha fatto riflettere più di ogni altro sui fondamenti del progetto. Tanto che, negli ultimi anni in cui era in vita, l'ho più volte invitato alle critiche nei miei corsi di progettazione all'Accademia di architettura.

Al secondo anno di studio, all'ETH venne inaugurata una mostra di architettura poi diventata famosa: *Tendenzen - Neuere Architektur im Tessin*, "Tendenze - Architettura recente nel Ticino". Quella mostra, che presentava i lavori di Galfetti, Ruchat, Snozzi, Vacchini, Botta…, mi fece scoprire che in Ticino si faceva architettura, anzi: architettura moderna.

In the second year of study at the ETH an architecture exhibition was held that eventually became famous: *Tendenzen – Neuere Architektur im Tessin* (Trends – Recent Architecture in Ticino). That exhibition, presenting work by Galfetti, Ruchat, Snozzi, Vacchini, Botta… revealed that architecture, in fact modern architecture, was being built in Ticino.

Towards the end of my studies at the ETH, Luigi Snozzi asked me to work at his studio in Locarno. I stayed there a few years. It was an extraordinary period of apprenticeship and maturation. Snozzi was a great example in both the practice and the ethics of architecture.

I attended his course in the third year of studies at the ETH. He was the architect, more than any other, who made me think about the fundamentals of the project. So much so that in the last years of his life, I invited him several times to the critiques of my design courses at the Academy of Architecture.

Vita d'incontri
A life of encounters

Aurelio Galfetti

Mario Botta

Prima l'ho conosciuto per le sue opere, realizzate in collaborazione con Flora Ruchat-Roncati e Ivo Trümpy. Ancora oggi penso che il Bagno di Bellinzona sia l'opera più innovativa realizzata in Ticino negli ultimi decenni.
Continuo tuttora ad avere con lui una proficua collaborazione all'interno dell'Accademia di architettura a Mendrisio, e in particolare presso il nuovo centro di ricerca Laboratorio Ticino, che si occupa delle problematiche del territorio e del paesaggio che Galfetti considera centrali nel lavoro di quello che lui ha definito l'"architetto territoriale".

Persona di straordinario talento, dall'energia dirompente, Botta è non solo il fondatore, ma il punto di riferimento più importante all'interno della scuola di architettura di Mendrisio. Al di là delle sue opere va ammirato per la generosità e la disponibilità, che si riversano in un impegno infaticabile che ne fa anche una rilevante figura pubblica. Di lui mi piace ricordare il nostro casuale incontro a Brasilia, trent'anni fa, all'uscita della stazione dei bus. In quell'occasione finii la

I first knew him for his work, created in collaboration with Flora Ruchat-Roncati and Ivo Trümpy.
Even today I think the Bellinzona swimming pool is the most innovative work carried out in Ticino in recent decades.
And I still have a fruitful collaboration with him at the Academy of architecture in Mendrisio (Università della Svizzera italiana), and in particular the new Laboratorio Ticino research centre, which deals with issues of the territory and the landscape that Galfetti considers central to the work of what he terms the "territorial architect".

Extraordinarily talented, endowed with explosive energy, Botta is not only the founder but the most important point of reference at the school of architecture in Mendrisio.
Apart from his work he is admired for his generosity and helpfulness, poured out in a tireless commitment, which also makes him a significant public figure.
I like to remember my chance meeting with him in Brasilia, thirty years ago, at the exit of the bus station. On that occasion I ended the evening

Michele Arnaboldi

Dolf Schnebli

Ho frequentato il suo corso durante l'ultimo anno di studio a Zurigo, diplomandomi infine con lui e con Snozzi in qualità di esperto esterno. Persona di grande apertura e intelligenza, è stato per me e per tanti altri della mia generazione un vero maestro. Fu lui a chiamare a Zurigo Aldo Rossi, che ci trasmise l'interesse per la città e per le discipline complementari all'architettura. Dopo alcuni anni di pratica presso lo studio di Luigi Snozzi, nel 1985 Schnebli mi ha invitato a fare l'assistente nel suo corso di progettazione. La nostra collaborazione è durata fino al 1995, prima come assistente e poi come assistant-professor per i Diplomi. In seguito mi ha convinto ad andare ad insegnare negli Stati Uniti, a Saint Louis, dove lui aveva insegnato anni prima. Per Dolf Schnebli ho sempre nutrito una grande stima e ho avuto con lui un profondo rapporto di amicizia.

serata a schiacciare a tempo debito il pulsante del proiettore di diapositive durante una sua conferenza.

---

pressing the button at the right moment on the slide projector at a lecture he was giving.

I attended his course during my final year of study in Zurich, graduating under him and finally having Snozzi as external expert. A person of very large views and great intelligence, he was a true master to me and many others of my generation. He it was who brought Aldo Rossi to Zurich and who conveyed to us the interest in the city and the complementary disciplines of architecture. After some years' practice in Luigi Snozzi's studio in 1985, Schnebli invited me to become an assistant in his design course. Our collaboration lasted until 1995, first as assistant and then as assistant-professor for Diplomas. Later he persuaded me to go and teach in the United States, at Saint Louis, where he had taught years earlier. For Dolf Schnebli I have always had the greatest respect and close friendship.

Vita d'incontri
A life of encounters

Le Corbusier

Riferimenti disciplinari

Sin da quando nel 1985 ho aperto il mio studio a Locarno, considero i grandi maestri del Moderno i miei riferimenti più sinceri.

Ispira da sempre la maggior parte dei miei progetti. La sua opera è una fonte inesauribile di suggerimenti, di possibilità, di soluzioni.

Architectural references

Ever since I opened my own office in Locarno in 1985, I have considered the great Modern masters as clearly giving me my bearings.

He has inspired most of my projects. His work is an inexhaustible source of ideas, possibilities, solutions.

Michele Arnaboldi

Louis Kahn

Durante il mio soggiorno come visiting professor a Saint Louis, la visita che feci al Kimbell Art Museum di Fort Worth fu rivelatrice: vidi un progetto che raccoglieva tutta la storia dell'architettura.

Frank Lloyd Wright

Davanti alle sue opere trovo sempre conferma della sua straordinaria capacità di costruire nuovi luoghi.

Ludwig Mies van der Rohe

Ogni volta che vado a Barcellona non posso evitare di visitare il suo padiglione, e considero il Seagram Building di New York ancora il grattacielo più interessante che sia dato vedere.

During my time as visiting professor in Saint Louis, the visit I made to the Kimbell Art Museum in Fort Worth was a revelation: I saw a project that brought together the whole history of architecture.

Whenever I look at his works, I always find confirmation of his extraordinary ability to build new places.

Whenever I go to Barcelona I am impelled to visit his pavilion, and I still feel the Seagram Building in New York is the most interesting skyscraper I've ever seen.

Vita d'incontri
A life of encounters

Alvar Aalto

La dimensione poetica degli spazi.

Oscar Niemeyer

Per me è la sintesi di tutto il Movimento Moderno. Mi impressionano la forza e la generosità dei suoi spazi.

Álvaro Siza

Il più grande architetto vivente. La sua opera è un messaggio di speranza per il futuro dell'architettura.

The poetic dimension of spaces.

I see him as the synthesis the whole Modern Movement. I'm struck by the strength and generosity of his spaces.

The greatest living architect. His oeuvre is a message of hope for the future of architecture.

Michele Arnaboldi

Viaggi che istruiscono

I viaggi in Europa mi hanno portato a scoprire l'architettura classica al sud e l'architettura del Novecento al nord. Se nell'area mediterranea ho a lungo privilegiato l'architettura antica e storica, nei Paesi nordici ho imparato a capire talune loro riletture del classico. Avendo una moglie svedese, ho spesso viaggiato nei Paesi scandinavi, dove ho visitato e ammirato le opere di Aalto, Asplund, Lewerentz… Grazie all'insegnamento di Aldo Rossi ho imparato a leggere più da vicino la città e a interrogarmi sul ruolo della memoria in architettura. In casi specifici come Milano, ciò mi ha fatto maggiormente apprezzare architetti come BBPR e Albini.
I viaggi in USA mi hanno fatto invece scoprire le loro grandi città, il pragmatismo urbanistico che le guida, il vitalismo della loro crescita e trasformazione. Ma naturalmente ho fatto le dovute visite alle opere di Wright, Kahn, Mies van der Rohe, Neutra, Frank Gehry…
Con i viaggi in Messico e in Perù ho scoperto piuttosto la forza, ma anche

Travels as education

Travel across Europe led me to discover classical architecture to the south and twentieth-century architecture to the north. In the Mediterranean I have long favoured ancient and historical architecture, while in northern Europe I have learned to understand some of their reinterpretations of the classic. Having a Swedish wife, I've often travelled in Scandinavia, where I visited and admired the works of Aalto, Asplund, Lewerentz… Thanks to Aldo Rossi's teaching I learned to read the city more closely and question the role of memory in architecture. In specific cases like Milan, it increased my appreciation of architects like BBPR and Albini.
While travelling in the United States I discovered their big cities, the urban pragmatism that guides them, the vitality of their growth and transformation. But of course I had to visit the works of Wright, Kahn, Mies van der Rohe, Neutra, Frank Gehry…
Travelling in Mexico and Peru I discovered the force and poetry of the

Vita d'incontri
A life of encounters

la poesia, delle culture precolombiane.
Durante il viaggio in Brasile non ho cercato tanto il passato quanto il moderno, soprattutto nelle opere di Oscar Niemeyer.
In India, ad Ahmedabad, mi è parso di trovare le opere più suggestive di Le Corbusier, del suo allievo Balkrishna Doshi e di Kahn.
Viaggiare continua per me a essere un'esperienza di vita necessaria ma anche una fonte di ispirazione per la mia architettura.

Riferimenti artistici e culturali

So che è utile, ma non sempre leggere di architettura mi arricchisce. La curiosità mi spinge piuttosto a perlustrare e ad attingere da differenti espressioni artistiche, non necessariamente complementari all'architettura ma che sento utili anche come riflessione progettuale.
Musica. Dal primo disco che acquistai con mio fratello nel 1962, *With the Beatles*, la continua ricerca di nuovi autori mi ha portato ad ascoltare molta musica e di generi differenti. Negli anni ho diminuito

pre-Columbian cultures.
On a trip to Brazil I sought not so much the past as the modern, especially in the works of Oscar Niemeyer.
In India, in Ahmedabad, I felt I had found the most striking works by Le Corbusier, his pupil Balkrishna Doshi and those by Kahn.
Travel continues to be an essential experience as well as a source of inspiration in my architecture.

Cultural and artistic references

I know it's useful, but reading about architecture doesn't always enrich me. Curiosity drives me rather to explore and draw on different artistic expressions, not necessarily complementary to architecture but things I feel are useful also for what they reveal about design.
Music. From the first record I bought with my brother in 1962, *With the Beatles,* the continuous search for new musicians led me to listen to a lot of music of different kinds. Over the years I've listened less to

Michele Arnaboldi

l'ascolto di quella classica e aumentato l'interesse per alcuni compositori contemporanei. Ma oggi mi sento particolarmente vicino al jazz contemporaneo e alle nuove espressioni di rap e hip hop. Nelle forme musicali del jazz trovo un rapporto per me particolarmente stimolante tra disciplina e ispirazione, tra necessità della struttura e libertà della forma. Queste categorie mi sono care anche in chiave architettonica, nella ricerca di spazi che fluiscano anche in dissonanza e tuttavia sempre in relazione alla struttura.
Cinema. Mio fratello mi portò al cinema per la prima volta in una piccola sala di Andermatt. Proiettavano *Blow-Up* di Michelangelo Antonioni. Era il 1968. Non avevamo la televisione in casa, e a maggior ragione quello fu uno straordinario battesimo con il cinema. Da decenni, ormai, seguo sistematicamente il Festival del cinema di Locarno.
Il cinema di Aki Kaurismäki, di Wim Wenders e di Jim Jarmusch mi emoziona particolarmente.
Teatro-Danza. Ho cominciato a scoprire il teatro attraverso alcune opere di Peter Brook. Mi impressiona la sua capacità di rappresentare tragedie classiche con pochi attori e tempi ristretti senza con ciò perdere l'intensità dell'opera. Tadeusz Kantor, Eimuntas Nekrosius, Pina Bausch: ammirevoli per la loro forza espressiva e la capacità di rivedere i vari generi teatrali. Bob Wilson: molto interessante per la ricerca sulla luce.
Arti visive. Mi piacciono in genere

classical music and with an increased interest to contemporary composers. And today I feel especially close to contemporary jazz and the new expressions of rap and hip hop. I find the various forms of jazz create a specially stimulating relation between discipline and inspiration, between the needs of structure and freedom of form. These categories are also important to me in terms of architecture, in looking for spaces that flow together in dissonance but still relate to structure.
Cinema. My brother took me to the movies for the first time at a small cinema in Andermatt. They were showing Michelangelo Antonioni's *Blow-Up*. It was 1968. We didn't have television at home, and so it was an even more extraordinary baptism with cinema. For decades at that time I had been systematically following the Locarno Film Festival. I was especially excited by films by Aki Kaurismäki, Wim Wenders and Jim Jarmusch.
Dance Theatre. I began to discover the theatre through a number of works by Peter Brook. I was struck by his ability to represent classical tragedies with just a few actors and in limited times without losing any of the works' intensity. Tadeusz Kantor, Eimuntas Nekrosius and Pina Bausch: they were admirable for their expressive power and ability to renew various theatrical genres. Bob Wilson: extremely interesting for his research into light.
Visual Arts. I like the avant-garde in general and over the years I've

Vita d'incontri
A life of encounters

Michele Arnaboldi architetti
Casa Vignascia,
Minusio
(Svizzera / Switzerland),
2005.

le avanguardie e ho seguito lungo gli anni le esperienze della pop art, dei minimalisti, dell'arte povera… Oggi mi interessano soprattutto gli artisti che lavorano sulla luce: James Turrel, Robert Irwin, Dan Flavin, Bill Viola. Anche la land art nelle sue diverse forme è stimolante, e non vanno dimenticati neppure gli artisti di graffiti e di street art, come Banksy.
Letteratura. Non ho un genere preferito e non frequento con assiduità la narrativa. Negli ultimi anni mi ha piuttosto appassionato la lettura dei testi di Karl Gustav Jung e di James Hillmann, che mi hanno portato a leggere l'architettura e il paesaggio in modo diverso, più simbolico. Il mio interesse per questi due psicologi è stato in realtà favorito dal fatto che entrambi sono stati direttori del centro Eranos di Ascona. Per le loro riunioni si sedevano a una tavola rotonda che riportava lo stemma del *Genius Loci*. Attorno a quel tavolo ogni anno si organizzavano incontri per discutere di vari soggetti filosofici e psicologici, e io ho avuto la fortuna di partecipare ad alcuni di tali incontri negli ultimi anni di attività del centro.
Per quanto riguarda i libri di architettura, l'unico che porterei con me su un'isola è quello sulla villa imperiale di Katsura a Kyoto. Quando sono in carenza di stimoli e ispirazione per un nuovo progetto, il libro su Katsura è un'ancora di salvezza.

followed the experiments of Pop Art, the Minimalists, Arte Povera … Today I'm interested above all in artists who work with light: James Turrell, Robert Irwin, Dan Flavin, Bill Viola. Land art, too, in its various forms is challenging, and we should never forget graffiti artists and street art, with figures like Banksy.
Literature. I don't have a favourite genre and I don't read a lot of fiction. In recent years I've become more interested in reading the works of Karl Gustav Jung and James Hillman, who prompted me to read architecture and the landscape in a different, more symbolic way. My interest in these two psychologists was actually favoured by the fact that both had been directors of the Eranos Centre at Ascona. At their meetings they would sit at a round table bearing the emblem of the *Genius Loci*. Around that table every year they organized meetings to discuss various philosophical and psychological subjects, and I was fortunate enough to take part in some of these meetings in the centre's last years.
As for books on architecture, the only one I would take with me on a desert island is one on the Katsura Imperial Villa in Kyoto. Whenever I feel I need stimulation and inspiration for a new project, the Katsura book is a lifeline.[rs]

Valentin Bearth

Alla
ricerca
della
felicità

•

The
search
for
happiness

Bearth & Deplazes
Tribunale penale
federale,
Bellinzona,
scultura di
Conrad J. Godly.

Bearth & Deplazes
Federal Criminal
Court,
Bellinzona,
sculpture by
Conrad J. Godly.

Alla ricerca della felicità
The search for happiness

L'architettura esprime sempre le esigenze, le aspettative, le speranze di una società, e le traduce in ambiente costruito. Fare architettura significa tradurre nello spazio un progetto di vita. L'architettura è un'arte che lega le sue opere al luogo, al sito, a specifiche condizioni insediative, sociali, politiche, culturali. Costruire è espressione dell'uomo, di come si protegge nell'ambiente. Il progetto architettonico è tuttavia un atto culturale che va oltre il semplice adempimento di esigenze pratiche, poiché significa trasformare materie prime, sfruttando risorse naturali come la pietra, il ferro o il legno, sino a ottenere interazioni che ci commuovano nel profondo. La trasformazione della natura in artefatto conferisce un significato culturale alle esigenze umane. In tal senso, l'architettura interpreta la ricerca di felicità dell'uomo.

Il pensiero progettuale si esprime attraverso strutture logiche. In esso confluisce lavoro intellettuale, emozionale e artigianale. Credo che a rendere speciale il lavoro dell'architetto sia proprio il percorso che dal pensiero conduce all'oggetto: all'inizio abbiamo le richieste e i desideri; alla fine l'edificio reale, fisico. La ricerca dell'unità tra uso e forma è il risultato dell'equilibrio tra ragione e sensazione. La progettazione e la costruzione sono da una parte il frutto di riflessioni e decisioni razionali, elementi definibili e analizzabili che, in quanto valori collettivi, possono essere insegnati e appresi. Dall'altra parte agiscono però anche aspetti suggestivi, nascosti, segreti: i valori emozionali, individuali.

Lo spazio architettonico è strumento che dà visibilità alla luce, fonte della vita. L'ho percepito con particolare evidenza nei due cortili del Tribunale penale federale che abbiamo progettato a Bellinzona, dove le sculture di Conrad J. Godly potenziano le capacità e i misteri dello spazio architettonico, lasciando indovinare l'invisibile.

Sin dall'antichità l'architettura è considerata una conoscenza che riunisce saperi diversi, come le discipline storico-umanistiche da un lato e le discipline tecnico-scientifiche dall'altro. Le sfide poste dall'architettura spaziano così dalla competenza professionale alla sensibilità artistica e culturale di chi la pratica, riunite dalla curiosità che spinge a cercare l'ignoto e a dargli rappresentazione fisica.

Il progresso delle tecnologie informatiche e della comunicazione e i rapidi cambiamenti sociali ed economici producono continuamente nuove abitudini di vita. Tutto ciò chiede all'architettura trasformazioni profonde, che non possono limitarsi ad aggiornamenti tecnici ma si devono confrontare con l'identità stessa della pratica architettonica.

I mezzi e i metodi progettuali cambiano. Nondimeno, i fondamenti dell'architettura formulati nell'Antichità da Vitruvio e ripresi da Leon Battista

Architecture always expresses a society's needs, expectations, hopes, and translates them into a built environment. Creating architecture means transferring a lifetime project to space. Architecture is an art that connects its works to a place, a site, to specific settlements having equally specific social, political and cultural conditions. Building is a human expression that concerns how man protects himself in the environment. Nonetheless, the architectural project is also a cultural act that goes beyond the mere fulfilment of practical needs, as it means transforming raw materials, exploiting natural resources such as stone, iron, or wood, in order to bring about interactions that move us deeply. Nature's transformation into an artefact confers cultural significance to human needs. In this sense, architecture interprets man's search for happiness.

The design project is expressed by way of logical structures. It combines intellectual, emotional, and artisanal work. I think that what makes the architect's work special is the path that leads from the idea to the object: we begin with a request and a desire, and we end up with the actual, physical building. The search for unity between use and form is the result of the balance between reason and sensation. On the one hand, design and construction are the product of thinking and rational decisions, definable and analyzable elements that, as collective values, can be taught and learned. On the other hand, meaningful, hidden, secret aspects also play a part: these are emotional, individual values.

The architectural space is the instrument that offers visibility to light, which is the source of life. This was especially evident to me in the two courtyards of the Federal Criminal Court we designed for Bellinzona, where the sculptures by Conrad Jon Godly reinforce the capacity and mystery of the architectural space, leaving you to guess the invisible.

Ever since ancient times architecture has been viewed as knowledge that brings together different fields of expertise, such as the historic-humanistic fields, on the one hand, and the technical-scientific ones, on the other. The challenges posed by architecture thus range from professional skill to the artistic and cultural sensitivity of the person who practices it, joined with the curiosity that drives one to seek the unknown and bestow it with a physical representation.

Progress in computer technology and communication and rapid social and economic changes continually produce new everyday habits. These require that architecture should create profound transformations, which cannot be limited to technical updates, but must instead come to terms with the very identity of the architectural practice.

The means and the methods of design will vary. Nonetheless, the fundamental canons of architecture formulated by Vitruvius in ancient times

Alberti e altre grandi figure del Rinascimento, hanno ancora oggi valore. Vitruvio, sottolineando gli aspetti olistici della cultura architettonica, definì i tre pilastri su cui ancora il progetto architettonico si regge e si giustifica universalmente: *utilitas, firmitas, venustas*.

Qui di seguito riprendo tre brevi testi che ho scritto negli ultimi anni. In essi cerco di descrivere, attraverso architetture che mi hanno colpito prima ancora di diventare architetto, momenti di particolare suggestione nell'esperienza dello spazio costruito. Sono esempi che non celebrano grandi monumenti quali Stonehenge in Inghilterra, l'Acropoli di Atene, le Piramidi in Egitto, Teotihuacán in Messico o, per avvicinarci ai nostri tempi, la Nationalgalerie di Berlino… Certo, questi capolavori, massime dimostrazioni della forza espressiva esercitata dall'architettura, mi commuovono per la loro radicalità concettuale ed espressività formale. I tre esempi che ho scelto sono testimonianze meno eclatanti, ma altrettanto rappresentative della creatività di uomini e generazioni estinte che possiamo tuttora assumere a riferimenti del nostro agire. Guardo a queste architetture come se fossero pitture di Giorgio Morandi, che sanno raffigurare un'altissima umanità anche attraverso le cose più umili e gli oggetti più quotidiani.

La casa, l'albergo e la chiesa, dei tre esempi scelti sono tipologie che rappresentano, rispettivamente, il privato, il pubblico e il sacro. Testimoniano quindi tre diverse modalità della volontà creativa e costruttiva dell'uomo.

La casa è l'edificio più consueto e diffuso, indispensabile per soddisfare i bisogni quotidiani dell'abitare: bisogni di protezione, di ricreazione ma anche di rappresentazione individuale di sé. L'albergo è a sua volta la forma più ricca di alloggio temporaneo collettivo che l'uomo abbia inventato, e io lo vedo anche come un rifugio di nostre fantasie e illusioni. L'edificio sacro, infine, è di gran lunga la più sublime tipologia architettonica che l'umanità abbia pensato per rappresentare la propria condizione esistenziale al cospetto delle forze e dei misteri dell'universo. Dalle piramidi egizie ai templi antichi, dalle cattedrali medievali alle chiese dell'età moderna, i luoghi di culto attestano che l'uomo ha sempre aspirato a qualcosa che oltrepassi il soddisfacimento dei bisogni quotidiani, pratici, abitativi, lavorativi. Le opere sacre mostrano con particolare efficacia le potenzialità dell'architettura nel generare spazi che conferiscono dignità e valore all'esistenza umana. Né la pittura, né la scultura, e neppure la musica e la letteratura possono rappresentare in modo altrettanto fisico l'esperienza collettiva del divenire e del trapassare. Mies van der Rohe, citando Sant'Agostino, diceva che l'architettura è ancorata alle leggi eterne

and then referred to by Leon Battista Alberti and other great Renaissance figures are still relevant today. Vitruvius, by emphasizing the holistic side of architectural culture determined the three pillars on which architectural design is based and justified universally: *utilitas, firmitas, venustas*.

The following are three short texts I have penned in recent years. On the basis of architectures that had impressed me even before I became an architect, I have tried to describe moments of particular inspiration in the experience of the built-up space. These examples do not celebrate great works such as Stonehenge in England, the Acropolis in Athens, the Pyramids in Europe, Teotihuacán in Mexico, or, closer to our own day, the Nationalgalerie in Berlin… Of course, I find these masterpieces – the ultimate demonstration of what architecture is capable of expressing – moving thanks to their conceptual radicalness and formal expression. The three examples I have chosen are less amazing, but they are equally representative of the creativity of men and generations who are no longer with us, but whom we can still look to as a guiding light. I gaze at these architectures as if they were paintings by Giorgio Morandi, for they are capable of depicting the highest possible humanity even through the humblest and most everyday objects.

The house, the hotel, and the church in the three examples chosen are types of architecture that represent the private, the public, and the sacred, respectively. They are witnesses, therefore, of three different expressions of man's creative and constructive will.

The house is the most common and widespread type of building, essential for fulfilling everyday living needs: the need for shelter, leisure, but also for the individual representation of the self. The hotel is, in turn, one of the richest forms of temporary and group accommodation ever invented by man, and I also see it as a refuge for our fantasies and illusions. The sacred building, lastly, is by far the most sublime type of architecture that humanity has ever conceived of to represent its existential condition before the forces and mysteries of the universe.

From the Egyptian pyramids to the ancient temples, from the medieval cathedrals to the churches of the modern age, places of worship attest to the fact that man has always aspired to something that surpasses the fulfilment of everyday, practical, living, working needs. Sacred works efficiently reveal architecture's potential for generating spaces that confer dignity and value to human existence. Neither painting, nor sculpture, nor music, nor literature can represent in an equally physical way the collective experience of becoming and one's passing.

Mies van der Rohe would often quote Saint Augustine, claiming that architecture is linked to the eternal laws of the world. Naturally, architec-

Alla ricerca della felicità
The search for happiness

del mondo. Naturalmente, questa aspirazione dell'architettura ad esprimere nel tempo e nello spazio le abilità e le ambizioni umane non vale solo per gli edifici sacri, ma è riferibile anche alle costruzioni destinate alla residenza e al lavoro.

Fin dal mio primo viaggio in Italia all'età di 18 anni, che mi portò a Roma, Firenze, Assisi e Ravenna, sono stato affascinato dalla capacità dell'architettura di accogliere e ospitare in sé aspirazioni che vanno al di là delle esigenze strettamente funzionali.
L'*Autobiografia scientifica* di Aldo Rossi resta un riferimento prezioso per cogliere questi aspetti: è un libro che ad ogni rilettura fa riaffiorare in me questo sguardo per gli aspetti immateriali, nascosti e metafisici dell'architettura. Mi è molto caro il richiamo che, nell'introduzione del libro, Rossi fa alla legge della conservazione dell'energia in ogni trasformazione della materia e al concetto di continuità. Condivido intimamente anche l'interpretazione che egli dà dell'architettura come strumento che avvalora e favorisce determinati comportamenti ed esperienze, così come le sue riflessioni sull'ordine e la razionalità in contesti rapsodici e frammentati.
Quella di Aldo Rossi è una maniera di guardare all'architettura come a un gesto di grande rispetto e amore per il genere umano. È lo stesso autore a dircelo con chiarezza: «Forse solo questo mi interessava nell'architettura; perché sapevo che era resa possibile da una forma precisa che combatteva il tempo fino a esserne distrutta. L'architettura era uno dei modi di sopravvivere che l'umanità aveva ricercato; era un modo di esprimere la sua fondamentale ricerca della felicità». Credo non ci sia nulla da aggiungere a queste parole.

ture's aspiration to express human abilities and ambitions in time and space does not just apply to sacred buildings, but can also designate constructions that are meant to be used as dwellings or for work.

Ever since my first trip to Italy when I was 18, where I visited Rome, Florence, Assisi and Ravenna, I have been enthralled by architecture's ability to gather and host within itself aspirations that transcend purely functional needs.
Aldo Rossi's *A Scientific Autobiography* will always be an invaluable reference text with regard to these aspects. Every time I read this book, it inspires me to gaze at the intangible, hidden and metaphysical elements of architecture. I am especially fond of Rossi's mention, in the introduction, of the principle of the conservation of energy in the use of every material, and of the idea of continuity. I also personally share his interpretation of architecture as an instrument that valorizes and fosters specific behaviours and experiences, as well as his reflections on order and rationality in rhapsodic and fragmentary contexts.
This is Aldo Rossi's way of looking at architecture as if it were a gesture of great respect and love for humankind. The author himself states this clearly: «Perhaps this alone was what interested me in architecture. I knew that architecture was made possible by the confrontation of a precise form with time and the elements, a confrontation which lasted until the form was destroyed in the process of this combat. Architecture was one of the ways that humanity had sought to survive; it was a way of expressing the fundamental search for happiness».
I think that nothing further needs to be added to these words.

La casa

L'esile e ampio tetto a falde larghe contrasta con le pesanti mura intonacate di bianco e punteggiate da aperture irregolari di varie dimensioni. Profonde strombature a forma d'imbuto proteggono le piccole finestrelle in legno dal vento e dal maltempo, mentre le decorazioni artistiche, articolate in disegni e figure che richiamano le complesse volute di un tatuaggio, conferiscono ai volumi una sorprendente leggerezza e trasmettono un senso concreto di affidabilità.

Varcata la grande volta d'ingresso e percorsa una rampa in lieve pendenza, si accede a un vasto atrio immerso nella penombra, il *sulèr*. Da qui si raggiungono gli spazi disposti su un fianco della casa: la cucina intonacata di bianco, la dispensa coi soffitti a volta e la sala con il tradizionale rivestimento in legno. Un bovindo trapezoidale spezza la facciata esterna e porta la luce fin nei recessi più nascosti dell'interno, offrendo al contempo una veduta sulla piazza e sulla fontana. Dirimpetto al bovindo è il forno a legna in muratura, che con la stufa della cucina rappresentava l'unica fonte di calore dell'abitazione. Proseguendo, un'altra grande apertura conduce direttamente ai locali destinati alle attività agricole. Una piccola scala, infine, collega l'atrio al piano superiore, dove si trovano le camere da letto, anch'esse rivestite con semplici tavole di legno.

Un impianto tipologico come questo, che si è sviluppato gradualmente nel corso dei secoli, rispecchia un modo di vivere, uno stile di vita complesso e unitario di cui oggi riusciamo a cogliere solo frammenti. Nonostante ciò, o forse proprio per questo, siamo colpiti dal fascino che questo tipo di edifici esercita su di noi.

Nata come parte di un insediamento tradizionale denso e articolato, costruito sulla base di particolari condizioni topografiche, di insolazione e di organizzazione sociale, nonché di richieste funzionali legate alle necessità degli abitanti, questa casa riesce tuttavia a soddisfare anche le nuove esigenze dettate da una società dell'era digitale.

La sua solidità e la sua fruibilità, che attraversano epoche e generazioni diverse, destano stupore, e la sua bellezza commuove, invitando alla riflessione.

House

The thin, broad saddle roof contrasts with the heavily white-plastered walls dotted with irregular openings of different sizes. Deep funnel-shaped embrasures protect the small wooden windows from the wind and the inclement weather, while the artistic decorations, consisting of designs and figures reminiscent of complex tattoo swirls, bestow on the volumes a surprising lightness and convey a concrete sense of dependability.

Once you have crossed the large vault at the entrance and walked up a slightly sloping ramp, you come to a vast atrium immersed in semi-obscurity: it is the *sulèr*. From here one can reach the spaces arranged on one side of the house: the white-plastered kitchen, a pantry with a vaulted ceiling, and a room with traditional wood finishing. A trapezoid-shaped bow window interrupts the outer facade and allows light to filter into the interior's most hidden recesses, at the same time offering a view of the piazza and its fountain. Opposite the bow window is a wood-burning stove made of stone; together with the kitchen oven it is the house's only source of heat. Further along, another great opening leads directly into the rooms used for farming activity. Lastly, a small staircase connects the atrium to the upper floor, where the bedrooms are located, these too furnished with plain wooden tables.

This type of building, which has gradually been developed over the course of the centuries, reflects a way of living, a lifestyle that is both complex and unitary, of which today we can only gather fragments. Despite this, or perhaps precisely because of it, just how much we are charmed by such a building is striking.

Born as part of a dense and complex traditional settlement, built on the basis of particular topographical conditions, exposure to the sun, and social organization, as well as according to the functional requests linked to the inhabitants' needs, this house still manages to also satisfy the needs of today's digital society.

Its solidity and functionality, which span different eras and generations, arouse astonishment, while its beauty is deeply moving, inviting thoughfulness.

Alla ricerca della felicità
The search for happiness

Casa Jenatsch,
Bergün, Grigioni
(foto Ralph Feiner).

Jenatsch House,
Bergün, Grisons
(photo Ralph
Feiner).

Hotel Waldhaus,
Sils, Engadina.

Waldhaus,
Sils, Engadine.

Alla ricerca della felicità
The search for happiness

L'albergo

Considero l'albergo la forma più ricca di alloggio temporaneo di cui gli uomini si siano dotati. Il suo interno ospita gli spazi pubblici più diversi: la hall, il salone, il bar, la sala da pranzo, la sala di lettura…, mentre le singole camere e le *suites* sono spazi introversi, che permettono agli ospiti di ritirarsi in privato. Nell'albergo, individuale e collettivo si intrecciano e si fanno densità atmosferica. Trovo particolarmente suggestiva questa stretta vicinanza di spazi pubblici e privati.
Situato poco al di sopra della vallata, a sovrastare le cime dei larici quasi come una rocca, sta l'Hotel Waldhaus di Sils, rappresentante esemplare di questa tipologia residenziale che è anche metafora della vita che scorre. Molte persone vi si sono stabilite per qualche tempo: artisti, filosofi, politici, imprenditori e tanti altri ospiti dalle provenienze più diverse. È un edificio da cui traspare ancora la sua grande tradizione. Costruito agli inizi del Novecento, trasmette un'eleganza urbana inserita nel mondo aspro della montagna. Il contrasto fra paesaggio naturale imponente e habitat plasmato dalla mano dell'uomo non potrebbe essere maggiore.
Da secoli l'Engadina, straordinaria valle alpina, ha attirato visitatori da Paesi vicini e lontani. Ad essa sono legati anche dei miei ricordi dell'infanzia. Alcuni miei antenati si recavano in Engadina per lavorare negli alberghi, e al ritorno i loro racconti su quel "gran mondo" facevano volare la nostra fantasia. L'albergo era il luogo per eccellenza dove si incontravano i personaggi quasi "mitici" di quella società altolocata. Talvolta si veniva a sapere qualcosa delle loro storie, ma nella maggior parte dei casi esse rimanevano sospese nel regno dell'immaginazione.
Nella nostra attuale vita quotidiana, improntata alla velocità, rocche come questa, rifugi immersi nella quiete, sono un arricchimento e un dono.
L'Hotel Waldhaus di Sils è un'opera di architettura esemplare perché in esso i presupposti più disparati ed esigenze spesso contraddittorie sono stati conciliati in modo convincente in un insieme composito.
Grazie a un'assidua organizzazione e a una gestione familiare che si è mantenuta per generazioni, l'albergo è sopravvissuto bene nel tempo, conservando il suo carattere unico. Solidità e qualità architettonica, capacità di adeguarsi ai nuovi bisogni, intelligente articolazione degli spazi e dei collegamenti, disposizione accogliente dei locali che hanno dimensioni, configurazioni e usi diversi, sia all'interno che all'esterno: tutto questo crea la sua atmosfera particolare, la sua misteriosa sensualità.

Hotel

To my mind, the hotel is the richest form of temporary accommodation that mankind has built for itself. Its interior hosts a variety of public spaces: a reception area, main hall, bar, dining room, reading room… conversely, the single rooms and suites are introverted spaces that allow guests to retire so they can be alone. In the hotel both the individual and the group are intertwined and become atmospheric density. I am particularly inspired by this proximity between public and private spaces.
Situated so that it just overlooks the valley, towering fortress-like over the tops of the larch trees, is the Hotel Waldhus in Sils, the perfect example of this type of residence that is also a metaphor for life passing by. Many people have stayed here even for long sojourns: artists, philosophers, politicians, entrepreneurs, and many other guests from different places. It is a building whose great tradition is still clearly visible. Built around the early twentieth century, it conveys urban elegance nestled in an austere Alpine environment. The contrast between a spectacular natural landscape and a habitat shaped by the hand of man could not be greater.
For centuries Engadine, an extraordinary Alpine valley, has attracted visitors from countries near and far. My childhood memories also lie here in this valley. Some of my ancestors would go to Engadine to work in the hotels, and when they returned they would tell tales of that "grand world" that fired our imaginations. The hotel was the ideal place in which to encounter the almost "legendary" names of high-ranking society. Sometimes we actually did learn something about their lives, but in most cases they remained suspended in the realm of our imagination.
In today's everyday life imbued with speed, fortresses such as this one, shelters immersed in the peace and quiet, are a gift that enriches us. Waldhaus in Sils is an outstanding work of architecture because within it the most disparate of presuppositions and needs, which are often contradictory, have been reconciled in a convincing as well as composite way.
Thanks to its undefatigable organization, and family management that has been passed down from generation to generation, the hotel has survived well in time, preserving its unique nature. Architectural solidity and quality, the capacity to adapt to new needs, the clever arrangement of the spaces and connecting areas, the pleasant decor in rooms of different sizes and shapes and for different uses, both inside and outside: all this creates this hotel's particular atmosphere, its mysterious sensuousness.

La chiesa

Su una piccola sporgenza della roccia, nel mezzo di una radura che si apre fra i boschi al di sopra della gola dell'Albula e all'ingresso della gola Schyn, si erge, solitaria e intatta, la più antica chiesa a tre absidi della Svizzera, realizzata in pietra in epoca carolingia. Pochi volumi geometrici collegati fra loro ne delineano l'aspetto esterno: il corpo centrale rettangolare, con copertura a falde spioventi, le tre absidi semicircolari sul lato est, il campanile a pianta quadrata dall'aguzzo tetto a piramide che, leggermente asimmetrico, svetta sull'opposto lato ovest. Un muro di recinzione, intonacato a rasapietra, delimita, separandola dall'ambiente naturale in cui sorge, la Casa di Dio, massiccia e imponente. I piccoli vani rettangolari delle finestre, posti in alto e chiusi da archi a tutto sesto, accendono la fantasia e la curiosità, suscitando il desiderio di saperne di più sull'interno. Passando davanti all'ossario annesso alla navata, che ricorda immediatamente e con insistenza la finitezza e la transitorietà dell'esistenza umana, il visitatore raggiunge la tozza porta d'ingresso. L'alta soglia sottolinea il passaggio dallo spazio esterno, aperto verso la valle, allo spazio interno, protetto e sacro.

La sala rettangolare, con affreschi di cui restano solo frammenti e con il piatto soffitto ligneo, sorprende per la sua atmosfera, che emana un senso di pace, sicurezza, protezione. Sembra che il tempo si sia fermato. L'esperienza dello spazio è forte, profondamente toccante. In ciascuna delle tre absidi, che occupano a tutta altezza la parete orientale, è collocato un altare di pietra a forma cubica: nella semioscurità che li avvolge, questi cubi arcaici sembrano opere di Donald Judd. Ciascuna abside riceve la luce dalle tre finestre che si aprono nella volta della parete. L'abside centrale, di dimensioni un po' più ampie rispetto alle altre, sottolinea delicatamente la composizione simmetrica dello spazio, ulteriormente rafforzata dalla disposizione delle porte.

In mezzo a un paesaggio naturale, boscoso, aspro, buio e poco accogliente, sembra quasi di percepire lo stupore e il timore reverenziale che doveva provare l'uomo del Medioevo quando si trovava in questo spazio fitto di immagini policrome. Un'esperienza simile è forse stata, per gli spettatori di oggi i cui occhi e sensi sono colmi di immagini digitali, l'installazione video di Pipilotti Rist *Homo sapiens sapiens*, presentata nella Chiesa di San Stae durante la Biennale di Venezia del 2005.

Church

Perched on a rock formation that juts out in the middle of a clearing surrounded by woods overlooking Albula Gorge and leading into Schyn Gorge is Switzerland's oldest church with three apses – solitary, intact, and made of stone from the Carolingian period. Just a few geometric volumes joined together delineate its exterior: the central rectangular body with a saddle roof, the three semicircular apses on the eastern side, the bell tower, with a square plan, featuring a sharp, slightly asymmetrical pyramidal roof that stands out over the western side. An encircling wall finished in *pietra rasa* surrounds this massive and impressive House of God, separating it from the natural environment where it rises up. The small rectangular shapes of the windows, located up above and closed off by a round arch, fire our imagination and curiosity, stirring up a desire to know more about what's inside. The visitor must walk past a burial place, annexed to the nave – an immediate, insistent reminder of the finiteness and transient nature of human life – before reaching the squat entrance door. The tall threshold emphasizes the passage from the exterior space, which opens out towards the valley, to the interior, protected and sacred one.

The rectangular room, featuring frescoes of which only fragments remain and a flat wooden ceiling, has a surprising atmosphere that emanates a feeling of peacefulness, safety, protection. It as if time had stopped. The experience of that space is strong and deeply touching. In each of the three apses that take up the whole height of the eastern wall is a cubic-shaped stone altar: in the half-darkness that surrounds them, these archaic cubes would appear to be works by Donald Judd. Each apse receives light from the three windows in the vault of the wall. The central apse, which is slightly larger than the other two, delicately emphasizes the symmetric composition of the space, further reinforced by the way the doors are arranged.

In the midst of a natural, woody, austere, gloomy and not particularly welcoming landscape, one can almost imagine the wonder and reverential fear that Medieval man must have felt when he found himself in this space brimming with polychrome images. Perhaps today's viewers, whose eyes and senses are filled with digital images, had a similar experience when they saw Pipilotti Rist's video installation *Homo sapiens sapiens*, presented in the Church of San Stae for the 2005 Venice Biennale.[sn]

Alla ricerca della felicità
The search for happiness

Chiesa
di San Pietro
in Mistail,
Grigioni.

San Pietro
in Mistail,
Grisons.

Riccardo Blumer

Un' architettura delle cose

•

An architecture of things

Riccardo Blumer

I pensieri che seguono, legati di volta in volta a un'immagine, vanno visti come "saette" di luce ed energia che indicano un percorso personale la cui giusta rotta cerca innanzi tutto la *felicità*. Negli ultimi anni mi è infatti diventato chiaro che sono proprio i pensieri, le idee, le intuizioni, a fare da propellenti all'unica attività che in me la produce: costruire.

Questa sequenza di pensieri si snoda come un mio rivolo di certezze, forse deboli e naturalmente opinabili, cui sono legato perché se non altro il loro "scivolamento gravitazionale" traccia un piccolo alveo nel quale ritrovo una direzione.

Ho scelto un gruppo di immagini in gran parte non strettamente disciplinari: un fiume, una montagna, il circo, la musica, una poesia… (non mancano comunque alcuni grandi monumenti architettonici). Le mie "saette" ricordano che molti suggerimenti non ci vengono da fonti strettamente di settore. L'architettura la ritroviamo infatti in numerosi fenomeni naturali e in campi artistici all'apparenza non progettuali. Molti prima di me ne hanno dato testimonianza.

Per questo mi piace richiamare, insieme, edifici e spettacoli teatrali, una morfologia naturale, un poema o un concerto. L'architettura non è solo abitare, esiste in un libro, in un albero, è quell'ordine processuale e sequenziale senza il quale non esiterebbe il mondo concreto e astratto.

L'occasione di questo *Atlante* è dunque molto utile, perché mi ha spinto a interrogarmi sui modi con cui cerco di dare *forma* alle cose attraverso l'ordine, le sequenze e i materiali del pensiero costruttivo.

Dante, nel *Paradiso*, ricorda che la forma è atto supremo nella relazione tra le cose, non solo quelle «che son fore d'intelligenza», ma anche «quelle c'hanno intelletto e amore».

Negli anni di insegnamento ho potuto incrementare il mio atlante di riferimenti fino a maturare la sensazione di cominciare ad averne uno personale. Parimenti mi è chiaro che non è l'atlante lo scopo, ma gli atti di costruzione che esso aiuta a pensare e a realizzare, sia nella professione, sia nel lavoro didattico con gli studenti.

The thoughts that follow, each associated in their turn with an image, should be seen as arrows of light and energy indicating a personal path whose true course is first of all the quest for *happiness*. In recent years it has become clear to me that it is thoughts, ideas and insights that act as a propellant in the only activity that gives me joy: building.

This sequence of thoughts unfolds like the trickle of certainties, perhaps weak and naturally debatable, to which I am bound, because at the very least their "gravitational creep" traces a small furrow in which a direction can be found.

I have chosen a set of images, most of them not strictly related to architecture: a river, a mountain, the circus, music, poetry… (but including some great architectural monuments). My "flashes" remind us that many impulses do not come to us from professional sources. We find architecture in many natural phenomena and in artistic fields seemingly unconnected with design. Many before me have testified as much.

For this reason I wish to recall, together, buildings and theatrical performances, a natural morphology, a poem or a concert. Architecture is not just dwelling. It exists in a book or a tree; it is that procedural and sequential order without which the concrete and abstract world would not exist.

The occasion of this *Atlas* is therefore very useful, because it has impelled me to explore the ways by which I try to give a *form* to things through the order, sequences and materials of constructive thinking.

In the *Paradiso*, Dante reminds us that form is the supreme act in the relation between things, not only those «that are devoid of understanding», but also «those that have both intellect and love».

Over the years spent teaching I have been able to enlarge my atlas of references until I feel I am beginning to have a personal one. It is also clear to me that the objective is not the atlas but the construction activities that it helps to devise and accomplish, in both the profession and in teaching with students.

Un'architettura delle cose
An architecture of things

Arena romana a Verona
Il circo è il luogo dell'infinito iscritto nel limite. Su una pista di pochi metri, animali, uomini e attrezzi trasformano il moto rettilineo in circolare sfruttando le forze centrifughe come propulsione degli equilibri. La conoscenza del corpo e della macchina fa diventare poesia il vincolo dello spazio. Giocolieri, acrobati e altri atleti si muovono come per smentire i limiti dei gesti e dei corpi, e così la pista del circo diventa un segno dell'impossibile, dell'infinito.
Il circo è il luogo della precisione e, come ben sa il trapezista, nel circo il tempo diventa particolarmente fisico. La *mise-en-scène* non può concedersi errori: gli strumenti del volo acrobatico sono talmente sincronizzati al corpo che ne assumono l'estensione e la prossimità come principio della sopravvivenza.
Nella guerra e nel combattimento vediamo forse l'espressione più rappresentativa di questa relazione.
Il circo è quindi un grande allenamento all'architettura: tempo, forze e macchine, corpo e progetto ne fanno una sorta di centro del mondo artificiale tra progetto ed esecuzione.

Roman arena in Verona
The circus is the place of the infinite inscribed in the limit. On a path just a few metres wide, animals, men and equipment transform rectilinear motion into circular, using centrifugal forces as the propulsion of equilibria. A knowledge of the body and the machine turns the constraints of space into poetry. Jugglers, acrobats and other athletes move as if to deny the limits of gestures and bodies, and so the circus ring becomes a sign of the impossible, the infinite.
The circus is the place of precision and, as the trapeze artist knows all too well, in the circus time becomes very physical. Performance allows for no errors: the instruments of acrobatic flight are so closely synchronised with the body that they assume its extension and proximity as a principle of survival.
In warfare and combat we see perhaps the most representative expression of this relation.
The circus is therefore a great training in architecture: time, forces and machines, body and design make it a sort of centre of the artificial world of design and execution.

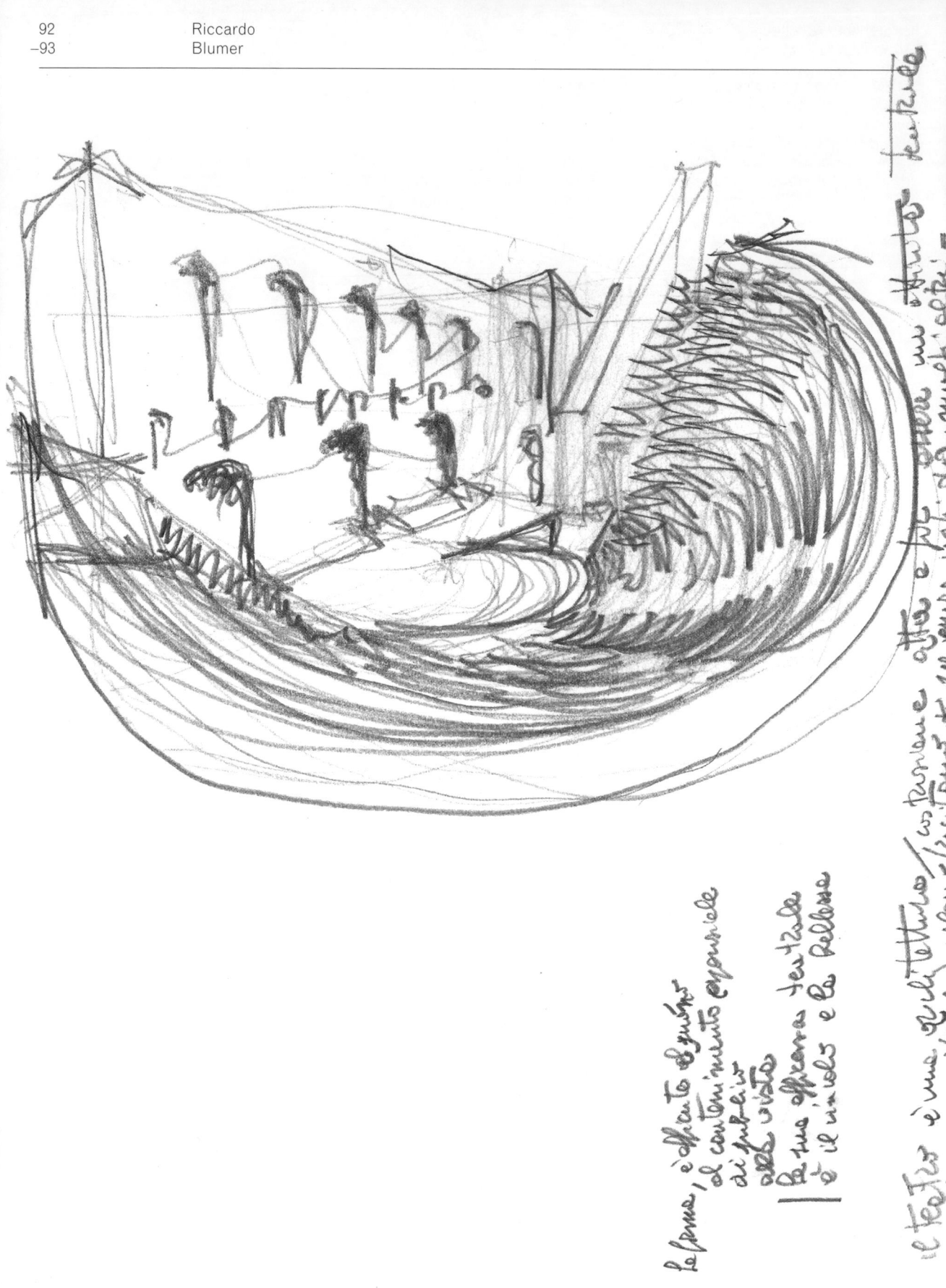

Un'architettura delle cose
An architecture of things

Pablo Neruda
La verità è nudità.
In un fiore non esiste separazione tra
la sua bellezza e la sua capacità ripro-
duttiva. Cosa si può toglierli senza
mettere in crisi la sua efficienza?
Di cosa si può spogliarlo oltre a quello
che è già in sé finito?
I concetti di verità, efficienza e bellezza nella natura hanno una relazione di
inscindibilità.
Il Partenone mi dà sempre questa
magnifica sensazione.

Pablo Neruda
Truth is nakedness.
In a flower there is no separation
between its beauty and its power to
reproduce. What can you take away
without impairing its efficiency? What
can you strip from what is already
in itself complete?
The concepts of truth, efficiency and
beauty are inseparable in nature.
The Parthenon always gives me this
magnificent feeling.

Desnuda eres tan simple como una de tus manos:
lisa, terrestre, mínima, redonda, transparente.
Tienes líneas de luna, caminos de manzana.
Desnuda eres delgada como el trigo desnudo.

Desnuda eres azul como la noche en Cuba:
tienes enredaderas y estrellas en el pelo.
Desnuda eres redonda y amarilla
como el verano en una iglesia de oro.

Desnuda eres pequeña como una de tus uñas:
curva, sutil, rosada hasta que nace el día
y te metes en el subterráneo del mundo

como en un largo túnel de trajes y trabajos:
tu claridad se apaga, se viste, se deshoja
y otra vez vuelve a ser una mano desnuda.

Pablo Neruda

Gocce d'acqua
Anche allo stato liquido la materia ha
forma.
Dipende dalla sua dimensione. Dipende dal luogo. Dipende dalla velocità.
Il getto di una fontana con una caduta
sufficientemente ampia mette in
scena il disegno degli equilibri che si
creano nelle metamorfosi tra regime
laminare e turbolento, fino alla goccia
di vapore. Nella natura la forma contiene strabilianti racconti.
La sfera perfetta di una goccia d'acqua
è l'espressione migliore dell'ordine
che si stabilisce tra le leggi fisiche di
materia, energia, forze e luogo.
Si potrebbe anche dire che la goccia
sferica è la forma dell'energia atomica
che vince il campo gravitazionale, che
a sua volta, sempre come scrive Dante,
«la terra in se stringe ed aduna».

Water drops
Even in the liquid state matter has
form.
Form is dependent on its dimensions,
its place, its speed.
The jet of a fountain with a sufficiently
large fall depicts the design of the bal-
ances that are created in the metamorphosis from laminar to turbulent, all
the way down to the drop of vapour. In
nature, form contains amazing stories.
The perfect sphere of a drop of water
is the finest expression of the order
that is established between the physical laws of matter, energy, forces and
location.
It could even be said that the spherical
droplet is the form of atomic energy
that overcomes the gravitational field,
which, in turn, as Dante wrote, «draws
the earth together and unites it».

Un fiume

Il disegno del fiume o meglio del suo alveo è misura del paesaggio. La terra è tracciata dalle leggi fisiche dell'acqua. Nella natura ogni componente disegna il paesaggio e il tempo ne cura la regia.
Il fiume, lo scorrere dell'acqua secondo la legge gravitazionale della pendenza (una relazione tra massa e corpo oggi ancora in parte misteriosa), produce un fenomeno di erosione (di cui la scienza ha invece spiegato quasi tutto, in particolar modo con la fluidodinamica). Le curve delle anse, disegnate con la geometria perfetta prodotta dai moti laminari o caotici, dalle pendenze, dalle forze di adesione e coesione, segna la terra e ne evidenza l'orografia.
I concetti di "riva", "onda", "flusso" e "caduta" sono il linguaggio attraverso cui possiamo raccontare in modo efficace valli e pianure nell'inscindibilità tra forma e processo.
Lo stesso vale per gli interventi umani, per le infrastrutture che disegnano le vie di comunicazione. Potremmo dire che con l'ostacolo del fiume o delle montagne cominci la storia del disegno territoriale. Come per i ponti, il buon progetto racconta l'ostacolo.

A river

The design of a river, or rather of its bed, is the measure of the landscape. The land is traced by the physical laws of water. In nature each component designs the landscape and time directs its performance.
The river, the flowing of water in accordance with the gravitational law of the inclined plane (a relation between body and mass that is still partly mysterious), produces the phenomenon of erosion (which science has explained in almost every respect, above all by fluid dynamics). The river's curving course, designed with the perfect geometry produced by laminar or chaotic motion, by slopes, the forces of adhesion and cohesion, mark the land and shape its topography.
The concepts of "bank", "wave" "flow" and "fall" are the language by which we can effectively describe valleys and plains in the inseparable unity of form and process.
The same applies to human intervention, with infrastructure drawing the lines of communication. We could say that the story of territorial design begins with the barrier of river or mountains. As in the case of bridges, good design recounts the obstacle.

Un'architettura delle cose
An architecture of things

Una sedia

Tutti gli oggetti sono a impronta del corpo. La loro funzione è la trasformazione dell'universo secondo un progetto.
Una sedia è la forma del modo in cui si vuole *stare* nel mondo.
In molti paesi africani, ancora oggi la sedia è scarsamente usata come oggetto necessario: ci si siede, si lavora, si vive, si fa l'amore per terra, sul terreno, sul pavimento.
Ogni oggetto mostra la sua forza quando non è usato, nel suo stato d'inutilità. È "da fermo" che esprime meglio l'impronta dell'uomo.
Il tema dell'oggetto come "calco" mi è da sempre prezioso e sono sempre più convinto, come sostengono alcuni filosofi, che siano gli oggetti a "costruirci", non viceversa.
L'architettura, in quanto macchina, è anch'essa uno di questi "oggetti che ci costruiscono".
Impronta estensiva del corpo ed efficienza d'uso sono quindi inscindibili.
A nessun rudere daremmo il ruolo di icona architettonica se non avesse funzionato perfettamente, per esempio come tempio o teatro. Il processo creativo si scompone e ricompone in un tempo circolare in cui cogliamo il rapporto tra la forma e lo scopo anche quando questo non è in atto.
Architettura come impronta del corpo.

A chair

All objects are imprints of the body. Their function is to transform the universe in keeping with a project.
A chair is the form of the way one wants to *be* in the world.
In many African countries, even today, a chair is hardly used as a necessary object: people sit, work, live and make love on the floor, the ground, the paving.
Every object shows its strength when it is not used, in its state of disuse. When it is stationary, it best expresses the human imprint.
I have always found the theme of the object as a cast valuable, and I am increasingly convinced, like some philosophers, that objects construct us, and not the contrary.
Architecture, as a machine, is also one of these "objects that construct us". An extensive imprint of the body and efficiency in use are therefore inseparable.
We would never attribute the role of an architectural icon to a ruin if it had never performed its function perfectly, for example as a temple or theatre. The creative process is dismantled and decomposed in a circular time, in which we grasp the relation between form and purpose, even when this is not actual.
Architecture as the imprint of the body.

Un paesaggio montano
la catena delle Alpi dalle Prealpi varesine

La natura ha una serie di tecniche che prendono forma nel paesaggio.
La linea della neve racconta di pressione atmosferica e temperatura, la forma delle montagne di geologia e spinte vulcaniche.
Nella chimica e fisica delle forze atomiche, gli alberi e le forme di vita altro non sono che una grande dimostrazione che la bellezza e la forma sono i rappresentanti dell'efficienza di sistema.
Il paesaggio naturale è uno stupendo, infinito, manuale tecnico della bellezza.

A mountain landscape
The Alpine range from the foothills of Varese

Nature has a number of techniques that are given form in the landscape.
The snowline speaks of atmospheric pressure and temperature, the forms of the mountains speak of geology and volcanic forces.
In the chemistry and physics of atomic forces, the trees and other forms of life are but a great demonstration that beauty and form are representatives of the efficiency of the system.
The natural landscape is a beautiful, endless, technical manual of beauty.

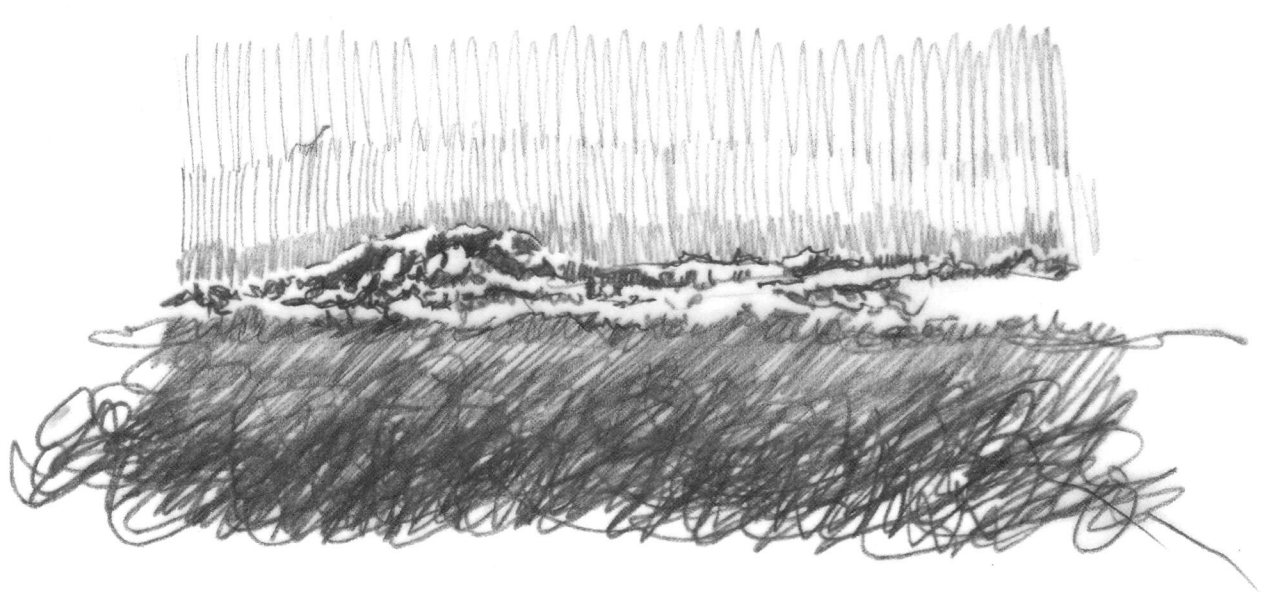

Un'architettura delle cose
An architecture of things

Claudio Abbado
dirige nel 2013 l'orchestra del
Festival di Lucerna nell'Incompiuta
di Anton Bruckner

Un'orchestra è complessa.
La vita è complicata.
L'apparente semplicità del gesto del
direttore d'orchestra che detta il tempo
è figlia di un lungo lavoro preparatorio.
Delle cose complicate ci sfugge l'ordine. Il nostro lavoro di progettisti tende
invece all'ordine della complessità.
Anche noi progettisti dovremmo,
come Abbado, realizzare in semplicità la meraviglia della complessità
orchestrale, che nell'*unicum* di quel
concerto diventa un ricordo. Credo
che sia una questione di lavoro, studio
e capacità, oltre che di emozione.
L'orchestra è la migliore messa in
scena della disciplina di cui la bellezza
ha bisogno. La sua è la bellezza di un
fenomeno fisico tanto preciso quanto
inutile o sconosciuto a gran parte
dell'universo naturale: far musica.

Claudio Abbado
conducting in 2013 the orchestra of the
Lucerne Festival in Anton Bruckner's
Unfinished Symphony

An orchestra is complex.
Life is complicated.
The apparent simplicity of the conductor's beat setting the tempo is the
outcome of a lengthy preparation.
The order of complicated things
eludes us. Our work as designers tends
instead to the order of complexity.
We designers should, like Abbado,
achieve the wonder of orchestral complexity in simplicity, which becomes
a memory in the uniqueness of that
concert.
I believe it is a question of work, study
and capacity, as well as emotion.
The orchestra is the finest staging of
the discipline essential to beauty.
It possesses the beauty of a physical
phenomenon as precise as it is useless
and unknown to much of the natural
universe: making music.

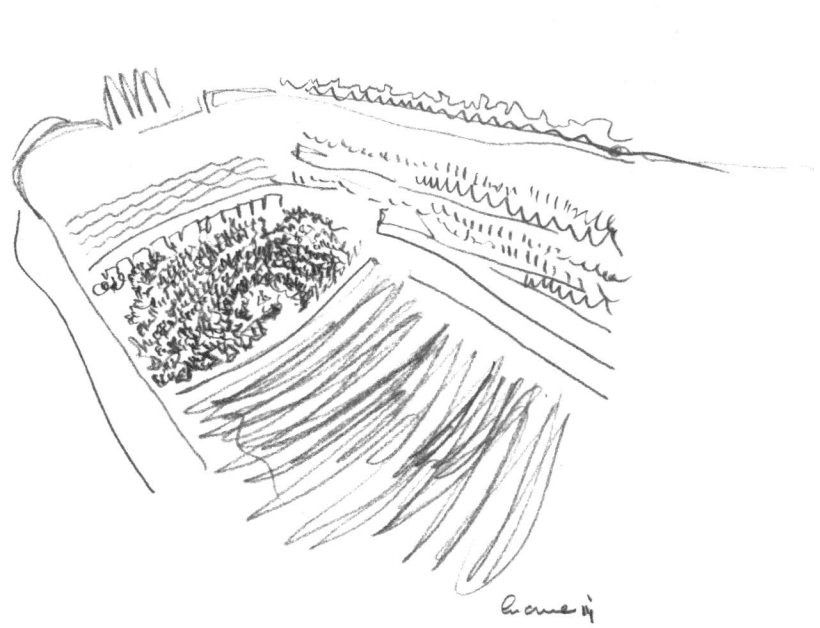

Riccardo Blumer

Un'architettura delle cose
An architecture of things

Il Partenone
Il Partenone è Fidia. Fidia è la capacità di sintesi di secoli di lavoro che in lui compiono un portentoso e meraviglioso inizio.
Il Partenone e il suo autore dimostrano l'irreversibilità dei grandi fatti culturali. Louis Kahn ha detto una cosa simile a proposito della *Quinta sinfonia* di Ludwig van Beethoven, che mi ha permesso di capire come anche nell'architettura vi siano dei grandi "punti di non ritorno".

Sergeij Prokof'ev
Romeo e Giulietta
Corpo di ballo dell'Opera di Parigi, coreografia di Rudolf Nureyev
Il corpo è la misura dello spazio. Dopo la grotta, una forma architettonica già esistente in natura, è la danza che ha fatto inventare una nuova architettura: l'architettura come orma del movimento del corpo.
Dobbiamo forse alla danza il primo grande progetto di architettura dello spazio.

The Parthenon
The Parthenon is Phidias. Phidias is the capacity for attaining a synthesis of centuries of work, which accomplishes a miraculous and wonderful beginning in him.
The Parthenon and its author demonstrate the irreversibility of the great cultural achievements.
Louis Kahn said something similar about Ludwig van Beethoven's *Fifth Symphony*, enabling me to understand that even in architecture there are some great points of no return.

Sergeij Prokof'ev
Romeo and Juliet
Corps de ballet of the Paris Opéra, choreographed by Rudolf Nureyev
The body is the measure of space. After the cave, an architectural form that already exists in nature, it is dance that invented a new architecture: architecture as the imprint of the movement of the body.
Perhaps we owe the first great architectural design of space to dance.

Louis Kahn
sede del Parlamento
di Dacca
Louis Kahn mi ha insegnato che
non esiste differenza tra musica
e architettura.
Tutte e due sono "inutili".
Tutte e due hanno leggi tecniche
mostruose.

Louis Kahn,
National Assembly Building
in Dhaka
Louis Kahn taught me there is no
difference between music and
architecture.
Both are "useless".
Both have monstrous technical
laws.

Un'architettura delle cose
An architecture of things

Le tombe
Piramide di Keope
Le piramidi appartengono alla categoria degli edifici più complessi e "inutili" della nostra storia.
Il loro bisogno e la loro efficienza, come molte altre cose, mi sono ora chiare grazie anche agli studi di Luigi Zanzi.
Spaventosamente efficienti, sono costruzioni per i vivi, non per i morti.

Tombs
Pyramid of Cheops
The pyramids belong to the category of the most complex and "unnecessary" buildings in our history.
Their necessity and their efficiency, as with most things, are now clear to me, thanks to Luigi Zanzi's studies.
Fearsomely efficient, they are buildings for the living, not the dead.[rs]

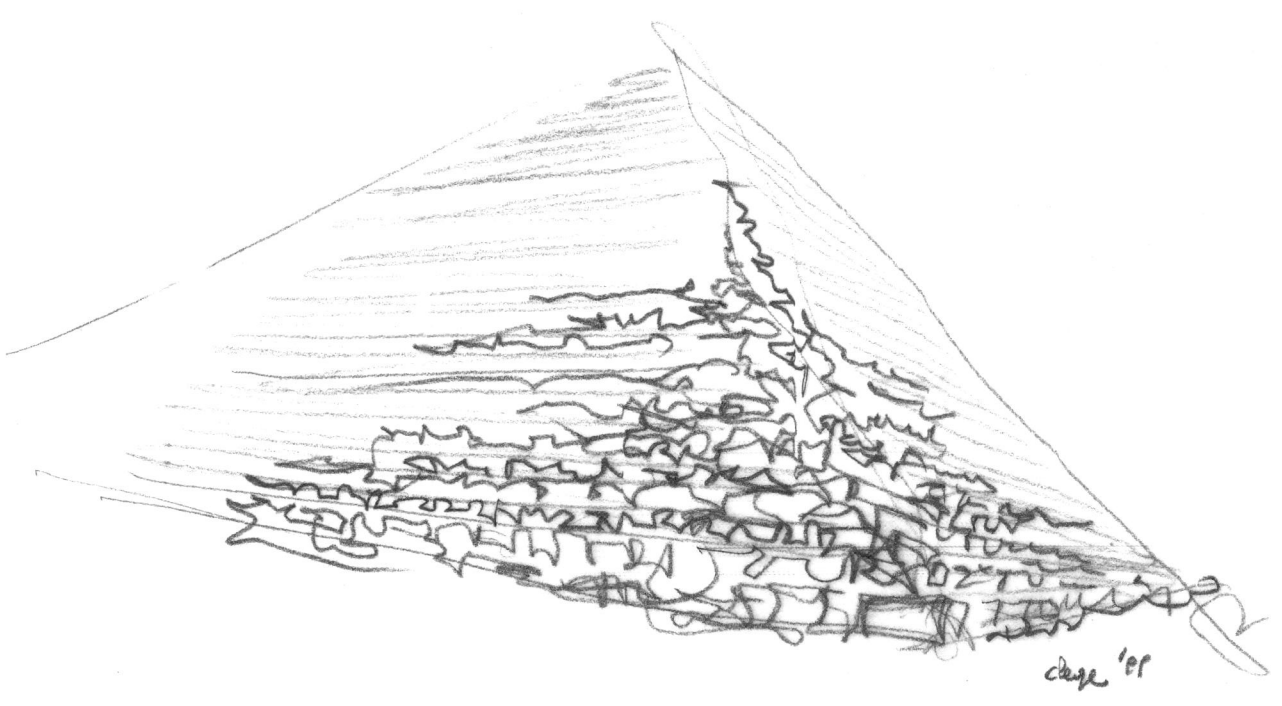

Martin Boesch

A proposito di…: alcune risposte a dieci domande

Apropos: a few comments on ten questions

Lettore, questo è un libro sincero e cosa nasconde e perché?*

This is an honest Book reader, and what does it hide and why?*

*Max Frisch, *Montauk*

All'inizio c'è l'esperienza originaria, che spiega in che modo dall'indefinito è divenuto un definito, un dovere: ossia, come si è dovuti inappellabilmente divenire architetto.

Guidato dalla mano sicura e affettuosa del padre, da ragazzino ebbi modo di visitare l'interno della diga di Albigna. Lassù esperii spazi forti, per non dire giganteschi, che emanavano uno spirito quasi sacrale, un suono nuovo e imperscrutabile – qui era musica – mentre sentivo a sinistra la pressione di masse d'acqua infinite e a destra un vuoto e una profondità incommensurabile. Ed esperivo calcestruzzo. La muraglia si stagliava contro il cielo sopra di me per centinaia di metri, simbolo della natura dominata. Ne entrai ragazzino, la lasciai architetto – materiale sufficiente per uno o più miti.

Questa piccola storia è vera salvo alcuni dettagli. Ero in un'età in cui non mi lasciavo più tenere per mano. Faceva freddo, era umido, e le scale scendevano ripide in modo inquietante; sotto di me lo spazio era un buco nero, mentre lo spazio scuro sopra mi rendeva insicuro e profondamente disorientato e l'immagine esterna della muraglia mi apparve più minacciosa che sublime. Quello spettacolo era reso possibile dalla potenza del calcestruzzo, ma l'ingegnere non era lì con suo figlio per ammirarlo: doveva verificare delle fessurazioni attraverso cui penetrava acqua.

Lo specifico di tali spazi mi viene confermato dalle visite successive che feci in simili luoghi. Fu un'esperienza impressionante ma non impregnante; anzi, probabilmente furono stimoli di altra natura a rivelarsi formativi. Come ad esempio l'osservazione tranquillizzante di un medico amico, un medico di famiglia, in cui era implicita la forza ordinatrice di un principio: il frequente è frequente e il raro è raro. Con riferimento all'intreccio di quantità e qualità questo significa allo stesso tempo che l'ordinario è frequente e lo speciale è raro, oppure che il frequente è ordinario e il raro è speciale. Inutile ricordare che l'ordinario frequente, il frequente ordinario richiede la nostra partecipazione e la nostra esplicita attenzione e cura, e che la difficoltà di farlo bene non è inferiore rispetto a quando si ha a che fare con lo speciale raro. Per questo nell'insegnamento della progettazione del *riuso* scelgo più spesso temi che si impongono sotto l'aspetto quantitativo, solitamente edifici anonimi. È evidente che questi temi a un primo sguardo non appaiono affatto *glamour*, e dunque a chi se ne occupa oggi non trasmettono prestigio, come invece accade quando si ha a che fare con edifici eccezionali e rari, con i monumenti. Le cattedrali sono necessarie, cosa insegnano per il quotidiano?

Qual è il nesso tra il 1929 e il tema del riuso? Ho narrato del padre, ora racconto della madre. Questa seconda storia ha poco a che fare con l'architettura, quanto piuttosto con un atteggiamento: l'attenzione verso le cose animate e inanimate. Peter Smithson affermava: «"As found": it's a small affair, it's about being careful». Tra gli architetti è diventato di moda citare le prime due parole, *as found*. Ma l'intera frase è più sottile e significa qualcos'altro, che si palesa con un'altra frase per me importante, anche questa spesso troncata e fraintesa. Theodor Fischer diceva: «Tutto ciò che la natura offre non dev'essere camuffato, bensì accresciuto; l'altezza dev'essere elevata, la superficie ancora più estesa». La citazione si completa però solo con la seconda parte: «La forza dell'architettura non risiede nel contrasto con la natura, ma in un senso più elevato nell'adattamento».

Ma torniamo al 1929. Non sono solo i primi tre anni di vita ad essere impregnanti, lo sono anche gli anni successivi. Da ragazzino sciavo con un paio di pantaloni che la madre olandese aveva ricavato tagliando il vecchio mantello da ufficiale del padre. Durante la sua infanzia aveva patito la crisi economica del 1929, nel corso della quale la sua famiglia aveva perso tutto, poi da giovane la seconda guerra mondiale, con altre dolorose perdite, la paura e una fame lunga e tormentosa, un tremore senza fine per il freddo, una carenza di tutto, per noi oggi inimmaginabile: erano i valori emersi da queste esperienze esistenziali che volente o nolente trasmise ai suoi figli con l'educazione sino agli anni Sessanta.

Da quel mantello non ricavò un indumento informe, ma, mossa da una certa aspirazione, cucì un paio di pantaloni dal taglio affusolato, simili ai modelli in voga all'epoca. Anni dopo la stessa stoffa avrebbe vissuto una terza vita rispettabile come strofinaccio. Forse ha qualcosa a che fare con queste esperienze formative la mia convinzione che in ogni cosa ne è sempre insita un'altra, che in ogni cosa, anche insignificante, sonnecchia per così dire qualcos'altro che in determinate condizioni chiede di essere risvegliato, o che, prima ancora di qualsiasi trasformazione, chiede semplicemente di essere trattato con cura. O forse no. Probabilmente si potrebbe costruire una spiegazione altrettanto convincente dalla fusione tra cultura zurighese-zwingliana e olandese-calvinista.

A proposito di modelli

La storia passata dell'architettura, anche la più antica, tutto insieme, vecchio e nuovo, si somma continuamente: qualcosa diventa meno importante, qualcos'altro più importante, molto resta. Qualcosa viene sostituito, scalzato, forse riscoperto. Così un *fundus* che cresce di continuo e diventa sempre più ricco restando a nostra disposizione. Come utilizziamo questo *fundus*? Come scegliamo? Durante una cena alla

A proposito di...: alcune risposte a dieci domande
Apropos: a few comments on ten questions

In the beginning was the ur-experience; that explains how something indeterminate became determinate, a must – and it explains the inevitable becoming of an architect.

As a boy, secure in the warmth of my father's hand, I was taken inside the Albigna dam, into its mighty, colossal spaces of sacred power, there to experience a new and unfathomable sound – this was music – to sense the pressure of infinite masses of water to the left and an immeasurable void and depth to the right: I experienced concrete. The knowledge of a wall leaving its mark on the sky hundreds of meters above me: it was the very quintessence of harnessed nature. I walked into that space as a little boy and walked out of it as an architect.

Substance enough for one or several myths.

The story is true but for details. I was already too old to have someone holding my hand. And il was wet and very cold and the stairs frighteningly steep. The space below was a black hole, while looking up into the darkness of the space above made me falter and feel intensely uncertain. And although the structure could not even have been made if it weren't for concrete, the visit of engineer and son had been motivated not by admiration but by cracks through which water was trickling.

The distinctive nature of such spaces was confirmed on making subsequent and similar visits elsewhere. Certainly an impressive experience, but not seminal. Stimuli of a different order were presumably more influential. Take, for instance, the comforting remark regarding medicine that a friend and general practitioner once made, like a guiding principle that establishes order: the frequent is frequent, the rare is rare. Given the enmeshment of quantity and quality, this also means: the ordinary is frequent, the special rare or, conversely, the frequent is ordinary and the rare special. There's no need to draw attention to the fact that the frequency of the ordinary and the ordinariness of the frequent require our explicit care and attention; it is undoubtedly as demanding to treat them well as it is to advance the rarity of the special. It is for this reason that in my courses on architectural design – specifically on the subject matter of *reuse* – I often address subject matter that imposes itself on perception through sheer quantity – anonymous buildings for the most part. There is no denying that these issues are not glamorous at first sight; nor does the limelight of existing modest structures shine on subsequent agents, in contrast to involvement in the special and the rare, in monuments. Cathedrals are necessary. How much do they teach us in everyday life?

What is the connection between 1929 and the issue of reuse? We heard about the father, now we shall hear about the mother. The second story has little to do with space but it does relate to an attitude, to consideration of things animate and inanimate. Peter Smithson said that «'As found' is a small affair, it's about being careful». Architects have a penchant for quoting the first two words: *as found*. The message of the sentence as a whole is more subtle and different in meaning. Another statement that is important to me has also suffered the fate of becoming garbled and distorted. Theodor Fischer said, «Everything that nature supplies should not be blurred but accented and amplified; heights should be heightened and flats should be flattened». The quotation and its meaning are not complete without the next sentence: «The strength of architecture rests not on acting in contrast to nature but on accommodating it as a reflection of higher meaning».

Back to the year 1929. Crucial and seminal are not only the first three years but also those that follow. As a boy I went skiing in trousers that my mother had tailored out of an old officer's overcoat. Her childhood was overshadowed by the worldwide economic crisis of 1929, in which her family lost everything. The Second World War brought renewed loss and fear; it brought prolonged, agonizing hunger, endless shivering cold and shortages beyond our comprehension. These existential experiences unwittingly and profoundly affected the way she raised her children until well into the 1960s.

But what she made out of the officer's overcoat was not shapeless; it was ambitious. She made stirrup trousers, which was the latest fashion for skiers in those days. After which the fabric enjoyed a venerable third life as cleaning rags. My conviction that everything is always potentially something else, that in all things, no matter how insignificant, something lies dormant, waiting to be brought to life under certain circumstances or to undergo metamorphosis of some kind, that things must be treated with care and consideration may have something to do with these seminal experiences. And maybe not, maybe not at all. One might construct an equally viable explanation out of the fusion between Zwinglian Zurich and Calvinist Holland.

Apropos models
Historical architecture, including the most ancient, all together, old and new, always more being added, some things becoming less important, others more, much remaining. Some things replaced, others displaced, still others possibly rediscovered. The inventory at our disposal keeps growing, becoming richer and certainly larger than what I am primarily interested in. How to use it? During dinner at the Restaurant Kronenhalle in Zürich, Giorgio Grassi demonstrated to me

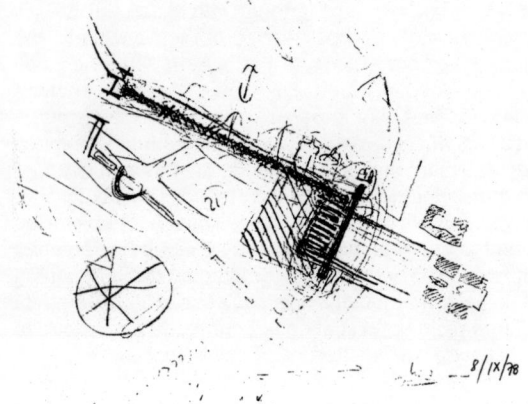

Kronenhalle di Zurigo Giorgio Grassi mi dimostrò come si può essere radicalmente selettivi. Nonostante ciò, includere è meglio che escludere: si dà spazio alle inevitabili contraddizioni integrandole. Alcune cose sono importanti perché si mettono in relazione ad altre facendole risplendere di nuova luce.

A proposito di maestri

La lingua tedesca distingue tra *Meister*, *Lehrmeister* e *Lehrer*, tra maestro, guida e insegnante. Di quale maestro, di quale rapporto con il maestro vogliamo parlare? Di quello dell'epigono o di colui che ne accoglie gli stimoli ma ne coglie però anche i limiti? Citerò di seguito alcuni insegnanti per me importanti e alcune figure che mi hanno stimolato.

Luigi Snozzi
1974-75, formazione universitaria con lui all'ETH di Zurigo. Feci un progetto per Bellinzona che doveva essere sviluppato dall'analisi della situazione e questa spiegata tramite il progetto. Limitarsi all'essenziale. Il progetto è un processo lineare che va dal grande al piccolo; tipologia, tipo, modello. La durata di un anno intero mi permise un confronto approfondito con i nuovi temi.

Mario Botta
Nel suo studio a partire dal 1975, tirocinio e primo impiego postlaurea. All'inizio del tirocinio lo studio era composto da tre persone compreso Botta. Il suo impegno principale era continuare a consolidare il proprio linguaggio architettonico, che si era manifestato con la Casa d'abitazione a Cadenazzo e la Casa torre a Riva San Vitale. La Scuola di Morbio Inferiore era in costruzione. Nel divenire del progetto per la casa di Ligornetto osservavo come Botta, attraverso un grande numero di schizzi (piante, sezioni e prospettive che hanno la stessa importanza gerarchica e nascono una dopo l'altra senza sosta), correggeva, modificava, ampliava, precisava passo dopo passo il rapporto tra struttura, spazio e luce fino al punto in cui raggiungeva la massima densità architettonica. Qui Botta sperimenta qualcosa di nuovo: l'insieme è formato di due parti in modo tale che la sua coerenza nasce dalla tensione tra le masse costruite e la forma dello spazio esterno integrato nella casa. Una figura positivo-negativo. Da due parti simili deriva un equilibrio complesso e pieno di tensione. In seguito le parti saranno spesso uguali e il tutto diventerà simmetrico. La tensione tra struttura e spazio, un principio fondante, viene declinata nel modo più genuino in questi piccoli edifici. Con la casa si costruisce anche il luogo.

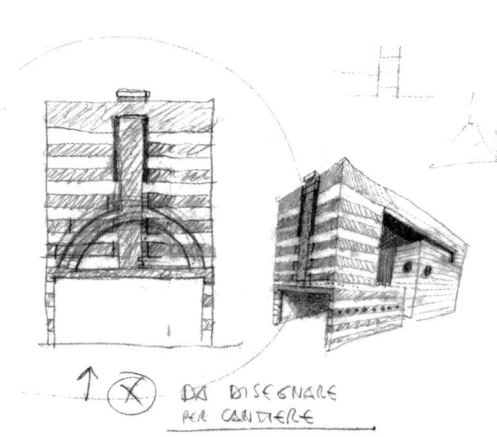

1. Mario Botta, Luigi Snozzi
progetto di concorso per l'ampliamento della Stazione centrale di Zurigo, 1978, collaboratore Martin Boesch, schizzo di L. Snozzi (fotocopia, archivio dell'autore).
Competition for an extension to the main station in Zürich, 1978, collaborator Martin Boesch, sketch by L. Snozzi (photocopy, the writer's archives).

2. Mario Botta
schizzo per una Casa d'abitazione a Ligornetto, 1976, collaboratore Martin Boesch (archivio dell'autore).
Sketch for a home in Ligornetto, 1976, collaborator Martin Boesch (the writer's archives).

A proposito di...: alcune risposte a dieci domande
Apropos: a few comments on ten questions

how radically selective we can be. Nonetheless, preferably in-clusive rather than ex-clusive: making room for contradictions and integrating them. Some things are important only because they make others more relative and cast new light on them.

Apropos "master"
The German language distinguishes between master, practical instructor and teacher. Which master and which relationship to a master do we want to talk about? Do we relate as epigones or do we relate to the stimuli we receive and perhaps even to our master's limitations? Let me name some teachers of importance to me and some sources of inspiration.

Luigi Snozzi
Studies under Snozzi at the ETH Zurich, 1974-5. The design in Bellinzona is to be based on an analysis of the situation in order to lend it clarity. Reduction to essentials. Design is a linear process, from large to small. Typology, type, model. Studies lasting an entire year allow for in-depth treatment of new themes.

Mario Botta
1975: internship and first job after graduating. In the beginning, the office employed three people including Botta. He was in the process of developing and consolidating his personal architectural idiom and position, as seen in the home in Cadenazzo and the tower in Riva San Vitale. The school in Morbio Inferiore was under construction. In the process of defining the project for the home in Ligornetto, I watch Botta making countless sketches – no hierarchical distinction between floor plans, elevations or drawings in perspective – one on top of the other, correcting, modifying, refining, expanding them, working out the interaction of structure, space and light, step-by-step until he had achieved a maximum of architectural density. He was trying something out: he divided the building into two parts, so as to ensure the coherence of the whole through the controlled tension between volume and void. A positive-negative figure. The result is a complex and tense balance among similar parts. In later work, the parts are frequently identical and the whole is symmetrical. The underlying principle – the tension of space and structure – is best demonstrated in the small objects. By building them, Botta builds the place.
I experienced the young architect Botta as curious, persistently questing, productive, ambitious, friendly, generous, and as someone who placed a great deal of trust in those he worked with. I later became a critical, detached, yet always respectful observer.

Aldo van Eyck
1976-7: a full year of study with AvE at the ETH. His statements and aphorisms were constitutive of his working vocabulary and their usefulness has not abated: *Both and. Twin phenomena. Labyrinthian clarity. The colours of the rainbow. Place, not space. Occasion not time. Whatever space and time mean, place and occasion mean more, since space in the image of man is place and time in the image of man is occasion. So little from much / much from so little. A house is the same house entered. Pleasure. Kaleidoscopic Society. The solid teapot. If childhood is a journey, let us see to it that the child does not travel by night. Inner horizon.* It was his thoughts that were important to me; his buildings were merely potential illustrations of them. At this time Aldo van Eyck attacked the Italian rationalists in his contribution to the Triennale di Milano, calling them «rats and other pests» – especially «the other Aldo». The experience of van Eyck followed the Snozzi and Botta experience.

Heinrich Tessenow
An encounter that has consequences. Looking slightly antiquated it remained unnoticed on the shelf for many years, sharing the same fate as a number of other books: *Hausbau und dergleichen* (1984, first edition Berlin 1916). Its Rip van Winkle sleep ended in April 1997 upon accidentally discovering the ruins of a schoolhouse in Klotzsche. Suddenly the book acquired renewed relevance, initially because of the documentary photographs of the lost schoolhouse and then, with reawakened interest, because of Tessenow's increasingly accessible statements and thoughts. Statements, rough and precise as a carpenter's work (*Zimmermannsarbeiten*, H. Tessenow ed., Freiburg i. Br., 1907), alongside drawings both gentle and incisive. In his book on housing (*Der Wohnhausbau*, München 1909), perception is honed by a closeness to the objects – houses for craftsmen and workers – along with a few surprising flashes of thought, like comets signalling entirely different parameters of space and time. In his book on artisans and small towns (*Handwerk und Kleinstadt*, Berlin 1919), Tessenow concentrates on social questions. The few drawings that he includes refer specifically to these concerns rather than to questions of architecture. *Hausbau und dergleichen* was written in between the above two: it focuses on architecture and its observations have become more general and universal. The metaphors that accompany the descriptions are of a substance and poetic impact that bridges

Ho conosciuto un giovane Botta curioso, tenace nella ricerca, produttivo, ambizioso, amichevole, generoso, pieno di fiducia nei suoi collaboratori. Più tardi diventerò un suo osservatore con una certa distanza critica, ma sempre rispettoso.

Aldo van Eyck
1976-77, un intero anno di corso con lui all'ETH. Le sue formule e i suoi aforismi appartenevano al suo vocabolario di lavoro e conservano intatta la loro utilità: *Both and. Twin phenomena. Labyrinthian clarity. The colours of the rainbow. Place, not space. Occasion not time. Whatever space and time mean, place and occasion mean more, since space in the image of man is place and time in the image of man is occasion. So little from much / much from so little. A house is the same house entered. Kaleidoscopic society. The solid teapot. If childhood is a journey, let us see to it that the child does not travel by night. Inner horizon.* Per me erano importanti soprattutto i suoi pensieri, i suoi edifici ne sono unicamente possibili illustrazioni. A quell'epoca, alla Triennale di Milano, con il suo contributo attaccò i razionalisti italiani (e in particolare «*the other Aldo*»), che definiva «*rats and other pests*». L'esperienza di van Eyck seguì a quella di Snozzi e Botta.

Heinrich Tessenow
Un incontro denso di conseguenze. Su un ripiano della libreria, in mezzo a molti altri libri che ne condividevano il destino, giaceva trascurata da anni una copia, dall'aria un po' invecchiata, di *Hausbau und dergleichen* (1984, prima edizione Berlin 1916). Alla fine del 1997 questo libro riemerse dal suo lungo sonno in seguito alla mia casuale scoperta delle rovine della Landesschule di Klotzsche. Inaspettatamente l'opera divenne per me attuale, prima unicamente per le fotografie che documentavano la scuola scomparsa e poi, quando l'interesse iniziò ad ampliarsi, per le frasi e le idee in essa contenute, che gradualmente mi apparvero sempre più comprensibili. Si trattava di frasi non rifinite ma precise come *lavori di carpenteria* (*Zimmermannsarbeiten,* a cura di H. Tessenow, Freiburg i. Br. 1907), affiancate da disegni che erano allo stesso tempo di grande delicatezza e precisione. In *Der Wohnhausbau* (München 1909), descrivendo la casa dell'artigiano e dell'operaio, è la vicinanza agli oggetti ad acuire la percezione, con alcune sorprendenti forzature che come stelle cadenti rimandano a un orizzonte spaziale e temporale completamente diverso. In *Handwerk und Kleinstadt* (Berlin 1919) i pensieri girano spesso intorno alle questioni sociali e i pochi disegni illustrano unicamente questi temi non occupandosi di architettura. *Hausbau und dergleichen* si colloca, non soltanto temporalmente, tra questi due saggi: le questioni architettoniche sono in primo piano, ma il punto di vista si è allargato acquisendo una validità più universale. La parte descrittiva viene arricchita con delle metafore, immagini, la cui forza concettuale e poetica fa dimenticare la grande distanza temporale rispetto all'anno di pubblicazione. Le immagini si presentano come blocchi potenti, che possono assumere una funzione di guida e di esempio tali da apparire talvolta come un monito. Nell'edizione italiana il libro è intitolato *Osservazioni elementari sul costruire* (a cura di G. Grassi, Milano 1992[11]); una delle frasi da architetto più citate è a pagina 112: «Il semplice non è sempre il meglio; ma il meglio è sempre semplice».

Si devono leggere i tre libri citati? Non lo so, anche se i testi e la loro visione di fondo sono per me importanti. Consiglio in ogni caso di leggere il saggio di Tessenow *Die äussere Farbe unserer Häuser* (Il colore esterno delle nostre case).

L'incontro con le rovine della Landesschule di Klotzsche è dovuto a una serie di circostanze casuali. Quell'anno con mia moglie avevamo intenzione di compiere un viaggio per vedere Euralille, una delle ultime realizzazioni di OMA. Ma dopo la lettura di un articolo della "Neue Zürcher Zeitung" su una mostra di oggetti del designer Wilhelm Wagenfeld al Grassimuseum di Lipsia la meta cambiò: Lipsia, Dresda, Dessau. A Dresda trascorremmo, a scapito del Bauhaus, più giorni del previsto; la causa furono le rovine sopra menzionate e le questioni che sollevavano le tracce lasciate dagli automezzi pesanti nella sabbia della brughiera. Era evidente che poco tempo prima della nostra visita qui esistevano ancora diversi edifici, da poco distrutti. Il caso continuò a lavorare a mio favore. Conobbi alcuni vecchi allievi della scuola, dapprima ex studenti della Napola-Schule (Nationalpolitische Erziehungsanstalt, 1934-1945, scuola politica nazista), poi altri studenti della precedente scuola riformatrice, ormai anziani, che mi raccontarono di quei tempi e mi misero a disposizione i loro album di fotografie. Al di là di ogni intenzione, mi trovai improvvisamente a sapere molto più di altri su questo complesso, che era rimasto fortemente impresso nella memoria di molti architetti soprattutto in virtù di un'unica, potente immagine fotografica. In breve, l'incontro con le rovine divenne un personale *momento storico*, e Tessenow un catalizzatore. Nell'occuparmi di lui, man mano che le mie conoscenze aumentavano iniziarono ad aprirsi nuove porte: edilizia, storia dell'architettura, storia, storia della cultura e così via, e ancora conferenze, pubblicazioni, incarichi per docenze, amicizie. La questione dell'invarianza nel costruire. Il particolare e l'ordinario. Dedicarsi all'ordinario frequente, al frequente ordinario, al quotidiano, con la stessa dedizione tributata al particolare e all'eccezionale.

Sull'effetto degli edifici di Tessenow scriveva, a ragion vedu-

A proposito di...: alcune risposte a dieci domande
Apropos: a few comments on ten questions

the gap between the time of publication and the present day – imagery like mighty erratic blocks that act in an advisory capacity and sometimes even as warnings. The Italian version of the book is tellingly titled *Osservazioni elementari sul costruire* (ed. by G. Grassi, Milano 1992[11]).

Must one read these three books? I don't really know, even though the texts and their underlying philosophy are important to me. But I do recommend reading Tessenow's essay *Die äussere Farbe unserer Häuser*, about the external colours of our buildings, which has unfortunately not yet been translated into English.

The encounter with the ruins of the schoolhouse in Klotzsche is indebted to a series of coincidences. My wife and I had planned to travel to Eurolille at the time to see OMA's most recent buildings. But then – after reading an article in the "Neue Zürcher Zeitung" about an exhibition on the work of product designer Wilhelm Wagenfeld in the Grassi Museum – we decided to change our itinerary: Leipzig, Dresden, Dessau. To the disadvantage of the Bauhaus, we spent more days in Dresden than planned because of the above-mentioned ruins and questions raised by the traces left behind by heavy vehicles in the sand. It was obvious that there had been more buildings here shortly before our visit. Once again coincidence stepped in. I made the acquaintance of men who had once not only been Napola pupils (Nationalpolitische Erziehungsanstalt, Nazi secondary boarding schools in Germany, 1934-1945) but also pupils of the preceding reform movement – now old men. They told me what it had been like in those days and showed me their photo albums. I realized that, quite by accident, I now knew much more than others did about this building, a building whose powerful image had impressed itself upon the memory of so many architects.

In short, the encounter with the ruins became a personal *momento storico* – with Tessenow as the catalyst. My studies of his writings in combination with a gradual accumulation of knowledge began opening doors: house building, the history of architecture, history, cultural history, lectures, publications, university courses, friendships. The question of constants in architecture. The push and pull between the exceptional and the ordinary. Exploring the everydayness of the ordinary, the ordinariness of the everyday, with the same devotion and dedication as all things exceptional and rare.

In 1911 music critic Karl Storck pinpointed the impact of Tessenow's buildings: «They seem ... matter-of-fact, almost aloof. They are of an almost Puritan rigour, of an austerity that might even seem unfriendly. At first! ... There are long intervals between my visits to Hellerau. ... And since then, I like

3.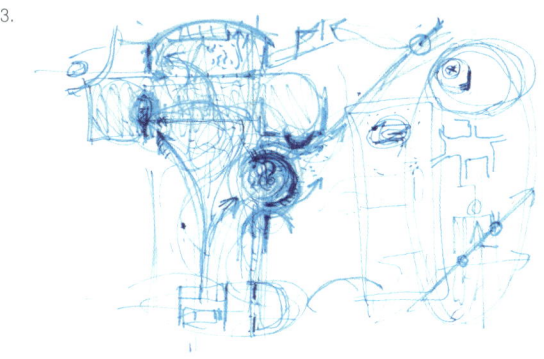

4.

3. Aldo van Eyck
schizzo su un progetto di museo dell'autore, ETHZ 1977 (archivio dell'autore).
Sketch on the writer's project for a museum, ETHZ, 1977 (the writer's archives).

4. Un'icona/an icon: Heinrich Tessenow
Landesschule a Klotzsche, presso Dresda, 1925-26, veduta della corte a giardino.
Landesschule in Klotzsche near Dresden, 1925-26, view of the garden courtyard.

ta, il critico musicale Karl Storck nel 1911: «Gli edifici ... appaiono ... sobri, quasi freddi. Sono di un rigore quasi puritano e di un'oggettività che ha qualcosa di aspro, di poco amichevole. All'inizio! ... Vado a Hellerau a intervalli di tempo abbastanza lunghi. ... E da allora queste case a ogni nuova visita mi sono diventate sempre più care».
Nelle questioni poste dall'opera di Tessenow – quella disegnata, quella costruita, quella scritta – erano sintetizzati molti temi di cui mi ero già occupato, e che assumevano contorni più precisi... E qui iniziai, in ritardo, a recuperare la ricerca compiuta da alcuni dei miei colleghi immediatamente dopo gli studi al gta, l'Istituto per la storia e la teoria dell'architettura dell'ETH di Zurigo. Il mio era un tema autoassegnato.
Altre esperienze importanti: Fritz Schumacher, Dom Hans van der Laan, Hans Döllgast, Francesco di Giorgio Martini, (Carlo Scarpa), Ernst Gisel.

Bruno Reichlin, architetto, *la recherche permanente*
Faccio la sua conoscenza durante gli studi all'ETH. Il suo lavoro, mosso da un sapere inesauribile e da una curiosità senza limiti, spinge a farsi delle proprie domande.
Martin Steinmann e Bruno Reichlin mi hanno dato l'occasione di fare le mie prime esperienze come docente di progettazione indipendente all'EPFL (questa prima esperienza fatta insieme con mia moglie, in precedenza mia compagna di studi) e all'Institut d'Architecture Université de Genève, IAUG, che ora non c'è più.

Arthur Rüegg, architetto, *la recherche permanente*
Lo conosco durante la mia tesi di laurea. Per molti architetti restauratori, così come per i collezionisti, rappresenta un'autorità e una figura quasi paterna. Le sue ricerche e le sue pubblicazioni hanno stimolato il mio impegno sugli arredi e il colore nello spazio.

Hartmut Frank, architetto, *la recherche permanente*
Lo conosco dalla fine degli anni Novanta, in occasione della mia prima partecipazione a un convegno della Heinrich Tessenow-Gesellschaft. Grazie a lui posso insegnare tre anni ad Amburgo. E mi apre un orizzonte differente: attraverso le sue ricerche sugli architetti taciuti da una storiografia ideologizzata, come l'eminente Fritz Schumacher o anche Paul Schmitthenner; attraverso le ricerche sulle vicende interne tedesche e la percezione oggettiva di architetture che andavano al di là delle opinioni politiche dei rispettivi architetti, percependole in maniera critica; attraverso, ancora, le ricerche sulle vicende europee, lo scambio tra la Germania e la Francia, o

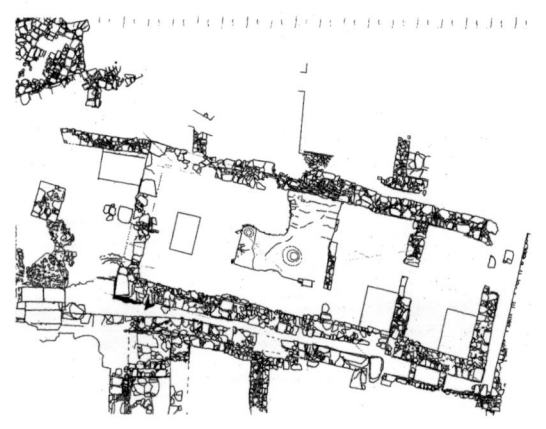

5. Tempio sul Monte Iato, San Cipirello, Sicilia.
Rilievo archeologico dell'autore in occasione degli scavi dell'Istituto di Archeologia dell'Università di Zurigo, 1975 (archivio dell'autore).
Temple on Monte Iato, San Cipirello, Sicily.
Measurements taken by the writer at diggings of the Archaeological Institute, University of Zurich, 1975 (the writer's archives).

A proposito di...: alcune risposte a dieci domande
Apropos: a few comments on ten questions

these buildings more and more with every visit».
The questions raised by Tessenow in his oeuvre – his drawings, buildings and writings – echoed much that I had been pondering myself. They gave my thoughts direction.
And thus belated, I began to catch up on the research many of my colleagues had undertaken straightaway after they had graduated. The subject matter was of my own choosing.

Other important experiences: e.g., Fritz Schumacher, Dom Hans van der Laan, Hans Döllgast, Francesco di Giorgio Martini, (Carlo Scarpa), Ernst Gisel.

Bruno Reichlin, architect, *la recherche permanente*
I met him while studying at the ETH. His work, driven by immeasurably profound knowledge and equally immeasurable curiosity, inspired queries of my own.
I am indebted to Martin Steinmann and Bruno Reichlin for my first opportunity as a professor of design at the EPFL (an experience shared with my wife and former fellow student) and at the now defunct Institut d'Architecture Université de Genève, IAUG.

Arthur Rüegg, architect, *la recherche permanente*
I met him while working on my thesis. He is the ultimate authority and father figure for many architect-cum-restorers and collectors. His research and publications refined my own studies of furniture and colour in space.

Hartmut Frank, architect, *la recherche permanente*
I did not meet him until participating for the first time at a meeting of the Heinrich Tessenow Society at the end of the 1990s. I am indebted to him for the opportunity to teach in Hamburg. He also introduced me to the larger picture through his research into architects sidelined by an idealized interpretation of history, such as Paul Schmitthenner and the eminently important Fritz Schumacher. Frank's unbiased, objective perception of architecture beyond the equally critical perception of the respective architects' political preferences segues into long-term research on the enmeshed complexities, exchange or "interference", if you will, within Germany and the European context – a project that culminated in superb exhibitions in Strasbourg and Frankfurt.

Apropos other contemporary architects
Friends and colleagues: I never cease to learn from them.
Learning from – an ongoing process.
Let me mention one more important scholar, the sociologist Lucius Burckhardt (yes, the one who might have been rediscovered at the 2014 Architecture Biennale in Venice, had there really been an interest in bringing LB closer to visitors). *Design is invisible. The smallest possible intervention. How we see landscape. Teaching canapé*, in other words, dialogue instead of monologue, truths instead of truth. Working through dialogue: that also applies to the architectural office of Elisabeth & Martin Boesch; thoughts and projects have always been the product of mutual conversations and shared testing of ideas since the first collaborative efforts 30 years ago.

Apropos heroes and masters
When I started studying in 1972, the heroes of the first generation of Modernism had been dead for just a few years. They had greatly influenced the teachers of our generation. Kahn and Aalto died a little later.

An episode in Porto
I have just said goodbye to my students of the Mendrisio Academy at the end of our study trip and am looking around the newly designed plaza for the entrance to the subway that will take me to the airport. What does my gaze take in: men in blue overalls, the ones who do the manual work, the heavy, dirty work, and in all weathers. Their movements are easy-going. Next to them: men whose clothing identifies them as office workers, whose hands are used to paper. They know what is to be done. They give orders and control procedures. They are busy and represent the authorities. They are aware of their importance. The focus of these activities: a bench. A bench that everyone knows how to use and that everyone finds comfortable. With curved, cast-iron feet and wooden slats painted green. No sharp edges, nothing cold, nothing that pinches, straightforward, body friendly, ordinary and good. The blue men carry the familiar bench, put it down, move it sideways the width of a hand, push it forward the length of a foot. As they are told to. Someone else is there, wearing a beige coat; you can see him from the back. He is looking at a plan that someone is holding for him. He seems a little bit older. He turns around. It is Álvaro Siza. Eternally restless, never afraid to get his hands dirty, always taking a personal interest. He does it lovingly for the plaza and its inhabitants with a bench and for a bench that has been drawn not by him but by history, so to speak. Everything he does is the combined output of excellence, modesty, dignity and humility.
Words that do not belong to the current idiom. The non-heroic master.

proprio le "interferenze", un progetto trentennale che ha dato vita alle grandi mostre di Strasburgo e Francoforte.

A proposito di altri architetti contemporanei
Amici e colleghi: da loro imparo costantemente. *Learning from…*, un processo continuo.
Non voglio dimenticare un riferimento a una figura importante: il sociologo Lucius Burckhardt (sì, quello che alla Biennale di Architettura di Venezia del 2014 avrebbe potuto essere riscoperto se si avesse avuto veramente la volontà di avvicinarlo di più al pubblico). *Il design è invisibile. L'intervento più piccolo possibile. Il modo in cui vediamo il paesaggio. Lehrcanapé,* cioè dialogo invece di monologo, le verità invece di una sola verità. Lavorare in modo dialogico: questo vale anche per lo studio di architettura Elisabeth & Martin Boesch; i pensieri e i progetti, sin dall'inizio della nostra collaborazione, trent'anni fa, diventano a due, vengono sviluppati nel dialogo comune e verificati insieme.

A proposito di eroi e di maestri
Quando nel 1972 ho iniziato i miei studi, gli eroi della prima generazione dei moderni erano scomparsi da qualche anno. Questi ultimi avevano plasmato il pensiero dei docenti della mia generazione. Kahn e Aalto morirono poco dopo.

Un episodio a Porto
Mi sono da poco congedato dai miei studenti dell'Accademia di Mendrisio e cerco sulla Praça da Liberdade appena risistemata un accesso alla metropolitana che deve portarmi all'aeroporto. Là vedo degli uomini in tuta blu. Le loro mani sono abituate agli oggetti pesanti, sporchi, con il bello e cattivo tempo. I loro movimenti sono tranquilli. Vicino sostano altri uomini in abiti da ufficio. Le loro mani sono abituate alla carta. Sanno cosa fare, dispongono e controllano, sono laboriosi e rappresentano l'autorità. Si danno un'aria d'importanza. Al centro degli eventi: una panchina. La panchina su cui tutti sanno come ci si siede e come ci si siede bene. Ha gambe ricurve di ghisa con assi di legno verniciate di verde. Nessuno spigolo duro, niente di freddo, niente che preme, semplice, anatomica, comune e buona. Gli uomini blu sollevano questa panchina così familiare, la posano, l'avanzano di un palmo, la spostano di un piede. Così come viene detto loro. C'è ancora una persona. La si vede da dietro, avvolto nel cappotto beige. Osserva una planimetria che gli viene tenuta ferma. Sembra un po' più vecchio. Ora si gira. È Álvaro Siza. Lui, sempre in giro, senza mortificazione se ne preoccupa egli stesso. Lo fa con affetto, per la piazza e per i suoi abitanti, insieme alle tute

6. Boesch Architekten
Hardbrücke, Zurigo, riqualificazione, 2011
(foto dell'autore).
Renewal of the Hardbrücke in Zurich, 2011
(photo by the writer).

7. Boesch Architekten
con Walt Galmarini ingegneri, nuove scale
e ascensori della Hardbrücke, Zurigo, 2011 (foto N. Krämer).
With Walt Galmarini Engineers, Hardbrücke,
new staircases and lifts, Zurich, 2011 (photo N. Krämer).

A proposito di...: alcune risposte a dieci domande
Apropos: a few comments on ten questions

Dom Hans van der Laan, Benedictine monk and architect
Over the years, he orally passed on his knowledge and thoughts to a younger monk. Only essentials.

The Bible copyists
they conduct their work in the service of a community, without vanity. We know only a very few by name. Within the endless monotony of eternal repetition – only a surface sameness given the irrepressible indication of a personal signature – the exceptions, the celebration shine forth as elaborate imaginative bouquets of illuminated initials.

Three non-heroic masters.
We are like waves of the sea; some waves are bigger than others.

8.

Apropos literary sources
In her introduction to *Frankenstein*, Mary Shelley writes in 1831: «Every thing must have a beginning, to speak in Sanchean phrase; and that beginning must be linked to something that went before. ... Invention, it must be humbly admitted, does not consist in creating out of void, but out of chaos; the materials must, in the first place, be afforded: it can give form to dark, shapeless substances, but cannot bring into being the substance itself. In all matters of discovery and invention, even of those that appertain to the imagination, we are continually reminded of the story of Columbus and his egg. Invention consists in the capacity of seizing on the capabilities of a subject, and in the power of moulding and fashioning ideas suggested to it».

Apropos norms and freedom of expression
Never have there been as many norms and rules as there are today and never has there been such unbridled freedom of expression and such an obsession with setting oneself off against others. Never before has individualism been flaunted to such excess. And, as in the natural and technological sciences, whatever occurs to the imagination, whatever is conceivable and doable will indeed be done. This is a cultural problem, a problem of our society. In dealing with existing buildings, I inquire first and foremost into their normative strength.
And along with other architects, I admire anonymous structures that we are incapable of making.

Apropos techne and art
The one does not exclude the other. Architectural intelli-

9.

8. Porto, Praça da Liberdade, 28 novembre 2006, ore 11:30 (foto dell'autore).
Praça da Liberdade in Porto, 28 November 2006, 11:30 (photo by the writer).

9. L'eccezione, la festa: Padiglione *oui!*. Esposizione Nazionale Svizzera Expo 02, Arteplage Yverdon. Boesch Architekten, 2002. (Foto dell'autore).
The exception, the celebration: Pavilion *oui!*. Swiss National Fair Expo 02, Arteplage Yverdon. Boesch Architects, 2002 (photo by the writer).

blu con una panchina e per una panchina che nemmeno lui, ma per così dire, la storia ha disegnato. Nel suo modo di fare si combinano dignità, modestia, umiltà. Parole che non fanno parte del vocabolario attuale. Álvaro Siza. Il maestro non eroico.

Hans van der Laan, monaco benedettino e architetto
Per anni ha trasmesso il suo sapere e i suoi pensieri a voce a un giovane monaco. Solo l'essenziale.

I copisti della Bibbia
Con il loro lavoro si mettono umilmente al servizio di una causa che serve a una comunità. Solo di pochi conosciamo i nomi. Nella monotonia infinita della ripetizione di qualcosa che in apparenza è sempre uguale – anche se si riconoscono gli stili personali –, le lettere iniziali, le eccezioni, la festa, brillano come mazzi di fiori.

Tre maestri non eroici.
Siamo come onde nel mare, alcune onde sono più grandi.

A proposito di riferimenti letterari
Nell'introduzione alla seconda edizione del suo romanzo *Frankenstein* (1831) Mary Shelley scrive: «Per dirla con Sancho Panza, ogni cosa deve avere un inizio, e quell'inizio deve essere collegato a qualcosa che è sucesso prima. ... Inventare, bisogna ammetterlo con umiltà, non significa creare dal nulla, ma dal caos; per prima cosa bisogna procurarsi il materiale; si può dare forma a sostanze oscure ed informi, ma non si può creare la sostanza stessa. Quando si tratta di invenzioni e scoperte, anche di quelle dell'immaginazione, viene da pensare alla storia dell'uovo di Colombo. L'invenzione consiste nella capacità di intuire le possibilità insite in un soggetto, e nella capacità di dare corpo e forma alle idee che suggerisce».

A proposito di norme e libertà espressiva
Non abbiamo mai avuto tante norme e prescrizioni come oggi e allo stesso tempo una libertà espressiva così ampia, come anche il bisogno ossessivo di distinguerci l'uno dall'altro. L'individualismo non è mai stato così eccessivo come oggi. E, come nelle scienze tecniche e naturali, tutto ciò che è immaginabile, pensabile e fattibile si fa. Dunque si tratta di un problema culturale, di un problema della società. Confrontandomi con gli edifici esistenti mi interessa soprattutto la loro forza normativa.
E insieme a tanti altri architetti continuo ad ammirare le architetture anonime che non siamo capaci di fare.

A proposito di tecnica e arte
L'una non esclude l'altra. L'intelligenza architettonica integra. Architettura è architettura soltanto quando include. Aldo van Eyck, con il suo stretto rapporto con l'arte e gli artisti contemporanei, chiaramente definiva la *solid teapot* un oggetto d'arte e non d'architettura.

A proposito di regole e libertà
Lavorando prima di tutto con edifici esistenti vuol dire che c'è già un'architettura, pensata da un altro prima di me: il punto di partenza di un progetto è la logica stabilita da un altro. Dunque sono gli edifici esistenti e le loro regole i nostri trattati e i nostri indirizzi normativi. Nel fascicolo introduttivo per gli studenti nell'atelier di riuso sono scritti i nostri indirizzi normativi. Sono cinque regole più una sesta sintetica: «1. Rafforzare l'identità dell'architettura dell'esistente; 2. Le risposte a ogni domanda sono da cercare prima nel catalogo degli elementi e delle regole stabilito dall'architettura dell'edificio esistente; 3. Se la regola n. 2 non porta a nessuna risposta, bisogna elaborarla partendo della logica interna dell'architettura dell'edificio esistente; 4. Per ogni domanda la risposta va cercata seguendo queste stesse regole del gioco. Bisogna omettere qualsiasi automatismo o cliché. Le eccezioni richiedono argomenti; 5. Il dubbio sia sempre il vostro compagno». Segue la sintesi: «*Weiterbauen*: continuare con le regole dell'esistente, interpretandole con cautela». Le cinque regole valgono alla scala architettonica come alla scala urbana.
Manca la libertà? Cinque esempi contrari: il lavoro di Raffaele Stern, Giuseppe Valadier, Gaspare Salvi e Luigi Canina al Colosseo (XIX secolo) o quello di Baldassarre Peruzzi al Teatro Marcello di Roma (XVI secolo), il lavoro di Döllgast alla Alte Pinakothek a Monaco (1946-57) o quello di Diener & Diener al Museo di scienze naturali di Berlino (1995-2010) o di Chipperfield al Neues Museum a Berlino (1997-2009).

A proposito di tradizione
Tradizione: sia che siamo pro o contro di essa ne siamo dipendenti, sia che siamo pro o contro di essa ne siamo catturati. Negare la tradizione: solo la stoltezza, la presunzione o l'arroganza riescono a farlo.
E dunque la conclusione rimanda nuovamente all'inizio: «Non occorre essere un criminologo né un epistemologo per capire che sulle testimonianze delle proprie cose non si può fare affidamento» (Hans Magnus Enzensberger, *Tumult*, Berlin 2014).

Ringrazio gli architetti Philipp Esch, Zurigo, e Franz Fallavollita, Como, per la loro lettura critica del mio testo, e Catherine Schelbert per il suo lavoro di traduzione in inglese.

A proposito di...: alcune risposte a dieci domande
Apropos: a few comments on ten questions

gence integrates. Architecture is architecture only when it is inclusive. Aldo van Eyck with his very close relationship to contemporary art and artists was very clear when he called the *solid teapot* a piece of art and not a piece of architecture.

Apropos rules and freedom
Working with existing buildings means that the architecture is a given, conceived by someone else: point of departure is therefore the logic established by that 'someone else'. It follows that our normative guidelines are the existing building and the rules on which it is based. In the vade-mecum for students taking the course *reuse*, our guidelines list five rules and a synthesizing sixth one: «1. Reinforce the identity of the existing building; 2. The answer to every question should be sought in the catalogue of elements and rules established by the architecture of the existing building; 3. If rule number 2 does not provide an answer, it needs to be developed starting from the internal logic of the architecture of the existing building; 4. For every question the answer should be sought following the same rules of play. Exceptions need arguments. Omit every cliché; 5. Doubt should be your constant companion». And the synthesis: «*Weiterbauen*: Keep building but remain faithful to the rules of existing buildings and interpret them with caution». The five rules apply to the scale of the architecture and also to the scale of the city.
Does this diminish the freedom of design? Five examples say no: Baldassare Peruzzi's work on the Teatro Marcello in Rome (16th C.), the work of Raffaele Stern, Giuseppe Valadier, Gaspare Salvi and Luigi Canina on the Colosseum (19th C.), Döllgast's work on the Alte Pinakothek in Munich (1946-57), Diener & Diener's on the Naturkundemuseum in Berlin (1995-2010), and Chipperfield's on the Neue Museum in Berlin (1997-2009).

Apropos tradition
We may be pro or con but we are dependent on it; we may be pro or con but we cannot escape it. Tradition can only be negated by stupidity, presumption and arrogance.
Our conclusion comes full circle: «One need be neither a criminologist nor an epistemologist to know that testimony made on one's own behalf cannot be trusted» (Hans Magnus Enzensberger, *Tumult*, Berlin 2014).(cs)

10.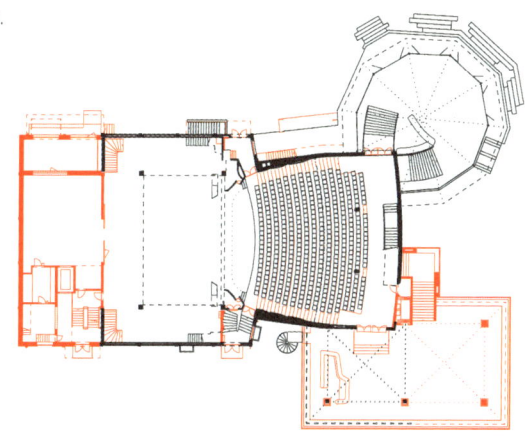

11.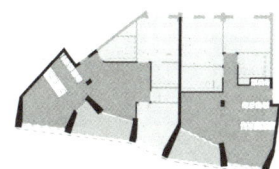

12.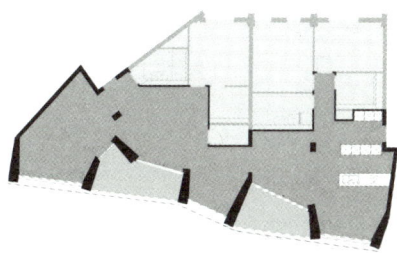

I thank the architects Philipp Esch, Zurich, and Franz Fallavollita, Como, for their critical reading of this text, and Catherine Schelbert for her English translation.

10. Boesch Architekten
    riqualificazione e ampliamento del Kurtheater a Baden, 2007-, edificio del 1952 soggetto a vincolo monumentale.
    Renewal and extension of the listed Kurtheater built in 1952 in Baden, 2007-.

11.
12. Il masterplan per l'area Maag a Zurigo, 2004, di Boesch Architekten con Diener & Diener Architekten, è stato interpretato da Meili Peter Architekten con i loro edifici. ui Boesch Architekten interpretano due appartamenti ricavandone una nuova figura e tipologia non prevista, 2013 (disegni dell'autore).
    Boesch Architects with Diener & Diener Architects designed the Masterplan for the Maagareal in Zurich, 2004, which Meili Peter architects interpreted with their buildings. There Boesch Architects in turn interpreted two flats, creating an unanticipated, new figure, 2013 (drawing by the writer).

Mario Botta

Incontri

•

Encounters

Tre memorie per un autore
Bruno Pedretti

Memoria biografica, memoria culturale, memoria disciplinare: bisognerebbe tenere sempre presenti le diverse tipologie con cui la memoria agisce in campo artistico. Se riunirle con giudizio è indispensabile per capire la complessa articolazione della pratica artistica e il ruolo che vi gioca l'autore, confonderle o scambiarle tra di loro produce pericolosi equivoci. La prima memoria, quella biografica, tende ad eleggere le esperienze, le frequentazioni e i ricordi dell'artista a protagonisti della sua poetica, esponendosi però in tal modo a culti anacronistici della personalità.
La seconda memoria, quella culturale, è un concetto guidato dalle migliori intenzioni e tuttavia, privilegiando l'albero genealogico su cui i singoli artisti maturerebbero, spesso si limita ad attestare con formalismo burocratico le familiarità tra opere e autori simili. La terza memoria, quella disciplinare, ci ricorda infine opportunamente che ogni opera è sempre preceduta da altre, ma al prezzo di fare di ogni novità una semplice variazione nel catalogo obbligato della propria arte.
Le diverse tipologie della memoria sono dunque concetti da maneggiare con cautela, eppure fondamentali per stabilire i canoni della qualità artistica e, soprattutto, per celebrare i riti dell'autorialità contemporanea. È infatti con l'ingresso nell'arte moderna della nuova figura dell'autore che i concetti di memoria e di tradizione in quanto trasmissione culturale vengono destabilizzati.
Ed è questo stesso mutamento a produrre spesso equivoci sul ruolo della memoria nelle arti, per esempio scambiando impunemente memoria biografica e disciplinare, o sovrapponendo senza ritegno *io* estetico e *io* psicologico… Questi fraintendimenti, strumentali alle retoriche dell'estetizzazione contemporanea, ci ricordano comunque la necessità di interrogarci su come sia mutata

Three memories for an author
Bruno Pedretti

Biographical memory, cultural memory, disciplinary memory: we should always bear in mind the different typologies through which memory acts in the artistic field. While linking them together wisely is crucial for an understanding of the complex articulation of the artistic practice and the role the author plays therein, confusing or switching them instead leads to risky misunderstandings. The first memory, the biographical one, tends to select the artist's experiences, associations and recollections in such a way as to become the protagonists of his poetics; yet in so doing they expose themselves to anachronistic cults of the personality. The second memory, the cultural one, is a concept guided by the best intentions and in any case by privileging the genealogical tree on which individual artists purportedly mature; indeed, we often limit ourselves to –attesting to, with bureaucratic formalism, the familiarities between works and authors that are similar. The third memory, the disciplinary one, aptly reminds us that every work is always preceded by others, but at the price of turning each novelty into a simple variation in the obligated catalogue of one's art. The different types of memory are thus concepts to be handled with care, and yet they are essential to establishing the canons of the artistic quality and, above all, to celebrating the rites of contemporary authorship. It is in fact owing to the entrance into modern art of the new figure of the author that the concepts of memory and tradition, as the transmission of culture, are destabilized. And it is this same change that often creates misunderstandings with regard to the role of memory in the arts, for example, with impunity exchanging biographical and disciplinary memory, or unrestrainedly juxtaposing the aesthetic Self and the psychological one… These misunderstandings,

Incontri
Encounters

la posizione della memoria con l'avvento del valore autoriale moderno. Non è dunque un caso che a questa interrogazione si siano applicate le personalità artistiche che più avvertono di operare nel complesso interscambio tra individualità autoriale ed eredità culturale.
La mostra *Mario Botta. Architetture 1960-2010*, allestita tra settembre 2010 e gennaio 2011 al Mart di Rovereto progettato dallo stesso architetto, è un esempio prezioso della riflessione sullo statuto della memoria, soprattutto perché ha rappresentato un tentativo riuscito di ricongiungimento tra le diverse tipologie. Già nella recensione che ne feci al tempo scrivevo di non sapere se ciò fosse chiaro a Mario Botta sin dalle prime intenzioni o se il risultato, come talvolta accade, fosse diventato un'intenzione a posteriori. Fatto sta che la mostra si muoveva indubbiamente lungo questa traiettoria. Nel nostro mondo, ubriacato dalle strategie della notorietà personale, si potrebbe ritenere che anche la mostra di Rovereto e il relativo, voluminoso catalogo, indulgessero in riti celebrativi a causa della grande visibilità che riservava ai segni, alle tracce, alle esperienze dell'*io* biografico del famoso architetto. Eppure, proprio dove Botta sceglieva di mettersi in scena con ricordi di incontri, con opere d'arte che ne hanno segnato la formazione e con immagini recuperate dal ricchissimo scrigno amicale, chiedeva di vedere nella memoria soggettiva non l'altare che magnifica il personaggio, bensì un tassello dei più ampi "debiti culturali" dell'autore e un mezzo per capire i processi con cui egli ha costruito un linguaggio disciplinare che, lungi dall'ostentare un imperativo individualismo creativo, si offre piuttosto come un dialogo con la storia e con diversi contesti culturali.
Parlando della sezione introduttiva della mostra, usavo il termine di "atlante" per chiarirne lo spirito.

which are instrumental to the rhetoric of contemporary aestheticization, in any case remind us of the need to think about how the position of memory has changed with the advent of the modern authorial value. Hence, it should come as no surprise that the artistic personalities who most of all feel that they work in the complex interchange between authorial individuality and cultural inheritance have applied themselves to this matter.
The exhibition *Mario Botta. Architetture 1960-2010*, held from September 2010 to January 2011 at MART in Rovereto, a museum he also designed, is an important example of a reflection on the state of memory, especially because it represents a successful attempt to merge the different typologies. In the review I wrote for that occasion I said that I didn't know whether this was clear to Mario Botta from the start, or whether the results, as often happens, had become an intention *a posteriori*. The fact is that the exhibition undoubtedly moved along this path. In our world, inebriated by the strategies of personal fame, we might think that even the exhibition in Rovereto and its accompanying bulky catalogue, indulged in celebratory rites owing to the great visibility that it reserved for the signs, traces, experiences of the famous architect's biographical Self.
And yet, precisely where Botta chose to put himself on show with memories of past encounters, with works of art that influenced his education, and with images taken from his rich treasure trove of friendships, he asked us to see in the subjective memory not the altar that glorifies the person, but, rather, a piece in the broader mosaic of the author's "cultural debts". This is also a means to understand the processes with which he constructed a disciplinary language that, far from vaunting an imperative creative individualism,

In essa si presentava una scelta di opere di Picasso, Klee, Tinguely, Dürrenmatt e altri, cui si affiancavano, tra gli altri, i richiami all'amata architettura romanica, così come a Giotto e naturalmente a Borromini. Matrici formative, relazioni artistiche e rievocazioni intellettuali convivevano nella mostra, così come nel parallelo catalogo, la cui sezione "Incontri" ha peraltro ispirato l'antologia proposta nel presente *Atlante*.
Le tre memorie sopra evocate comparivano tutte e allo stesso tempo nell'esposizione. Eppure non venivano confuse tra di loro: erano piuttosto riunite come in un'assemblea delle rispettive voci. Per riprendere le parole di Sant'Agostino, diventavano «il presente del passato» grazie a un racconto biografico che radunava le frequentazioni reali insieme a quelle immaginarie, intellettuali, disciplinari dell'architetto.
Il gioco delle frequentazioni, sia di personaggi reali e di altri artisti del nostro tempo, sia di opere lontane nelle epoche e di riferimenti culturali che ci parlano da diversi orizzonti, sta tanto a cuore a Botta che nel catalogo della mostra al Mart appariva rivendicato quasi fosse la sua principale procedura cognitiva. La *Postfazione* scritta dallo stesso architetto è a tale proposito eloquente sin dal titolo del primo paragrafo: "Il territorio della memoria". Insieme privato, storico e disciplinare, questo "territorio della memoria" dà senso parimenti alla formazione, alle occasioni della vita e alle opere dell'architetto, che così diventano i testimoni della «condizione di reciprocità tra il presente e il passato», le portavoce di quella «antichità del nuovo» che Botta vuole portare sin dentro i principi del Moderno.
In questo gioco di frequentazioni che dalle fonti si riversa nelle architetture e da lì risale alle stesse fonti, si definisce di conseguenza una peculiare

offers itself as a conversation with history and with different cultural contexts instead. In writing about the introductory section of the event, I used the term "atlas" to clarify its spirit. Presented therein was a choice of works by Picasso, Klee, Tinguely, Dürenmatt and others, flanked by, among others, some of the names from Botta's beloved Romanesque architecture, as well as by Giotto and, of course, Borromini. Examples from the architect's education, artistic relations and intellectual recollections were showcased together at the exhibition, and included in the accompanying catalogue, whose section "Incontri" (Encounters) also inspired the anthology put forward in this *Atlas*. All three memories evoked above appeared at the exhibition and they did so at the same time. And yet they were not mixed together; rather, they were joined as if in a gathering of the respective voices. As Saint Augustine put it, they become «the present of the past» thanks to a biographic tale that merged the real associations with the architect's imaginary, intellectual and disciplinary ones. This game of associations, of real people and of other contemporary artists, of works distant in time and of cultural references that speak to us from different horizons, means a great deal to Mario Botta, who seems to be redeemed in the MART catalogue, almost as if this were his main cognitive process. The *Afterword* written by the architect himself is, to this regard, telling from the title of the first paragraph: "The Territory of Memory". At once private, historical and disciplinary, this "territory of memory" has the same value as the artist's education, as the events of the architect's life, and as his works. These thus become witnesses to the «condition of reciprocity between present and past», the spokesperson of that «antiquity of the new» that

Incontri
Encounters

visione dell'autore, il cui ritratto tende a costruirsi sulla trama dei suoi molteplici riferimenti.
È una concezione dell'artefice che, messa in risalto da vari critici che si sono nel tempo interessasti a Botta, lo stesso architetto riafferma nella *Postfazione* al catalogo, uno dei migliori testi cui egli abbia affidato la sua poetica. In essa parla infatti di un'architettura che «si trasforma da azione singola in opera collettiva», dichiara di non aver mai incontrato nessun «creativo» che non avesse «debiti culturali» e, affinché non sussistano dubbi circa la sua visione della pratica artistica, pone a epigrafe la formula di Louis Kahn: «Il passato come un amico».

Botta wishes to bring all the way down to the principles of the Modern. It is in this game of associations, which from the sources ends up in the architectures and from there goes back to the same sources, that the author's peculiar vision is determined, an artist whose portrait tends to be built upon the plot of his multiple references.
It is a conception of the artificer that, emphasized by the various critics who have shown an interest in Botta, the architect himself affirms in his *Afterword* to the catalogue, one of the best texts he has ever written about his poetics. In it he indeed writes about architecture that «is transformed from a single action into a group work», he says that he has never met a «creative» who had no «cultural debts», and that to dispel any doubts as to his vision of artistic practice, for his own epigraph he has borrowed the words of Louis Kahn: «The Past as Friend».[sn]

Gerrit Thomas Rietveld
1888–1964

Vidi la sedia *Red and Blue* (1918) alla fine degli anni Cinquanta in una pubblicazione che trattava dell'architettura "neoplastica" olandese. La sua semplicità mi fulminò al pari della sua carica espressiva. Dapprima, partendo da una fotografia, la disegnai rincorrendo per approssimazioni continue le proporzioni e le dimensioni originali, poi costruii un prototipo in legno che restò per molti anni nel mio "atelier" giovanile. L'immagine dalla quale avevo ricostruito il modello era in bianco e nero e la mia realizzazione in legno naturale; il mio entusiasmo creativo si smorzò (leggermente) quando ne scoprii i vivaci colori, sebbene conoscessi la composizione cromatica della casa Schröder a Utrecht dello stesso Rietveld.

I first saw the chair *Red and Blue* (1918) in a late 1950s publication about "neoplastic" Dutch architecture. Its simplicity and its expressive force overwhelmed me. At first, starting from a photograph, I drew an image of it, tracing by continuous approximation its original proportions and dimensions.
Then I built a prototype out of wood, which for many years remained in my the "atelier" of my youth.
The image on which I had reconstructed the model was black and white, and my version of it was in natural wood. My creative enthusiasm was dampened (only slightly) when I discovered its bright colours, even though I was aware of the chromatic composition of the Rietveld Schröder House in Utrecht.

Pablo Picasso
1881–1973

Fra i momenti più belli e intensi della mia adolescenza devo annoverare le pause di contemplazione di fronte alle illustrazioni riprodotte dei "Maestri del colore" che giungevano misteriosamente fino alla mia casa. Restavo incantato per interi pomeriggi, lontano dai giochi che si svolgevano nel villaggio, di fronte alla suggestione di quei dipinti e fantasticavo vite future. Le figure del periodo blu e quelle del periodo rosa, tracciate dal tratto prepotente di Picasso, erano segni dell'impegno sociale che alimentava la pittura stessa. Poi l'artista divenne una costante di verifica e di sfida di fronte al tempo che attraversava rapidamente il Novecento. Picasso personificava la potenza dell'arte e mi era chiaro come dopo di lui non vi sarebbe mai più stata pace nella pittura.

Among the most beautiful and intense moments of my adolescence are the ones when I stopped to contemplate the illustrations reproduced in the "Maestri del colore" (Masters of colour) publications which would mysteriously appear in my home. I would be enchanted for whole afternoons, far from the games that were being played in the village, before the beauty of those paintings, and I daydreamed about future lives. The figures from Picasso's Blue and Pink Periods, which he outlined forcefully, were the signs of the social commitment that nurtured painting itself. The artist then went on to become a constant in terms of both verification and challenge vis-à-vis the time that was quickly moving across the twentieth century. Picasso embodied the power of art and it was clear to me that after him there would no longer be peace in painting.

Le Corbusier
1887–1965

Tra i protagonisti dell'architettura moderna è certamente colui che ha saputo, attraverso mezzo secolo di «ricerca paziente», trasformare gli eventi della propria storia in progetti architettonici. La sua capacità di interpretare e creare nelle trasformazioni in atto nuove proposte, in grado di cogliere il futuro per modellarlo in una nuova bellezza dello spazio di vita, lo pone come figura centrale di riferimento nelle dispute intraprese dalla cultura architettonica del XX secolo. Personalmente, oltre agli "innamoramenti" di inizio studi, ho avuto il privilegio di essere "ragazzo di bottega" nell'atelier che aveva installato a Venezia in occasione del progetto per il nuovo ospedale e successivamente in Rue de Sèvres 35 a Parigi.

Among the major figures of modern architecture he is undoubtedly the one who succeeded, in half a century of "painstaking research", to transform the events of his personal life into architectural projects. Owing to Le Corbusier's ability to interpret and create new ideas in the transformations underway, ideas that were capable of capturing the future in order to shape it into a new beauty of life's space, he is a central figure of reference in the disputes undertaken by twentieth-century architectural culture. Personally, besides my "infatuation" with the master when I first began studying, I had the privilege of being "an artist's apprentice" in the studio he had set up in Venice on the occasion of his project for a new hospital, and later also at Rue de Sèvres 35 in Paris.

Incontri
Encounters

Sedia
rossa e blu,
1918.
Red and Blue
Chair, 1918.

Pasto frugale,
1904.
Frugal meal,
1904.

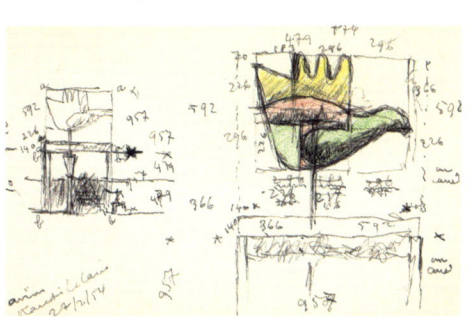

Studio
per la mano aperta,
1954.
Study
for the open hand,
1954.

Carlo Scarpa
1906–1978

È stato, con lo storico dell'arte Giuseppe Mazzariol, mio relatore di tesi a Venezia nel 1969. Incompreso nell'ambito accademico, considerato nel migliore dei casi come un architetto "dannunziano" dalla maggior parte dei suoi inconsistenti colleghi, fu una personalità forte e libera, raffinato e insuperabile maestro per quei pochi studenti che lo avvicinavano. Il suo talento è stato riconosciuto con il passare degli anni soprattutto per i suoi sublimi allestimenti in continuo, serrato dialogo con le opere esposte. Attraverso il suo lavoro indica come non esista possibilità di restauro senza creazione; come il rispetto dell'antico passi necessariamente attraverso l'affermazione di una nuova modernità.

Carlo Scarpa was, along with the art historian Giuseppe Mazzariol, my thesis advisor in Venice in 1969. Misunderstood by the academics, considered at best to be a "Dannunzian" architect by most of his erratic fellow architects, he was a strong and free personality, the refined and unsurpassable master for those few students who would approach him. His talent was recognized as the years went by, especially as concerns his sublime installations with their continuous, coherent dialogue with the works exhibited. Through his work the architect indicated how there can be no restoration without creation; how respect for antiquity necessarily passes through the affirmation of a new modernity.

Louis I. Kahn
1901–1974

La capacità di andare alle origini dei problemi. Ho incontrato Louis Kahn a Venezia in occasione del progetto per il centro congressuale ai Giardini (mai realizzato), fungevo da *trait d'union* fra la committenza (Azienda Autonoma di Soggiorno) e lo studio di Filadelfia (con Carles Vallhonrat). Fu un incontro messianico, Kahn aveva consapevolezza della potenzialità ma anche dei limiti dello sviluppo tecnologico. Attraverso l'architettura indagava un territorio di memoria – «il passato come un amico» – che vedeva come un possibile antidoto all'appiattimento dell'internazionalismo, della rivoluzione elettronica, della società dei consumi… Di tanto in tanto l'interprete si bloccava di fronte a termini come "anima" o "spiritualità" con i quali Kahn connotava i fatti architettonici.

The capacity to go to the very root of the problem. I first met Louis Kahn a Venice on the occasion of the project for the convention center at the Giardini (which was never realized). I served as a *trait d'union* between the group commissioning the work (Azienda Autonoma di Soggiorno) and the architect's firm in Philadelphia (with Carles Vallhonrat). It was a Messianic encounter, Kahn was aware of both the potential and the limits of technological progress. Through architecture he investigated a territory of memory – «the past as friend» – which he saw as a possible antidote to the homogenization caused by internationalism, the electronic revolution, consumer society…
Every now and again, the interpreter would stop short before terms such as "soul" or "spirituality," which Kahn would use to connote the architectural facts.

Venezia
Venice

È la città che ha custodito gli anni dei miei studi universitari in un ateneo di grande qualità, attento alle trasformazioni in atto nella seconda metà del Novecento e talvolta protagonista del dibattito culturale. Forse, in misura maggiore rispetto ad altre realtà, erano già presenti i primi sentori della crisi urbanistica, le violente dispute ideologiche e, più in generale per quel che attiene all'architettura, lo smarrimento che ha fatto seguito alla progressiva scomparsa dei Maestri del Movimento Moderno. Una città straordinariamente moderna nella separazione dei percorsi merci-pedoni, una città che descrive una profonda osmosi fra storia e contemporaneità, dove è possibile vivere un fragile equilibrio fra la presenza fisica dell'architettura e l'inevitabile interpretazione emotiva.

This is the city that watched over my years of study in a top-notch university, a city that was aware of the transformations underway in the second half of the twentieth century, and that was often at the forefront of cultural debate. Perhaps, to a greater degree with respect to other situations, the first signs of the urban crisis were already present, the violent ideological disputes and, more in general as concerns architecture, the sense of loss that followed the gradual disappearance of the Masters of the Modern Movement. It is a remarkably modern city in the way it keeps the paths taken by merchandise and pedestrians separate, a city that describes a profound osmosis between history and contemporaneity, where it is possible to experience a fragile equilibrium between the physical presence of the architecture and its inevitable emotional interpretation.

Incontri
Encounters

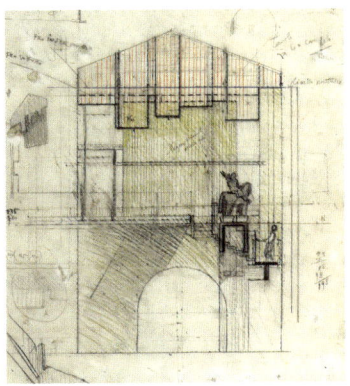

Museo di Castelvecchio, restauro e allestimento, 1961-1964.
Restoration and exhibit design, 1961-1964.

Studi per il Centro congressi a Venezia, 1969.
Studies for the Conference centre in Venice, 1969.

v

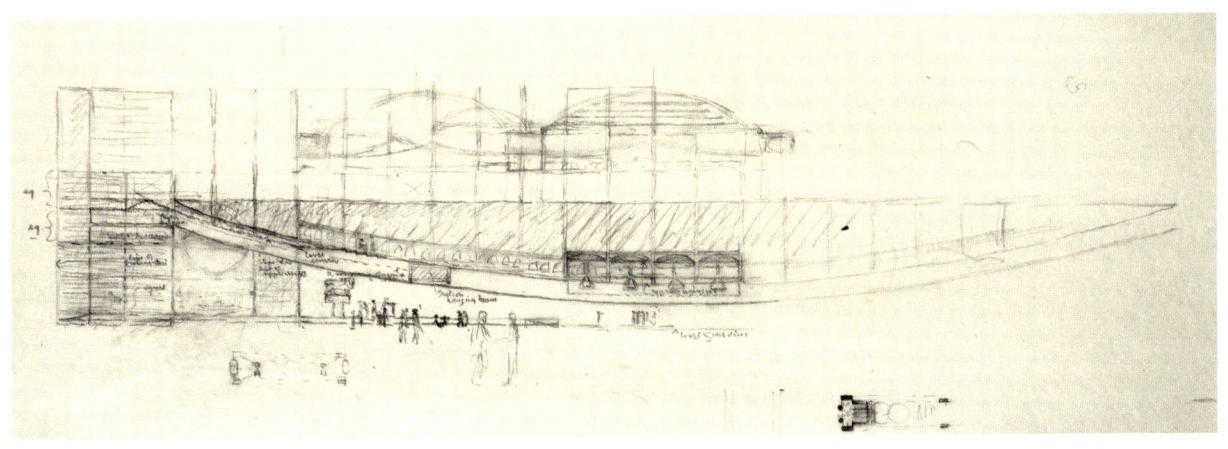

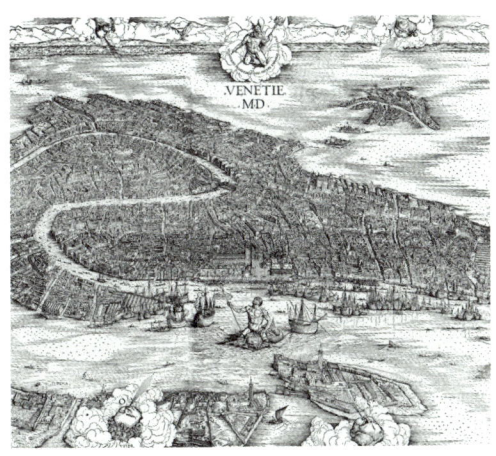

Jacopo de' Barbari Veduta della città di Venezia, ca 1500 (particolare).
View of the city of Venice, c. 1500 (detail).

Borromini
1599–1667

Francesco Castelli, detto Borromini, è nato nel 1599 a Bissone, sul Lago di Lugano, nel Cantone Ticino. Mi sono confrontato con il suo capolavoro giovanile, il San Carlo alle Quattro Fontane di Roma, in occasione del quarto centenario dalla sua nascita, con la ricostruzione del modello ligneo posto sul lago a Lugano. Un'operazione intrigante poiché ambigua nella sua idea progettuale: da un lato la rappresentazione di un'opera decontestualizzata (da Roma a Lugano), dall'altra la realizzazione di una nuova realtà (in scala reale 1:1). Il risultato ha avuto la forza di un sogno, offrendo diverse interpretazioni del linguaggio borrominiano e interrogando la città sul significato di quel suo piano d'acqua circondato dalla forza delle montagne circostanti. Il San Carlino è stato poi ingloriosamente distrutto su decisione del Comune di Lugano.

Francesco Castelli, called Borromini, was born in 1599 in Bissone, on Lake Lugano in the Canton of Ticino. I came to terms with his early masterpiece, the San Carlo alle Quattro Fontane in Rome, on the occasion of the fourth centennial celebration of his birth, with the reconstruction of a wooden model installed on the lake in Lugano. It is an intriguing idea, as it is ambiguous in terms of the design itself: on the one hand, the representation of a decontextualized work (from Rome to Lugano), on the other, the realization of a new reality (in an actual scale of 1:1). The result had the strength of a dream, offering different interpretations of Borromini's language and questioning the city about its body of water surrounded by mountains. The San Carlo was then ingloriously demolished following a resolution passed by the City of Lugano.

Mario Sironi
1885–1961

Sironi analizza, all'alba del Novecento, la dimensione industriale della civiltà urbana e annuncia lo straniamento e la solitudine dell'uomo. È il pittore che sente la desolazione delle periferie, contrappunto alla frenesia delle manifatture. Sono spazi metafisici carichi di angosce nei quali i vuoti urbani sono evidenziati da oscure ombre incombenti, le ciminiere innalzano veleni e la luce intensa del cielo si colora di nero.

Sironi analyses, at the dawn of the twentieth century, the industrial dimension of urban civilization, and he announces the estrangement and solitude of the human being. The painter perceives the desolation of the outskirts, strewn with the frenzy of factories. These are angst-laden metaphysical spaces in which urban voids are evidenced by looming dark shadows, where chimneys blow out poison, and the intense light of the sky turns black.

Il Romanico
The Romanesque

Le opere del Romanico lombardo, con particolare attenzione a quello presente nella zona dei laghi, hanno segnato il mio approccio verso il mondo dell'architettura. L'essenzialità dei volumi, il confronto con l'intorno, la capacità di rispondere alle culture locali e nel contempo di affermarsi come linguaggio riconoscibile nelle diverse regioni d'Europa mi ha poi aperto un interesse e un'ammirazione che hanno accompagnato il mio lavoro. Nella cultura romanica (architettura, scultura e pittura) è presente una tensione etica che giunge intatta fino ai giorni nostri.

The works made in the Romanesque style of Lombardy, with particular attention to the examples in the lake area, have marked my approach to the world of architecture. The essentialness of the volumes, the coming to terms with what surrounds them, the capacity to respond to the local cultures and at the same time their being affirmed as a recognizable idiom in the various regions of Europe have fostered the interest and admiration that have accompanied my work. There exists in the Romanesque culture (architecture, sculpture and painting) an ethical tension that had arrived intact all the way down to our day and age.

Incontri
Encounters

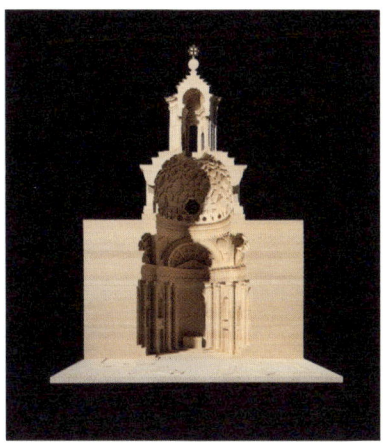

Modello
in scala 1/33
del San Carlino
di Borromini
realizzato
sul lungolago di
Lugano nel 1999.
Model
on a scale of 1/33
of Borromini's
San Carlino built
on the Lugano
lakefront in 1999.

Il gasometro,
1943.
The gasometer,
1943.

Crocifissione
di Villars-les-
Moines, parte di
un capitello,
X secolo.
Crucifixion in
Villars-les-Moines,
part of a capital,
10th century.

Eladio Dieste
1917–2000

Ha operato come architetto-imprenditore soprattutto a Montevideo in Uruguay. L'incontro, sorprendente, avvenne a Medellin in Colombia, negli anni Ottanta, presso il Museo d'Arte dove ero stato invitato per una conferenza. Dopo le domande-risposte finali, mentre la sala si svuotava si presentò un uomo già avanti con gli anni dicendomi che era di passaggio e aveva saputo di quell'evento: «Costruisco anch'io in mattoni di cotto e vorrei mostrarle qualche mia diapositiva». L'impatto con quelle immagini fu dirompente: quell'uomo dall'apparenza modesta era un genio, una personalità forte e colta che aveva costruito veri capolavori, come le pubblicazioni dei decenni successivi hanno poi diffuso in tutto il mondo.

He worked as an architect-entrepreneur especially in Montevideo, Uruguay. I first met him – quite by surprise – in Medellin, Colombia, in the 1980s, at the Art Museum where I had been invited to deliver a lecture. After the final question-and-answer part of the talk, as the people were leaving the auditorium, a man came forward to say that he had heard about the event as he was passing by: «I use terracotta bricks to build too, and I'd like to show you some of my slides». The impact with those images was explosive: that man who appeared to be so modest was actually a genius, a strong, erudite person who had designed some true masterpieces, which were made known to the world in the publications that came out in the following decades.

Friedrich Dürrenmatt
1921–1990

Ho avuto alcuni brevi incontri con lo scrittore nel corso dei suoi ultimi anni, poi ho disegnato e realizzato il Centro Dürrenmatt a Neuchâtel, dove abitava. Una personalità lucida e affascinante che, attraverso la creazione letteraria, ha penetrato in maniera impietosa la precarietà dell'uomo di cui, in forma paradossale e grottesca, ha denunciato l'isolamento e la solitudine. Accanto alla sua attività letteraria, ho avuto modo di scoprire anche il suo lavoro pittorico e calcografico, che ha coltivato pazientemente lungo l'intera sua vita come forme espressive complementari al suo pensiero. Affermava con lucidità critica: «dipingo come un bambino, ma non sono un bambino; dipingo per la stessa ragione per cui scrivo, poiché penso».

I had several brief encounters with this writer over the course of the last years of his life, and then I designed and realized the Centre Dürrenmatt Neuchâtel where he lived. A lucid, intriguing personality who, through his literary creation, mercilessly penetrated the precariousness of mankind, whose isolation and solitude he denounced in a paradoxical and grotesque form. Alongside his literary activity, I also had the chance to discover his pictorial and chalcographic work, which he patiently cultivated throughout his life as expressive forms complementary to his thinking. With critical lucidity he declared that: «I paint like a child, but I am not a child; I paint for the same reason for which I write, because I think».

Varlin
1900–1977

L'umanità che affascina il pittore Varlin (Willy Leopold Guggenheim) si situa ai margini dei margini. Solo la condizione feriale può salvare il mondo dal cosiddetto progresso tecnologico che alimenta la società dei consumi con modelli falsi ed inconsistenti. È il mondo dei diseredati, barboni, ladruncoli, disoccupati e prostitute che ancora presentano un raggio di dignità, ancora rintracciabile fra gli sconfitti. Varlin fugge dalla natia Zurigo – «questo sanatorio sterile per persone sane» – per approdare nella Val Bregaglia (curioso destino di questo angolo di terra con Segantini al Maloja, Giacometti a Stampa e Varlin a Bondo).

The painter Varlin (Willy Leopold Guggenheim) is fascinated by the humanity that lies at the most extreme edge. Only the feral condition can save the world from the so-called technological progress that fuels consumer society with fake and insubstantial models. It is the world of the dispossesed, the homeless, petty thieves, the jobless and prostitutes who still show a glimmer of dignity which can be glimpsed among the down and outs. Varlin fled his native Zurich – «this sterile sanatorium for the sane»– to instead go to Val Bregaglia (the fate of this corner of the earth is indeed curious, with Segantini in Maloja, Giacometti in Stampa, and Varlin in Bondo).

Incontri
Encounters

Centro commerciale, Montevideo (Uruguay), 1985.
Shopping mall, Montevideo (Uruguay), 1985.

Autoritratto senza specchio, 1978.
Self-portrait without mirror, 1978.

Corridoio a Bondo, 1964-1965.
Corridor at Bondo, 1964-1965.

Alberto Giacometti
1901–1966

Gli sguardi, le figure, le donne che Giacometti ha rincorso come testimoni del suo tempo mi appartengono; sono parte di un'identità che condivido, al di là della comune origine nella Svizzera italiana. L'intensità dello sguardo con il quale l'artista penetra il volto, richiama la severità e il portamento delle donne che hanno protetto la mia infanzia.
Esiste perfino una somiglianza fra i tratti somatici di quelle sue figure tormentate, quasi bruciate dalla vita e il ricordo che gelosamente conservo delle persone che più ho amato. Giacometti resta il cantore che, più di altri, ha scavato senza fine, senza speranza, il mistero che giace nelle pieghe di un volto.

The gazes, figures, women that Giacometti pursued as the witnesses to his day and age belong to me; they are part of an identity that I share, beyond our common Italian Swiss origin. The intensity of this artist's gaze that penetrates the face is reminiscent of the severity and the bearing of the women who protected my childhood. There is even a resemblance between the facial features of his tormented figures, almost burnt by life, and the memory with which I jealously guard the people I have loved the most. Giacometti is the cantor who, more than others, has endlessly, hopelessly dug into the mystery that lies in the furrows of a face.

Giotto
1267–1337

Una pittura fuori dal tempo, irresistibile, coinvolgente, assoluta, che pone l'osservatore di fronte all'incanto della narrazione. Il rimando continuo fra le immagini dipinte e il paesaggio dell'intorno, traccia spazi fiabeschi che identifichiamo come reali. Il suo linguaggio asciutto ed essenziale appare di grande modernità, una forma espressiva da recepire dentro la nostra quotidianità; una pittura che predispone alla meditazione e al silenzio, una pittura che ci riconcilia con le attese e le speranze che dimorano nel grande passato.

This is timeless, irresistible, involving, absolute painting that places the beholder face to face with the enchantment of the narrative. The constant cross-reference between the painted images and the landscape all around traces fairy-tale-like spaces that we can identify as real. Giotto's dry and essential language appears to be very modern, it is an expressive form to be discerned within our own everyday lives. It is painting that is conducive to meditation and silence, painting that is reconciled with the expectations and the hopes that lie in the great past.

Piero della Francesca
1416/17–1492

Pittore dello spazio; pittore della geometria dello spazio che, come in una rappresentazione scenica, accoglie la gravità dei gesti con cui recitano le figure. Il tracciato architettonico dei suoi dipinti è onnipresente, dai vasti temi dei paesaggi dove la natura incontra i rarefatti spazi costruiti, a quelli dei ritratti delle singole figure dove convivono gravità ieratiche e segni della quotidianità.
Piero come il più architettonico fra gli artisti figurativi della storia della pittura.

Painter of space; painter of the geometry of space who, as if in a scenic representation, captures the gravity of the gestures with which his figures recite. The architectural trace of his paintings is ever-present, from the vast themes of the landscapes where nature encounters rarefied built-up spaces, to those of the portraits of the single figures where hieratic gravity and the signs of the everyday cohabit.
In the history of painting, Piero is the most architectural among the figurative artists.

Incontri
Encounters

Studi da maestri, 1951.
Studies after masters, 1951.

Il bacio di Giuda, 1303-1304 (particolare) Padova, Cappella degli Scrovegni.
Kiss of Judas, 1303-1304 (detail) Padua, Scrovegni Chapel.

Madonna del Duca Federico (Pala di Brera), 1472-1474 (particolare).
Madonna of Duke Federico (Brera altarpiece), 1472-1474 (detail).

Mario Botta

Pantheon

La perfezione costruita con la luce zenitale. La luce come generatrice degli spazi trova nel Pantheon la propria dimostrazione teorica. Ma al di là delle verifiche geometriche possibili documenta la massima espressione della potenza tettonica, intatta dopo duemila anni di storia con la meraviglia dell'unica apertura verso il cielo nell'essenzialità della misura e nell'intelligenza della sua concezione.

Perfection made from zenithal lighting. Light as the generator of spaces discovers its theoretical demonstration in the Pantheon. But beyond the possible geometric proofs, it records the utmost expression of tectonic potential, still intact after two thousand years of history and featuring the wonder of that single oculus that opens up to the sky in the essentialness of its proportions and the intelligence of its conception.

Marcel Duchamp
1887–1968

La forza delle idee nell'opera d'arte.
Fra i differenti movimenti delle Avanguardie artistiche, Marcel Duchamp esercita, in misura maggiore rispetto ad altri, una radicalizzazione ponendo l'idea come fatto centrale della ricerca artistica.
I suoi *ready made* trasformano l'oggetto riproducibile, proprio della quotidianità, in un'opera unica, assoluta; in una forma artistica irripetibile, firmata, posta sul piedistallo tanto da assumere una nuova sacralità rispetto all'osservatore.
Ciò che rimane nella vita sono le idee, e l'arte è la forma assoluta del bisogno d'infinito che sorregge il senso stesso d'essere dell'uomo. Per noi, oltre il *ready made*, resta la possibilità di riconquistare una presenza poetica capace di donare all'uomo una nuova centralità.

The strength of ideas in the work of art.
Among the various avant-garde movements, Marcel Duchamp, to a greater degree with respect to others, carries out a radicalization by considering the idea to be the central given of artistic research. His *ready-mades* transform the reproducible object, classified as belonging to the everyday, into a unique and absolute work; an unrepeatable artistic form, signed and placed on a pedestal so that it takes on a new sacredness in relation to the viewer. What remains of life are the ideas, and art is the absolute form of infinity that upholds the very meaning of the human being. What instead remains for us, besides the artist's *ready-mades*, is the chance to recapture a poetic presence capable of bestowing the human being a new centrality.

Kazimir Malevič
1878–1935

Fa parte degli "innamoramenti" giovanili. Che un quadrato nero su fondo bianco rappresentasse anche le tensioni esistenti del mondo, mi fu evidenziato da Malevič e dalle Avanguardie russe di quel tempo. Mi colpiva inoltre come le tensioni sociali di allora entrassero naturalmente nelle poetiche degli artisti, veri e propri sismografi della storia e delle speranze del proprio tempo.

One of my youthful "infatuations". The fact that a black square on a white background could also represent the tension that existed in the world was proven to me by Malevič and by the Russian Avant-Gardes of that period. I was also struck by how the social tensions of the times entered naturally into the poetics of the artists, veritable seismographs of history and of the hope for one's day and age.[sn]

Incontri
Encounters

Veduta interna
della cupola
del Pantheon
a Roma,
118-125 d.C.
View of interior
of the dome
of the Pantheon,
Rome,
118-125 AD.

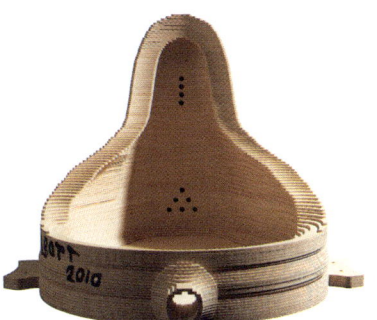

Mario Botta
Omaggio
a Marcel
Duchamp, 2010
Homage
to Marcel
Duchamp, 2010.

Composizioni
suprematiste,
soggetti del 1916,
versione del
1920-1921 ca.
Suprematist
compositions,
subjects of 1916,
version of
c. 1920-1921.

Burkhalter Sumi

6
temi
6
progetti

•

6
themes
6
projects

I sei temi – ma avrebbero potuto essere ben più numerosi – rappresentano pensieri che spaziano nel campo vastissimo dell'architettura, dell'urbanistica e del paesaggio. Ci sembra che questi esempi si oppongano a certe tentazioni di sovrastimare pretenziosamente il proprio lavoro e in genere la funzione della pratica architettonica. Rivelano piuttosto un carattere tematico-programmatico, senza porsi direttamente in relazione con i sei progetti del nostro studio che abbiamo selezionato per questo *Atlante*.
Frammentazione e frizioni caratterizzano il lavoro degli architetti di oggi. Questa definizione può infastidire, ma è anche possibile farla propria. Con essa possiamo infatti rivendicare una professione che per tradizione subisce influenze esogene e che sottostà necessariamente a un continuo adattamento alle "circostanze esterne". Va quindi affermato che la nostra disciplina si distanzia definitivamente da un modello professionale statico, fondato su un sistema del sapere definito. Come gli Argonauti di Roland Barthes, che durante il viaggio rinnovano costantemente la loro nave, così gli architetti operano aggiornando continuamente il loro mestiere «senza scalo e senza pause». A rimanere costanti della nostra pratica sono la denominazione e la struttura.
Oltre ai sei temi presentiamo altrettanti progetti che abbiamo elaborato nel nostro studio nell'arco di trent'anni, con la stretta collaborazione dei nostri partner Yves Schihin (dal 2009) e Urs Rinklef (dal 2012).

The six themes – they could have been much more numerous – represent thoughts that range across the vast field of architecture, urban planning and landscaping. We feel these examples oppose certain temptations to pretentiously overrate one's own work and generally the function of architectural practice. Rather they reveal a thematic and programmatic character, without directly placing themselves in relation to the projects by our office which we have selected for this *Atlas*.
Fragmentation and friction characterize the work of the architects of today. This definition may be irritating, but it is also possible to make it one's own. With it we can indeed reclaim a profession that traditionally suffers from exogenous influences and is necessarily subject to continuous adaptation to "external circumstances". So it should be said that our discipline distances itself definitively from a static professional model, based on a system of defined knowledge. Like Roland Barthes' Argonauts, who as they voyage constantly replace every part of their ship, so architects work by continuously updating their profession «without making landfall or ever pausing».
What remains constant in our practice are the name and the structure.
In addition to the six themes you find six projects that we have developed in our office over three decades in close cooperation with our partners Yves Schihin (since 2009) and Urs Rinklef (since 2012).

6 temi 6 progetti
6 themes 6 projects

Corpo centrale a tre assi, leggermente sporgente, e muri pieni definiscono una pianta tradizionale. La pianta moderna invece ha carattere figurativo e rimanda alla pittura purista: «mariage d'objets et contour commun». L'unione di due oggetti, ad esempio la bottiglia di vino e il calice, definiti dalla medesima linea di contorno, trova un corrispettivo in pianta: i differenti spazi "si sposano" come oggetti puristi e il muro che li separa diventa «contour commun».
I cinque punti per una nuova architettura elencati da Le Corbusier – tra i quali la pianta libera è certamente il più tenace – rappresentano la definizione più aperta del modernismo. Essi non descrivono tanto le singole parti costitutive di un edificio (contrariamente ai "Fundamentals" della biennale di Venezia 2014), quanto un "sistema-architettura", per certi versi paragonabile ai "quattro elementi" di Semper. Non a caso, nella loro versione definitiva lo stesso Le Corbusier ha tralasciato un sesto punto: «la suppression de la corniche», riferimento diretto a un elemento classico.[1]
I moderni, particolarmente Le Corbusier con la sua insaziabile curiosità per le cose, marcano un momento centrale nella formazione del nostro pensiero e del nostro modo di operare.

A central block with three axes, projecting slightly, and solid walls define a traditional plan. The modern plan instead has a figurative character and is related to Purist painting: "mariage d'objets et contour commun". The union of two objects, for example, the bottle of wine and the glass, defined by the same outline, finds its counterpart in the plan: the different spaces "are wedded" like Purist objects, and the wall separating them becomes the "contour commun".
The five points for a new architecture listed by Le Corbusier – among which the free plan is certainly the most tenacious – constitute the most open definition of modernism. They do not describe the individual constituent parts of a building (in contrast to the "Fundamentals" of the 2014 Venice Biennale), so much as an "architecture-system" in some ways comparable to Semper's "four elements". Significantly, from their final version Le Corbusier himself omitted a sixth point: "la suppression de la corniche", a direct reference to a classical element.[1] The moderns, particularly Le Corbusier with his insatiable curiosity about things, mark a key moment in the formation of our thinking and the way we work.

Le Corbusier
Plan paralysé et plan libre
1925

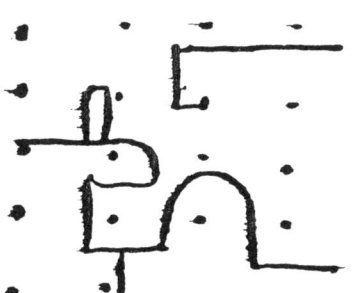
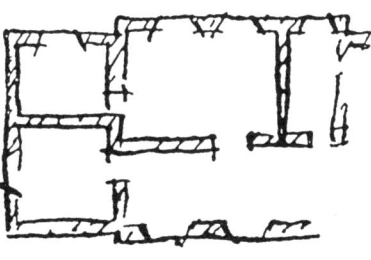

Burkhalter Sumi

Hotel Zürichberg: spazio e colore / Hotel Zürichberg: space and colour, 1995

L'ampliamento dell'Hotel Zürichberg è caratterizzato da uno spazio interno compresso, "centrifugo", contrario per esempio allo sviluppo in verticale che troviamo nel Museo Guggenheim di F.L. Wright. Le stanze sono disposte lungo una linea ovale, mentre il centro della rampa è un cerchio, che va aprendosi verso l'alto. La sovrapposizione di cerchio e ovale provoca un'oscillazione tra spazio centrale e spazio orientato. La tinta rossa dei muri e dell'interno del parapetto marca l'andamento della rampa e sottolinea la percezione tangenziale cercata. L'uso del colore si oppone dunque alla centralità dello spazio e proprio per questa volontà il centro è mantenuto inaccessibile. La copertura in calcestruzzo, dipinta di azzurro, riproduce una sorta di cielo, ha carattere allegorico e si solleva consapevolmente dallo spazio sottostante.

The extension of the Hotel Zürichberg is characterized by a compressed, "centrifugal" interior space, as opposed to the vertical development that we find in Frank Lloyd Wright's Guggenheim Museum. The rooms are arranged along an oval line, while the centre of the ramp is a circle, which opens upward. The superimposition of the circle and the oval causes an oscillation between the central space and the oriented space. The red colouring of the walls and the inside of the parapet marks the progress of the ramp and underlines the sought-after tangential perception. The use of colour is therefore opposed to the centrality of space and for this reason the centre remains inaccessible. The concrete roof, painted blue, reproduces a kind of sky; it has an allegorical character and rises consciously from the space below.

Casa unifamiliare con atelier a Langnau, 1986: un approccio contemporaneo alla costruzione in legno / Single-family house with a studio at Langnau, 1986: a contemporary approach to building in wood

Questa casa rappresenta il punto d'inizio di un lungo percorso nella realizzazione di edifici in legno. Abbiamo volutamente fatto riferimento ai cosiddetti "moderni moderati" (Paul Artaria, Emil Roth, Hans Fischli…), i cui lavori si caratterizzano per l'accostamento di elementi modernisti e tradizionali. Al momento del progetto, abbiamo copiato e adattato in maniera quasi "archeologica" questi dettagli: volumi compatti ma col mantenimento di una copertura tradizionale a falda. Le travi della casa a Langnau assumono tuttavia l'apparenza quasi di assi, riuscendo così a "destabilizzare" ancora una volta la figura classica del tetto. In un certo senso, è stata questa la nostra risposta, o meglio il nostro approccio al "multilinguismo" del postmodernismo. Pubblicammo i dettagli della casa nel catalogo di una mostra dell'Istituto di storia e teoria dell'architettura del Politecnico di Zurigo, che gli americani

This house was the starting point for a long exploration of the construction of wooden buildings. We purposefully referred to the so-called "modern moderates" (Paul Artaria, Emil Roth, Hans Fischli…), whose works are notable for the way they combine traditional and modernist elements. At the time of the project, we copied and adapted these details in an almost archaeological way: they have compact volumes but retain the traditional pitched roof. The beams of the house in Langnau, however, acquire the appearance almost of axes, enabling them once again to "destabilize" the classic form of the roof. In a way, this was our answer, or rather our approach to the "multilingualism" of postmodernism. We published the details of the house in the catalogue of an exhibition at the Institute of History and Theory of Architecture at the ETH Zurich.

chiamarono «the book with the groovy details», ossia "il libro dei dettagli alla moda".[2] Oggi, nell'ambito del gruppo Ingenious Switzerland, ci interessiamo alle nuove tecnologie robotiche applicate alla costruzione in legno: incastri a coda di rondine tra elementi disposti su piani obliqui tra loro ecc.

The Americans called it "the book with the groovy details", or "the book of fashion details".[2] Today, within the ambit of the Ingenious Switzerland group, we are interested
in the new robot technologies applied to timber construction: dovetailed joints between elements arranged on oblique planes, etc.

I massicci volumi si inseriscono nella Siedlung e nel tessuto arboreo preesistenti, ricordando una formazione di pesci in movimento. Il parco comune unisce gli edifici dando coesione all'insieme. I balconi, disposti sugli angoli, reagiscono secondo la posizione rispetto agli alberi e offrono a ogni appartamento una relazione individuale con lo spazio esterno.
Con Vittorio Lampugnani e lo studio di architettura del paesaggio Vogt, abbiamo tracciato (tra le altre) le seguenti linee guida per la densificazione dei quartieri-giardino esistenti.
1. Il "tappeto verde". Le riserve di aree costruibili vincolate e il relativo, continuo processo di estensione delle zone costruite, danneggiano e in via definitiva distruggono la fluidità delle aree verdi. Se si vuole perseguire il concetto di una città-giardino, bisogna ripensare lo spazio esterno quale carattere preminente, trasformandolo in un "tappeto verde".
2. Dalla "città-giardino" al "giardino per la città". Le astratte fasce di verde condominiale devono diventare un paesaggio continuo, un "giardino per la città".

The massive volumes are inserted into the Siedlung and the existing stands of trees, recalling a shoal of fish in movement. The common park unites the buildings, giving cohesion to the whole. The balconies, set at the corners, react according to their position relative to the trees and give each apartment an individual relation to the outdoor space.
With Vittorio Lampugnani and the Vogt landscape design office, we set out the following guidelines (among others) for the densification of existing garden neighbourhoods.
1. The "green carpet". The reserves of restricted areas with planning permission for building and the relative, continuous process of expansion of built-up areas damage and permanently destroy the fluidity of the green areas. If we want to pursue the concept of the garden city, we need to rethink the outer space as a primary character, turning it into a "green carpet".
2. From the "garden city" to the "garden for the city". The abstract bands of condominium greenery have to become a continuous landscape, a "garden for the city".

Quartiere abitativo Sunnige Hof, 2011: Il tappeto verde, densificazione della Gartenstadt

Sunnige Hof housing estate, 2011: the green carpet, densification of the Gartenstadt

Gotthard landscape. The unexpected view
Biennale di architettura di Venezia 2014

Il progetto di ricerca *Paesaggio, miti e tecnologia*,[3] una collaborazione dell'Accademia di architettura di Mendrisio e del Politecnico federale di Zurigo, ha trovato una provvisoria conclusione nell'ambito della Biennale di architettura di Venezia del 2014. L'immagine mostra la diga del Lucendro in trasparenza, con i contrafforti a valle, quasi a rivelare una sorta di "tettonica interna" nello scarno paesaggio del San Gottardo.

L'acqua del lago artificiale non è rappresentata. Nella presentazione della ricerca abbiamo dato la seguente descrizione. «Il progetto si occupa dell'evoluzione dei modi tradizionali di occupare il paesaggio, effettivi e orientati al territorio stesso, verso un principio territoriale virtuale e su base scientifica. Tale processo è illustrato in immagini, rilevato e cartografato. L'immagine del paesaggio viene così smaterializzata e acquista i caratteri di una visione astratta o di una scultura digitale. La trasparenza e la "liquefazione" ottenute attraverso i processi digitali, evocano una modalità di visione totalmente nuova sulla realtà territoriale. Lo strumento che per William Turner era l'acquerello, è rappresentato oggi da mezzi artistici quali la Terrestrial Laser Scanning Technology, i teodoliti, le camere fotogrammetriche, gli scanner e le stampanti laser 3D, i quali generano uno spazio virtuale di informazioni per la geodesia, la cartografia, la pianificazione del territorio, l'architettura…»

The research project titled *landscape, myths and technology*,[3] a collaboration between the Academy of Architecture in Mendrisio and the ETH Zurich, found a provisional conclusion at the Venice Architecture Biennale in 2014. The image shows Lucendro dam in transparency, with the buttresses downstream, as if to reveal a kind of "internal tectonics" in the bare Saint Gotthard landscape.

The water in the reservoir is not represented. In our presentation of the research we gave the following description: «The project deals with the evolution of traditional ways of occupying the landscape, effective and oriented towards the territory itself, to a virtual and science-based territorial principle. This process is illustrated in images, detected and mapped. In this way the image of the landscape is dematerialized and acquires the features of an abstract view of a digital sculpture. The transparency and "liquefaction" achieved by means of digital processes evoke a totally new mode of vision of the local context. The instrument that was watercolour for William Turner is today represented by artistic media such as Terrestrial Laser Scanning Technology, theodolites, photogrammetric cameras, 3D laser scanners and printers, which generate a virtual space of information for geodesy, cartography, territorial planning, architecture…»

6 temi 6 progetti
6 themes 6 projects

Elemento anulare tridimensionale, costituito da dieci cerniere di ottone saldate tra loro. Avendo lati obliqui, sei unità accostate generano sul piano una figura ad anello. Aumentando a dieci gli elementi, la figura evolve, emerge dal piano "conquistando" la terza dimensione. Questo elemento costruttivo illustra il pensiero speculativo di Konrad Wachsmann, la ricerca intuitiva e l'approccio al problema del nodo universale, la voglia di concepire l'inimmaginabile, la curiosità che porta ad osare ciò che sembra impossibile.
Wachsmann è ancora oggi un riferimento per un modo di pensare che si potrebbe definire "tecnico", di cui un'ampia descrizione si trova nel suo libro *Una svolta nelle costruzioni*.[4]

A three-dimensional ring, consisting of ten brass hinges welded together. Having oblique sides, the six juxtaposed units generate a ring-shaped figure on the plane. When they are increased to ten elements, the figure evolves, it emerges from the plane and develops a third dimension. This constructional element illustrates Konrad Wachsmann's speculative thinking, his intuitive research and an approach to the problem of the universal joint, the urge to conceive the unimaginable, the curiosity that leads to daring the seemingly impossible. Wachsmann is still a point of reference for a way of thinking that could be termed "technical", of which a broad description can be found in his book
A Turning Point of Building.[4]

Konrad Wachsmann
Wendepunkt im Bauen
1959

Nell'illustrazione è presentato un dispositivo per la pesa automatica dei maiali in un mattatoio. Il suo *Beitrag zur anonymen Geschichte* (Contributo alla storia anonima), come recita il sottotitolo del libro, ha i tratti della ricerca etnologica, un inventario della meccanizzazione nel nostro ambiente vitale e degli oggetti più quotidiani in senso ampio, che spazia dall'invenzione dell'aspirapolvere (capitolo IV, "Meccanizzazione dell'ambiente domestico") fino all'organizzazione tayloristica dei mattatoi, con le loro catene di produzione simili a quelle dell'industria automobilistica (paragrafo "Meccanizzazione e morte: carne").
Come il lavoro di Walter Benjamin sui *passages*, anche *L'era della meccanizzazione* ha aperto i nostri occhi, rendendoci sensibili alle sconvolgenti trasformazioni della nostra civiltà. Allo stesso tempo, mette in guardia gli architetti dai punti di

The illustration depicts a device that automatically weighs pigs in a slaughterhouse. Giedion's *Beitrag zur anonymen Geschichte* (Contribution to Anonymous History), as the subtitle of the book reads, has the traits of an ethnological research, an inventory of the mechanization of our living environment and the commonest everyday objects in a broad sense, ranging from the invention of the vacuum cleaner (Chapter IV, "Mechanization of the Home") to the Taylorist organization of slaughterhouses, with production lines similar to those of the automotive industry (section "The Mechanization of Death: Meat").
Like Walter Benjamin's work on the arcades, *Mechanization Takes Command* opened our eyes, making us sensitive to the shocking transformation of our civilization. At the same time, he warned architects against superficial ideas and

Sigfried Giedion
Mechanization Takes Command
1948

vista scontati e dalle analisi semplicistiche. Oggi, grazie all'iPhone, la meccanizzazione del nostro quotidiano ha assunto ancora una nuova dimensione. Ci piace pensare che l'ingegnere meccanico Giedion, diplomato al Politecnico di Zurigo, sarebbe andato perfettamente d'accordo con l'inventore Steve Jobs.

simplistic analyses. Today, thanks to the iPhone, the mechanization of our everyday life has been raised to yet another dimension. We like to imagine that the mechanical engineer Giedion, a graduate of the ETH Zurich, would have been in complete agreement with the inventor Steve Jobs.

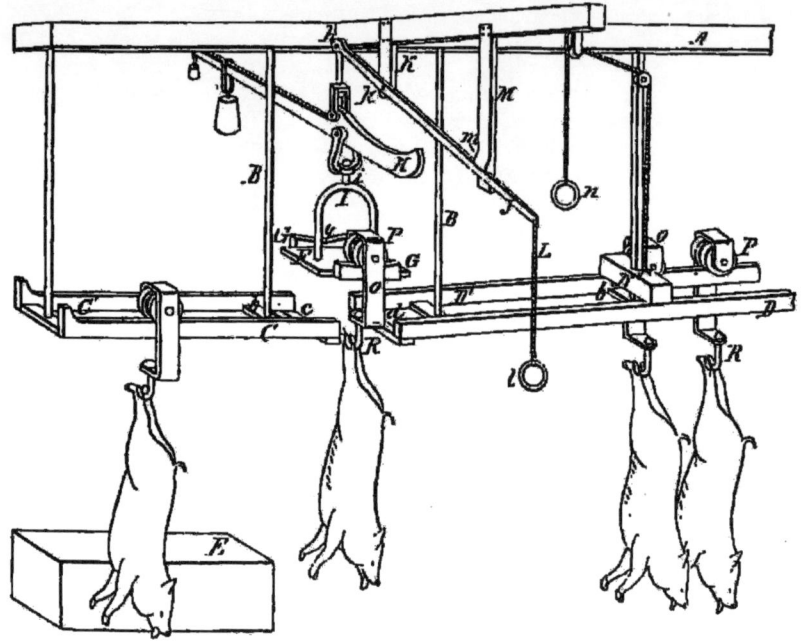

Donald Appleyard Kevin Lynch, John R. Myer
The View from the Road
1964

Il diagramma "spazio-movimento-visione" illustra la percezione del paesaggio da un'auto in corsa, in senso orario e in senso antiorario. La rappresentazione della nuova *highway* non corrisponde a forma e dimensioni effettive della strada, ma le deforma per riprodurre la percezione spaziale dello spazio urbano. Quasi dieci anni dopo, Alison Smithson porterà avanti il discorso nel suo *AS in DS: An Eye on the Road*, osservando, anche lei da un'auto in movimento, le vertiginose trasformazioni del paesaggio inglese nei pressi di Londra.[5]
Lo slancio e la dinamica del movimento sono tradotti e genialmente fissati nel disegno. Si tratta di un'analisi della città e del territorio piuttosto inusuale, e costituisce in tal senso un opportuno complemento alle letture tipologiche-morfologiche, spesso piuttosto rigide o troppo schematiche. Questi approcci conservano la loro validità, purché vengano costantemente messi in discussione e aggiornati.

The "space-movement-vision" diagram illustrates the perception of the landscape from a speeding car, clockwise and anticlockwise. The representation of the new *highway* does not correspond to the actual size and shape of the road, but distorts them to reproduce the spatial perception of urban space. Almost ten years later, Alison Smithson would develop this discourse in her *AS in DS: An Eye on the Road*, again observing the dizzy transformations of the English landscape near London from a moving car.[5]
The momentum and dynamics of movement are translated and brilliantly set in the drawing. It is a highly unusual analysis of the city and the territory, and in this sense it is a suitable complement to typological-morphological readings, which are often rather rigid or too schematic. These approaches remain valid, provided that they are constantly challenged and updated.

6 temi 6 progetti
6 themes 6 projects

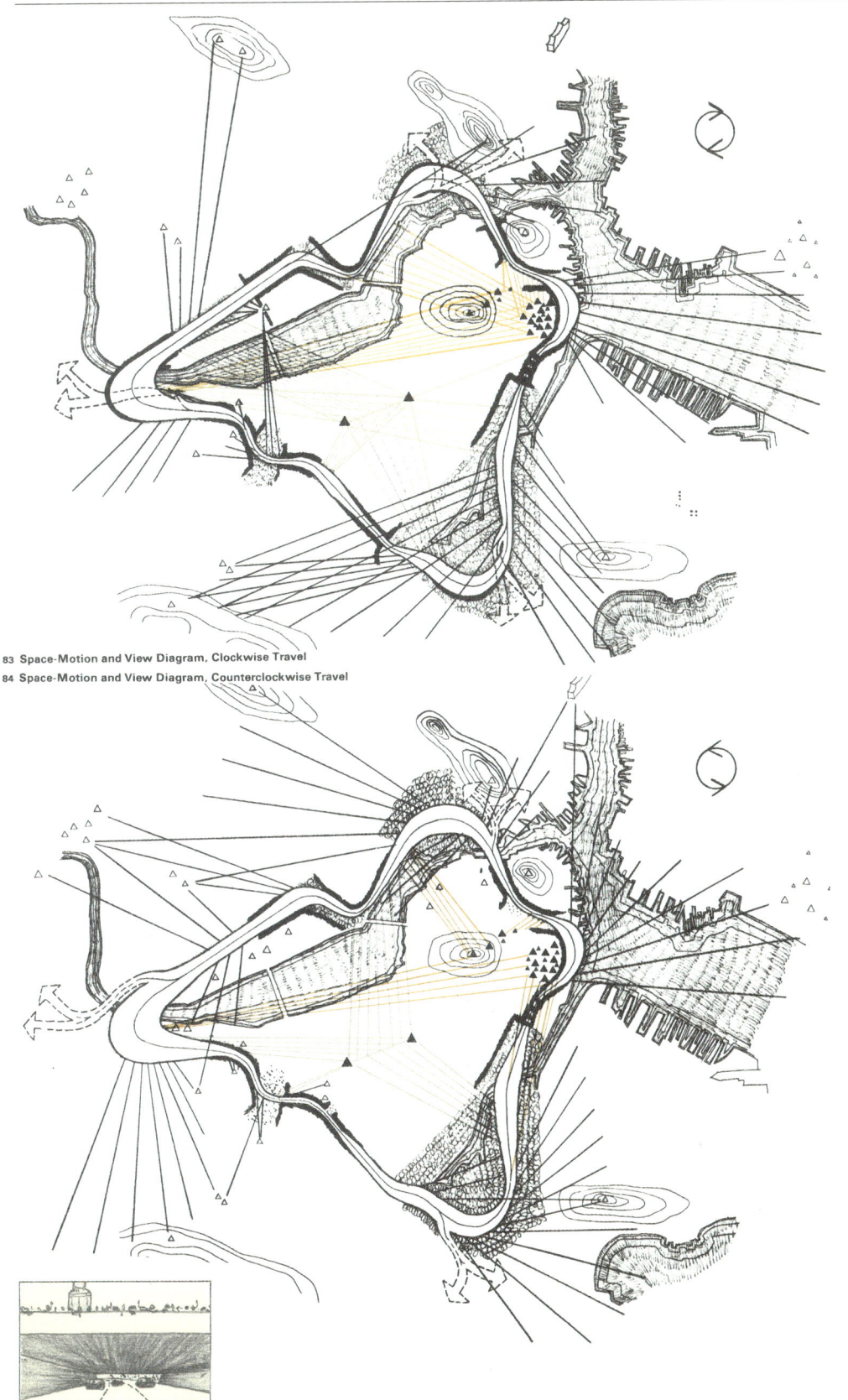

83 Space-Motion and View Diagram, Clockwise Travel
84 Space-Motion and View Diagram, Counterclockwise Travel

Eadweard Muybridge
The Human Figure in Motion
1895

Qualche anno fa, siamo rimasti sorpresi quando Martin Steinmann ha messo a confronto questa immagine del famoso pioniere della fotografia del movimento e una serie di sezioni di facciate dei nostri progetti, facendo notare una comune «densità spaziale».[6] All'interno della sua ricerca *DETAILS. Architecture seen in section*, Marco Pogacnik ha mostrato alla Biennale di architettura del 2014 più di cento sezioni di progetti di oltre cinquanta studi di architettura.[7] In questo stesso anno, abbiamo voluto a nostra volta approfondire il discorso sulla sezione in rapporto al contesto urbano, presentando una mostra all'Architekturgalerie di Berlino.[8]
In qualche modo, abbiamo seguito per più di vent'anni il tema della sezione (o ne siamo inseguiti?), dello spaccato, della scomposizione degli edifici, senza sapere esattamente dove questo viaggio ci avrebbe portati.
Marco Pogacnik scrive al proposito: «Ad una scala adeguata, la sezione è l'unica forma di rappresentazione capace di restituire in forma sintetica ogni elemento costruttivo nella sua doppia valenza tettonica di fatto tecnico e invenzione architettonica, una sorta di radiografia capace di mettere in luce lo scheletro, l'ossatura portante di una configurazione formale, più di quanto essa non si palesi nello stesso edificio reale. La potenza espressiva, iconica, della sezione si manifesta in tutta la sua eloquenza nella trasformazione di ogni dato tecnico in elementi propri di un linguaggio architettonico».

A few years ago, we were surprised when Martin Steinmann compared this image by the famous pioneer of the photography movement with a number of sections of façades in our projects, noting a shared «spatial density».[6]
In his research *DETAILS*. Architecture Seen in Section, at the 2014 Biennale of Architecture, Marco Pogacnik showed over a hundred sections of projects by more than fifty architectural firms.[7]
This year we sought in turn to extend the discussion of the section to the urban context by presenting an exhibition at the Architekturgalerie in Berlin.[8]
Somehow, for more than twenty years we have been pursuing the theme of the section (or is it chasing us?), the cutaway, the deconstruction of buildings, not knowing exactly where this journey would take us.
In this respect Marco Pogacnik writes: «For an appropriate scale, the section is the only form of representation capable of rendering in summary form every constructional element in its twofold tectonic significance as a technical fact and an architectural invention, a kind of X-ray capable of revealing the skeleton, the backbone of a formal configuration, more than it appears even in the real building. The expressive, iconic power of the section appears in all its eloquence in the transformation of every given technical fact into elements peculiar to an architectural language».

6 temi 6 progetti
6 themes 6 projects

Lungo 130 metri e alto sette piani, è uno degli edifici che compongono un insieme urbano con densità pari al 220%. Snodandosi da un confine all'altro della parcella, ritaglia differenti spazi nel contesto urbano. La classica successione strada / marciapiede / casa / cortile è abbandonata a favore di un terreno urbano continuo. I singoli frammenti entrano con disinvoltura in relazione col contesto, con cui si legano grazie alla sovrapposizione di un sistema di percorsi, caratterizzati da due passaggi coperti.
La linea spezzata del fronte delle logge rimanda, anche per la dimensione, a esempi noti degli anni Sessanta, tuttavia i parapetti, rivestiti di una membrana tesa, e i tendaggi parasole conferiscono all'edificio leggerezza e una certa eleganza.

130 meters long and seven storeys high, this is one of the buildings that make up an urban density equal to 220%. Unfolding from end to end of the site, it sets out various spaces in the urban context. The classic sequence street / pavement / house / courtyard is abandoned in favour of a continuous urban development. The individual fragments enter easily into relation with the context, bonding with it due to the overlapping system of paths characterized by two covered passages.
The broken line of the front of the loggias refer, by their dimension, to well-known examples from the sixties, but the parapets, covered by a taut membrane, and the awnings give the building a certain lightness and elegance.

Giesshübel: terreno urbano

Giesshübel: urban terrain

«*As found* is a small affair. It is about beeing careful»: così, affettuosamente, Peter Smithson ha descritto il concetto della "preesistenza". Nella riconversione di aree industriali dismesse, l'applicazione dell'idea di *as found* in senso lato, si rivela una strategia di successo.
Gli edifici industriali esistenti generano spazi esterni chiari e semplici, mentre gli interni offrono grande qualità grazie a volumi generosi. Un problema è posto invece dall'eccessiva profondità della pianta.
La demolizione delle scale d'emergenza, ormai obsolete, trasforma la vecchia facciata secondaria in nuovo fronte prin-

«*As found* is a small affair. It is about being careful»: so, affectionately, Peter Smithson described the concept of "pre-existence". In the conversion of industrial and brownfield sites, the application of the idea *as found* in a broad sense proves a successful strategy.
The existing industrial buildings create clear and simple outdoor spaces, while the interiors offer great quality thanks to the generous volumes. But a problem is posed by the excessive depth of the plan.
The demolition of the fire escapes, now obsolete, transformed the old secondary façade into the new main front. To avoid

Riconversione fabbrica Forsanose: as found 2013

Forsanose factory conversion: as found 2013

cipale. Per non distruggere il carattere industriale dell'edificio, i nuovi balconi sono accatastati uno sull'altro in forma cilindrica e posti davanti alla facciata. L'altezza dei parapetti e degli architravi andava adattata: abbiamo conservato le finestre originali a nove pannelli rimontandole però sottosopra; in questo modo, i panelli superiori fissi fungono ora da nuovo, invisibile parapetto.

destroying the industrial character of the building, the new balconies are stacked above one another in a cylindrical form and placed in front of the façade.
The height of the parapets and architraves had to be adapted: we kept the original windows with nine panels remounting them but upside down; in this way, the upper fixed panels now act as a new, invisible parapet.

Magazzino artistico Goeschenen: il grande tetto
2014

Artistic Warehouse Goeschenen: the large roof
2014

I grandi lucernari aperti nel sottotetto sono il nuovo segno distintivo del Magazzino artistico, un vecchio arsenale costruito nel 1943 a Goeschenen, in fondo alla valle della Reuss, all'imbocco della Goescheneralp. Essi palesano la nuova funzione dell'edificio: quattro atelier per artisti nel sottotetto, al posto dei dormitori per soldati, e un deposito-galleria espositiva negli spazi dell'arsenale, la cui struttura è stata dipinta di bianco in maniera omogenea. La facciata lungo il fiume diventa una scenografia grazie all'installazione variabile di LED nei vani delle finestre; di fronte, è stato rimontato un piccolo padiglione realizzato da Jean Nouvel in occasione dell'Expo 2002 a Murten.
Esperti geografi osservano come le propaggini urbane dell'altopiano abbiano raggiunto l'arco alpino e minaccino di soffocarlo. Il territorio del Gottardo è chiamato a liberarsi da questa stretta e a cercare di reinventarsi dall'interno.
Il Magazzino artistico, all'imbocco della Goescheneralp, è un piccolo tassello, un modesto passo lungo questo necessario processo.

The great skylights set in the attic are the new hallmark of the art warehouse, an old arsenal built in 1943 at Goeschenen, in the Reuss Valley, the gateway to the Goescheneralp.
They reveal the new function of the building: four artists' studios in the attic, instead of soldiers' dormitories, and a deposit-exhibition gallery in the spaces of the Arsenal, whose structure has been painted an even white all over.
The façade on the river becomes a stage set with the installation of variable LEDs in the window embrasures. In front is a small pavilion: designed by Jean Nouvel for Expo 2002 at Murten, it has been reassembled here.
Expert geographers observe that the urban offshoots of the plateau have reached the Alpine arc and are threatening to choke it. The Gotthard region has to free itself from this encroachment and seek to reinvent itself from within.
The artistic Warehouse at the gateway to the Goescheneralp is a small step, a modest advance along this necessary path.[rs]

6 temi 6 progetti
6 themes 6 projects

Note

1. Vedi C. Sumi, *Immeuble Clarté 1932*, gta, Amman-Zurich 1989, pp. 102 sg.
2. M. Burkhalter, C. Sumi, *The Timber buildings*, gta Verlag, Zürich 1996.
3. M. Burkhalter, C. Sumi (a cura di), *Der Gotthard / Il Gottardo. Landscape Myths Technology*, Scheidegger und Spiess, Zürich 2016.
4. K. Wachsmann, *Una svolta nelle costruzioni*, Il Saggiatore, Milano 1965. Già nel 1930 Konrad Wachsmann si dedica al tema della prefabbricazione, vedi la nuova edizione di *Holzhausbau*, Birkhäuser, Basel 1995, con contributi di C. Sumi, M. Grüning e C. Grüning.
5. A. Smithson, *AS in DS, An Eye on the Road*, riedizione a cura di C. Sumi, Lars Müller Publishers, Baden 2001.
6. M. Steinmann, *Sensuality and Sense*, in "a+u", 5, 1996.
7. http://www.iuav.it/Ricerca1/ATTIVITA-/aree-temat/costruttiv/arte-del-c/
8. *Burkhalter Sumi Architekten. Architektur Galerie Berlin*, catalogo della mostra, con un testo di M. Pogacnik, Eigenverlag, Zürich 2014.

Notes

1. See C. Sumi, *Immeuble Clarté 1932*, gta, Amman-Zurich 1989, pp. 102 sg.
2. M. Burkhalter, C. Sumi, *The Timber buildings*, gta Verlag, Zürich 1996.
3. M. Burkhalter, C. Sumi (eds), *Der Gotthard / Il Gottardo. Landscape Myths Technology*, Scheidegger und Spiess, Zürich 2016.
4. K. Wachsmann, *The Turning Point of Building: Structure and Design*, Reinhold Publishing Corporation, New York 1961. As early as 1930 Konrad Wachsmann addressed the issue of prefabrication, see *Holzhausbau*, new edition, Birkhäuser, Basel 1995, with contributions by C. Sumi, M. Grüning and C. Grüning.
5. A. Smithson, *AS in DS, An Eye on the Road*, new edition edited by C. Sumi, Lars Müller Publishers, Baden 2001.
6. M. Steinmann, *Sensuality and Sense*, in "a+u", 5, 1996.
7. http://www.iuav.it/Ricerca1/ATTIVITA-/aree-temat/costruttiv/arte-del-c/
8. *Burkhalter Sumi Architekten. Architektur Galerie Berlin*, exhibition catalogue, with a text by M. Pogacnik, Eigenverlag, Zürich 2014.

Antonio Citterio

Elementi di un linguaggio progettuale

•

Elements of a design language

Antonio Citterio

1.
"Quadrante".

2.
Charles Eames.

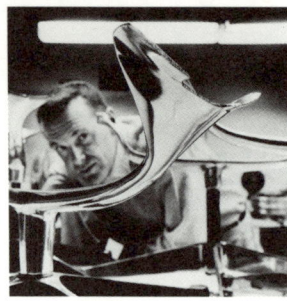

3.
Quadrante,
Xilitalia, 1981.

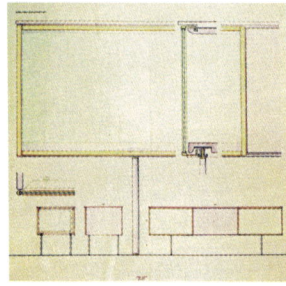

4.
Diesis,
B&B Italia, 1979.

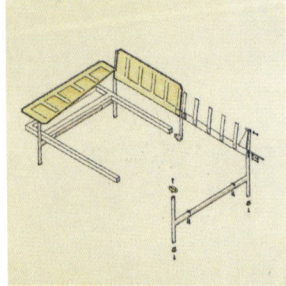

Formazione

Per provare a tracciare un autoritratto per questo *Atlante*, vorrei riassumere alcuni elementi e influenze culturali che hanno segnato la nascita e gli sviluppi del mio linguaggio progettuale.

Pur avendo aperto il mio studio già nel 1970, mi sono laureato nel 1976, e solo alla fine degli anni Settanta, con la rivista "Quadrante", diventata per me una sorta di manifesto, posso dire di aver avuto chiara la direzione da intraprendere. Fu dunque la storica rivista fondata da Pier Maria Bardi e Massimo Bontempelli nel 1933 a imporsi come mio primo esplicito riferimento culturale e a rendermi finalmente consapevole della strada progettuale da imboccare.

Credo che ogni architetto abbia ben chiaro in mente quello che intendo dire: per il bisogno di certezza che pervade le nostre aspirazioni espressive, dobbiamo scegliere una direzione che diventi nostro tratto distintivo. Io sentii che "Quadrante", la famosa rivista proto-razionalista, stesse appunto suggerendo la direzione espressiva a me più consona.

Sono nato a Meda, in Brianza, distretto vicino a Milano, terra ricca di cultura del progetto e del design, ma ricca anche di architetture di altissima qualità. Non a caso mio padre, artigiano e disegnatore, mi parlava spesso di Giuseppe Terragni, di Asnago e Vender e di tante altre figure di alto profilo del mondo architettonico.

In quegli stessi anni formativi, la curiosità mi spinse inoltre a studiare il lavoro di Charles Eames. Il noto designer americano rappresenta un'altra forte influenza culturale che ha guidato il formarsi del mio linguaggio progettuale. Da studente ho praticamente ridisegnato tutti i prodotti di Eames, componendoli pezzo per pezzo: una pratica che mi ha insegnato come solo la perfetta conoscenza del sistema produttivo permetta l'estrema riduzione linguistica.

Il progetto Diesis è quello che meglio rivela questa mia ricerca.

Viaggi

Credo che non ci possa essere un'autentica formazione senza viaggi. E anch'io, come molti colleghi, ho praticato dei viaggi-studio, soprattutto a partire dalla fine degli anni Settanta.

L'architettura è, tra le arti, quella che richiede maggiormente di essere vista dal vero, nella realtà dell'opera. Ritengo infatti che sia troppo riduttivo avvicinare l'architettura sulle pagine di un libro, dove le fotografie pagano maggiormente, rispetto ad opere di altre arti, la difficoltà di restituire una lettura corretta dello spazio. Durante i miei viaggi ho ridisegnato molti progetti di grandi maestri del nostro tempo: da Le Corbusier a Louis Kahn a Tadao Ando… L'intento era di cogliere a fondo le loro piante, le loro articolazioni spaziali, insomma il loro modo di concepire l'architettura. Per quanto riguarda Ando, ho avuto la fortuna di conoscerlo anche personalmente, quando era ancora un giovane architetto, negli anni Ottanta, a Osaka. Mi ricordo che, dopo averlo incontrato, mi affidò a un suo assistente, che mi portò in giro in macchina a vedere vari suoi progetti di residenze private. Kahn e Le Corbusier li ho invece "conosciuti" solo visitando le loro architetture, in Europa, India, Bangladesh, America.

Nelle mie opere giovanili è facile rintracciare la lezione di Louis Kahn sulla percezione della struttura e del processo costruttivo. Di Le Corbusier ho sempre riconosciuto naturalmente la grande genialità, pensando tuttavia che il mio modo di operare fosse più simile al modello di Kahn. Quando avviciniamo le

Elementi di un linguaggio progettuale
Elements of a design language

Education

In trying to sketch a portrait of myself for this *Atlas*, I would like to sum up some elements and cultural influences that marked the birth and the development of my design language. Though I had already opened my office already in 1970, I graduated in 1976, and it was only at the end of the 70s, with the magazine "Quadrante", which became a sort of manifesto for me, that I can say I clearly saw the direction to follow. It was then this historic magazine founded by Pier Maria Bardi and Massimo Bontempelli in 1933 which provided me with my first cultural reference and made me aware of the design path I would follow. I think that every architect has clearly in mind what I mean: because of the need for certainty that pervades our expressive aspirations, we have to choose a direction that becomes our distinctive trait. I felt that "Quadrante", the famous proto-Rationalist review, presented the expressive direction that suited me best.

I was born in Meda, in the Brianza region near Milan, an area rich in project and design culture, but also outstanding architecture. Significantly my father, an artisan and draughtsman, often talked to me about Giuseppe Terragni, Asnago e Vender and many other figures on the architectural scene.

In those educational years, curiosity drove me to study the work of Charles Eames. The celebrated American designer was another strong cultural influence which guided the formation of my own design language. As a student I practically redesigned every product by Eames, assembling them piece by piece; this practice taught me that only a perfect knowledge of the production system makes it possible to achieve an extreme reduction of one's own language.

The Diesis project is the one which best reveals this research.

Travel

I do not think that an authentic education is possible without travelling. And I too, like many colleagues, undertook some many field trips, especially from the end of the 70s.

Architecture, among all the arts, is the one which most requires to be observed at first hand, so as to grasp the reality of the work. I consider it too reductive to look at architecture in the pages of a book, where photographs lose more in comparison to other arts because of the difficulty of conveying a correct impression of space. During my travels I redrew many projects by the great masters of our time: from Le Corbusier to Louis Kahn to Tadao Ando… My intent was to gain an understanding in depth of their plans, their spatial articulations, in short their ways of conceiving architecture. In the case of Ando, I was lucky enough to meet him in person, when he was still a young architect, in the 80s, in Osaka. I remember that, after meeting him, he entrusted me to an assistant of his, who drove me around to show me some of his projects for private residences. I knew Kahn and Le Corbusier only through their architecture, seen in Europe, India, Bangladesh and America.

In my youthful works it is easy to trace the lesson of Louis Kahn on the perception of structure and of the constructive process. I have obviously always recognised the great genius of Le Corbusier, thinking though that my way of working was closer to Kahn's model. When we approach the lessons of those great masters, issues present themselves, testing our knowledge of the discipline. For example, the architecture of Mies van der Rohe, where structure no longer coincides with the shell of the building, requires a different kind of awareness of the design and building process.

As shown by the complexity of structural invention, which has

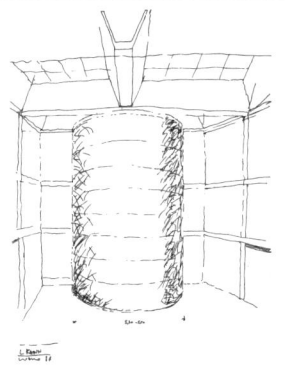

5.
Schizzi di viaggio / Sketches 1987-1988: L. Kahn, Yale Center for British Art.

6, 7.
Schizzi di viaggio / Sketches 1987-1988: L. Kahn, Kimball Art Museum.

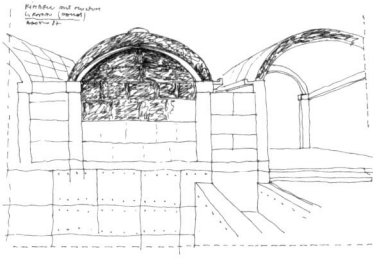

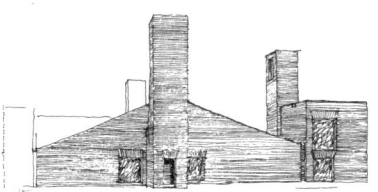

8.
Schizzi di viaggio / Sketches 1987-1988: L. Kahn, Phillips Exeter Academy, dining hall.

9, 10.
Esprit Milano,
1987

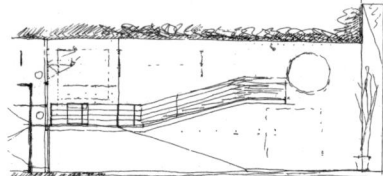

lezioni di questi maestri, si aprono questioni che mettono alla prova la nostra conoscenza disciplinare. Per esempio, l'architettura di Mies van der Rohe, dove la struttura non coincide più con l'involucro dell'edificio, richiede una diversa consapevolezza del processo progettuale e costruttivo.
Come dimostra la complessità dell'invenzione strutturale, divenuta peraltro di recente sempre più tortuosa, si diventa davvero architetti dopo molti anni.

Gli anni Ottanta a Milano
Quando a Milano arrivò sulla scena il Gruppo Memphis (io praticamente vivevo insieme a loro), avevo già preso delle mie posizioni culturali. Pur essendo partecipe agli avvenimenti di quel bellissimo periodo, pur conoscendo i vari De Lucchi, Zanini, Cibic, pur sentendo la grande forza creativa del fondatore Ettore Sottsass e in genere del gruppo, non mi discostai dal mio naturale approccio al fare progetto, più attento alla riduzione linguistica che all'espressione iconica.
Sia Memphis che il postmoderno restavano piuttosto lontani dal mio modo di pensare. Per cui i miei prototipi della fine degli anni Settanta, come ad esempio taluni prodotti di B&B Italia, sono oggetti debitori al solco proto-razionalista che la rivista "Quadrante" aveva aperto nella mia sensibilità. Insomma, avevo già formato un mio linguaggio, il rispetto del quale mi costò un minore successo sul mercato. L'aderenza a taluni principi progettuali che risultavano poco di tendenza, mi portò a un certo isolamento, che tuttavia mi diede la possibilità di approfondire la mia ricerca formale.
Nel 1982 l'amico Pierluigi Cerri mi chiamò a collaborare al progetto di ristrutturazione della Pinacoteca di Brera a Milano (il progetto era affidato allo studio Gregotti Associati, di cui Cerri era uno dei soci). Quella fu per me una grande lezione, per la quale devo ringraziare la lucidità intellettuale di Vittorio Gregotti e l'intelligenza della committenza (il sovrintendente era lo storico dell'arte Carlo Bertelli, che anni dopo avrebbe insegnato all'Accademia di architettura a Mendrisio). Quell'occasione eccezionale per la qualità delle opere e del sito, fu per me un'opportunità straordinaria con cui verificare il mio desiderio di riduzione del linguaggio progettuale a livello spaziale e non più solo nel prodotto. Si trattava infatti di creare un vuoto interno dove le opere, vere protagoniste, non fossero contaminate dall'invadenza del fatto architettonico, dalla voglia dell'architetto di lasciare un segno del suo passaggio.
Determinati dettagli sperimentati in questo progetto divennero repertorio linguistico del mio lavoro successivo. Le connessioni tra piani, verticali o orizzontali, l'articolare delle strutture, sono elementi da allora caratterizzanti il mio lavoro sia di designer, sia di architetto.

Variazioni sul muro
L'uso del muro come elemento strutturale diventò ricorrente nei miei progetti di quegli anni. Nella casa a Meda, il volume architettonico si costruisce su muri. Dotati di spessore e pesantezza, i muri si radicano nel terreno e tendono ad essere parte del sito, quasi che l'architettura si offra come un albero, un elemento naturale che viene ad aggiungersi al luogo.
Tra 1985 e 1986 arrivano nel mio studio di progettazione due figure molto importanti: Terry Dwan, architetto americano che lavorerà con me fino al 1996 affiancandomi nei progetti di architettura e interni (e con la quale ho la fortuna di condividere l'importante progetto della vita familiare), e Patricia Viel, con la quale lavoro tuttora, che negli anni ha partecipato in modo sempre più significativo alla direzione della società (dal

Elementi di un linguaggio progettuale
Elements of a design language

recently become ever more tortuous, one only become an architect after many years.

The 80s in Milan

When the Memphis Group came on the scene in Milan (I practically lived among them), I had already become aware of my cultural positions. Even if I took part in the events of that wonderful period, and though I met the famous De Lucchi, Zanini, Cibic, and felt the great creative force of the founder Ettore Sottsass and the whole group in general, I did not move away from my natural approach to design, which was more attentive to linguistic reductionism than iconic expression.

Both Memphis and Postmodernism were quite distant from my conceptions. So my prototypes in the late 70s, such as some products by B&B Italia, are objects drawing on the proto-Rationalist tradition of the review "Quadrante" which had influenced my sensibility. All in all I had already formed my own language, and respecting it caused me some loss of success on the market. The adherence to certain design principles, which were not fashionable at the time, caused me a certain isolation, but it also offered me the opportunity to pursue my formal research further.

In 1982 my friend Pierluigi Cerri called me to collaborate on the project for restructuring the Pinacoteca di Brera in Milan (the project was entrusted to the Gregotti Office and Associates, of which Cerri was a partner). That was a great lesson for me, for which I have to thank the intellectual lucidity of Vittorio Gregotti and the clear-sightedness of the public client (the superintendent was the art historian Carlo Bertelli, who years later would teach at the Academy of Architecture in Mendrisio.) That outstanding commission, by the quality of the works and the site, was an extraordinary opportunity for me to test my desire to reduce the project language on the spatial level and not only on the level of the product. The point was to create an internal space where the works, which were the real protagonists, were not contaminated by the invasiveness of the architectural objects, by the architects' urge to leave a trace of their passing.

Some details experimented in this project became part of the linguistic repertoire of my following works. The connections among vertical or horizontal planes and the articulation of structures have since then been characteristic features of my work both as a designer and an architect.

Variations on the wall

The use of walls as a structural element became recurrent in my projects in those years. In the house in Meda, the architectural volume is built on the walls. Endowed with thickness and weight, the walls are rooted in the terrain and seek to belong to the site, as if the architecture offered itself as a tree does, a natural element added to the site.

Between 1985 and 1986 two very important figures joined me in my architectural office. One was was Terry Dwan, an American architect who would work with me until 1996 on architectural and interior design projects (and with whom I am lucky enough to share the important project of our family life). The other was Patricia Viel, with whom I still work, and over the years has played an increasingly significant part in the management of the partnership (in 2009 the office changed its name to Antonio Citterio Patricia Viel and Partners.)

The project for Esprit in Milan reprised all the themes of the house in Meda, drawn from a certain rationalism tinged with a Novecento style, where the façade finds its correspondence in the plan.

11.
Casa a Cene, 1995
(foto / photo Marc Hillesheim).

12.   >
Pinacoteca di Brera,
sala di Raffaello e Piero della Francesca, 1983
(foto / photo Aldo Ballo).

154
—155

Antonio
Citterio

Elementi di un linguaggio progettuale
Elements of a design language

Here, like in the project for the Pinacoteca di Brera, I worked on the disproportionate dimension of the spaces and on details that try to deny this monumentality (the bases of the walls are raised from the ground.) The discipline of the precision of the detailing is conceived as an attempt to reduce the expressive signs (some details should even look as if they were not designed).

The use of the same material for the interiors and exteriors was a choice motivated by the desire to strengthen and support the project, both inside and outside. All the materials declare what they are. The choice of trowel-finished concrete, or of assembled zinc-coated iron, constrained the project into specific definitions, branding it with a technical and formal awareness (architecture returns to being a skill).

If the Esprit project reveals mainly Italian bloodlines, the project for the factory for Antonio Fusco in Corsico drew on my interpretation of the architecture of Tadao Ando, in particular with a reflection on visible structures.

With the house built at Cene a whole season of my experience as an architect came to a close. This building represents a synthesis of my work on walls and on the architecture of volumes. Walls represent structural decorations, a constructional quality which is regrettably being less and less used.

13.
Stabilimento Fusco, 1993 (foto / photo Gabriele Basilico).

From walls to skin

Comparing the plans of two projects of two very different houses, even if they were built consequentially, I would like to explain how my architectural practice has evolved.

In the house in Cene the concept of architecture as a founded volume prevails. Here, according to a correspondence between technology and morphology, the façade matches the plan. The lesson taught by the architecture of the Novecento is evident.

In the project of a villa near Como, though, the concept of a structural grid is prevalent. The plan is treated differently from the founding structure, so that the façade no longer corresponds to the plan.

In Como the lesson from Mies is more evident. From an architecture of volumes shaped by heavy walls, we move to a complete detachment of the system of continuous doors and windows in relation to the apertures in the façade (existing structure). Starting from the rhythm of the existing pillars, I tried to express the autonomy between structure and façade. This autonomy has long been a theme of architecture in the last 60 years, and my project follows this line of research. Also the plan is evidently inspired by Mies, even if the rooting of the building in the ground infringes the geometrical bidimensionality of Mies' work, seeking to create an architecture anchored to the geographical reality of the site.

Living culture

I would like to introduce the work we do on the interiors, where the design of the product is always connected to the project of the space. The Citterio-Dwan House in Milan is particularly apt to exemplify my approach to design, characterised by the language of a professional who trained and works as an architect. In this sense, my profile can be considered among those modernist traditions which sought to integrate diverse fields in the design practice. This openness, or if we prefer this generalist culture, is besides clearly evident in the so-called Milanese school (just think of figures like Franco Albini, Gio Ponti, Luigi Caccia Dominioni …).

Although I feel that I belong to that tradition, I must acknowledge that I have received more explicit cultural influences in

14.
Collezione Apta,
Maxalto, 1996.

15.
Casa
Citterio-Dwan,
Milano, 1997.

2009 lo studio ha cambiato la propria denominazione sociale in "Antonio Citterio Patricia Viel and Partners").
Il progetto per Esprit a Milano riprende tutti gli argomenti della casa di Meda, argomenti provenienti da un certo razionalismo contaminato dallo stile Novecento, in cui la facciata trova corrispondenza nella pianta.
Qui, come nel progetto per la Pinacoteca di Brera, ho lavorato sulla dimensione sproporzionata degli spazi e su dettagli che tentano di smentire questa monumentalità (la base dei muri è sollevata da terra). La disciplina dell'esattezza del particolare è vissuta come tentativo di riduzione del segno espressivo (certi particolari devono persino sembrare non disegnati).
L'uso di un unico materiale per interni ed esterni è una scelta orientata a dare forza e supporto al progetto, sia dentro che fuori. Tutti i materiali dichiarano quello che sono. La scelta del cemento a frattazzo, o del ferro zincato assemblato, costringe a specifiche definizioni del progetto, imprimendo una consapevolezza tecnica e formale al processo costruttivo (l'architettura torna ad essere anche mestiere).
Se il progetto per Esprit rivela soprattutto ascendenze italiane, il progetto dello stabilimento per Antonio Fusco a Corsico riprende invece la mia lettura delle architetture di Tadao Ando, in particolare con una riflessione sulla struttura a vista. Con la casa costruita a Cene si chiude poi una stagione della mia esperienza di architetto. Questo edificio rappresenta la sintesi del lavoro fatto sul muro e sull'architettura di volume. Il muro vi rappresenta il decoro strutturale, una qualità costruttiva che purtroppo viene usata sempre meno.

Dal muro alla pelle
Mettendo a confronto le piante di due progetti di case molto differenti, anche se consequenziali nella loro realizzazione, vorrei spiegare come è evoluta la mia pratica architettonica.
Nella casa di Cene prevale un concetto di architettura come volume fondato. Qui, secondo una corrispondenza tra tecnologia e morfologia, la facciata è uguale alla pianta. La lezione dell'architettura novecentista è in essa evidente.
Nel progetto di una villa vicino a Como prevale a sua volta il concetto di griglia strutturale. La pianta viene trattata diversamente dalla struttura fondativa, dimodoché la facciata non corrisponde più alla pianta.
A Como traspare maggiormente la lezione miesiana. Dall'architettura di volumi fatta di muri pesanti, passiamo qui a un distacco totale del sistema dei serramenti continui rispetto alle aperture di facciata (struttura esistente). A partire dal ritmo dei pilastri esistenti, ho cercato di far esprimere l'autonomia tra struttura e facciata. Questa autonomia è stata lungamente trattata nell'architettura degli ultimi sessant'anni, e il mio progetto si inserisce in questa ricerca. Anche la pianta è evidentemente miesiana, sebbene il radicamento del fabbricato nel terreno trasgredisca la bidimensionalità geometrica di Mies, cercando di costruire un'architettura ancorata alla realtà geografica del sito.

La cultura abitativa
Vorrei ora introdurre il lavoro che svolgiamo sugli spazi interni, dove il progetto del prodotto di design è sempre collegato al progetto dello spazio.
Casa Citterio-Dwan a Milano è particolarmente adatta a esemplificare il mio approccio al design, caratterizzato dal linguaggio di un professionista che si è formato e che lavora anche come architetto. In tal senso, il mio profilo si inscrive in quelle tradizioni moderniste attente a integrare diversi ambiti del-

Elementi di un linguaggio progettuale
Elements of a design language

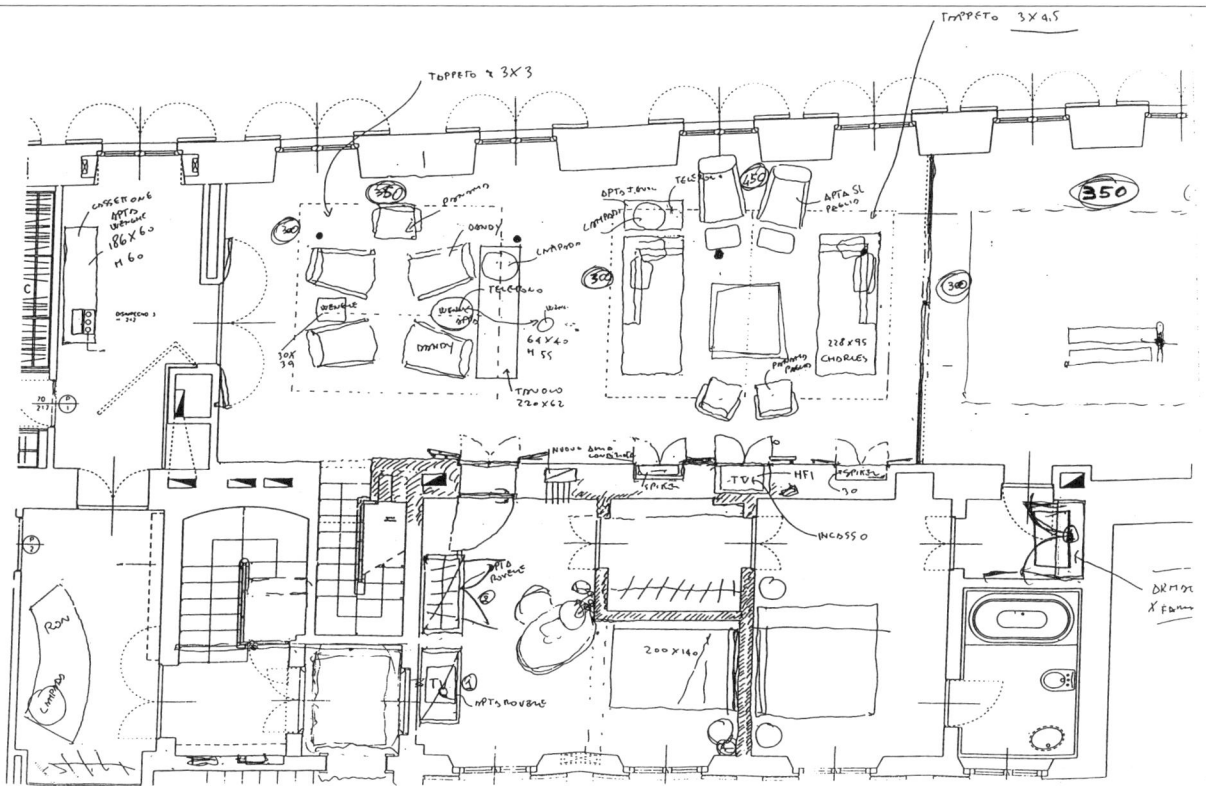

dealing with interior designs from the French achievements of the 30s, in particular from figures like Pierre Chareau and Jean-Michel Frank. The furniture of the Apta collection for Maxalto reflects and re-elaborates these cultural derivations. Closely connected to my vision of internal space, they particularly focus on the dialogue between heaviness and lightness.

The alchemy of projects

Also the relationship with the clients should finally to be understood as a possible cultural reference with effects on the project processes and languages. In this sense my experience with Vitra, which has lasted for many years, has been particularly relevant and especially the relationship with Rolf Fehlbaum (without diminishing the importance of other entrepreneurs with whom I have long been working, with a deep sense of mutual understanding).

I think we can find the secret of successful projects in the right alchemy created in the relationship between the designer and the clients. In these fortunate situations my work could be done in keeping with that conception of the global project I referred to before, in diverse fields: from product design to the design of a factory, from the exhibition space to the house of a client, from the catalogue to the exhibition room.

Among the examples of this good alchemy it gives me pleasure to recall the Edel office building in Hamburg, the Technogym Village industrial and tertiary complex in Cesena for Technogym, and the relevant fitness equipment.

These examples seem particularly useful to show how the cultural references that guide our design language extend from the great examples of the history of architecture to include technical skills and entrepreneurial abilities.[rs]

16.
Sistema Ad Hoc,
Vitra, 1994.

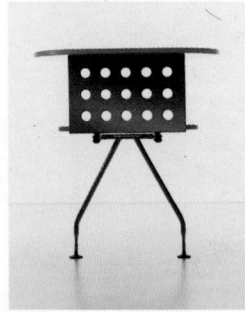

17.
Uffici Edel,
Amburgo, 2002.

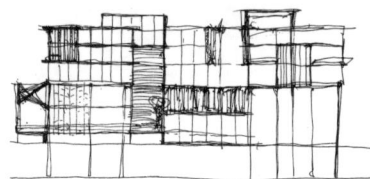

18.
Technogym Village
Cesena, 2003.

l'esercizio progettuale. Questa apertura, o se preferiamo questa cultura generalistica, è d'altra parte ben evidente nella cosiddetta "scuola milanese" (basti ricordare nomi come quelli di Franco Albini, Gio Ponti, Luigi Caccia Dominioni…).
Pur sentendo di appartenere a quella tradizione, devo però riconoscere di aver ricevuto influenze culturali più esplicite nell'affrontare il progetto dello spazio interno dalle esperienze francesi degli anni Trenta, in particolare da personaggi quali Pierre Chareau e Jean-Michel Frank.
I mobili della collezione Apta per Maxalto rispecchiano e rielaborano queste ascendenze culturali. Strettamente connessi alla mia visione dello spazio interno, insistono in particolare sul dialogo tra pesantezza e suo contrario.

L'alchimia del progetto
Anche il rapporto con la committenza va infine inteso come un possibile riferimento culturale con ricadute sui processi e linguaggi progettuali. In tal senso è stata per me significativa in particolare l'esperienza maturata negli anni con Vitra, in particolare il rapporto instauratosi con Rolf Fehlbaum (senza per questo voler dimenticare altre figure di imprenditori con cui lavoro da tempo con grande intesa).
Nella "giusta alchimia" che si crea nel rapporto del progettista con la sua committenza credo stia il segreto di molti progetti ben riusciti. All'interno di queste fortunate situazioni il mio lavoro ha potuto applicarsi, secondo quella concezione del "progetto globale" cui facevo prima riferimento, in diversi ambiti: dal disegno del prodotto al disegno della fabbrica, dallo spazio espositivo alla casa del committente, dal catalogo alla vetrina espositiva.
Tra gli esempi di questa "buona alchimia" mi piace ricordare l'edificio per uffici Edel ad Amburgo, il complesso industriale e terziario Technogym Village per Technogym a Cesena e i relativi attrezzi per il fitness.
Questi esempi mi sembrano particolarmente utili per mostrare come i riferimenti culturali che guidano i nostri linguaggi progettuali si estendano dai grandi esempi della storia architettonica ai saperi tecnici e alle culture imprenditoriali.

Elementi di un linguaggio progettuale
Elements of a design language

Marc Collomb

Piccolo romanzo di formazione

•

Small coming-of-age novel

Testo a cura di
Text edited by
Bruno Pedretti

Credo di condividere con i miei colleghi non poche idee, fonti e lezioni della cultura disciplinare. Almeno per quanto riguarda la mia generazione, dai rapporti che ho con altri architetti e professori noto che parliamo un linguaggio tutto sommato unico, quasi venissimo dalla stessa regione linguistica. Le nostre differenze, idiosincrasie e preferenze sono a volte anche molto forti, ma resta pur sempre una sorta di codice comune che ci permette di capirci come comunità professionale, seppure distinguendoci come individui.
Ne deduco che dal punto di vista disciplinare abbiamo degli atlanti culturali per vari aspetti abbastanza simili. Tutti noi abbiamo fatto determinati studi in determinate scuole; abbiamo avuto determinati maestri che ci formavano su temi, figure e modelli ricorrenti nei nostri ambienti; abbiamo visitato determinati luoghi e opere di grandi maestri che "bisogna aver visto" e abbiamo anche speso un po' di ore sui testi canonici che "bisogna aver letto"... Noi architetti prossimi di generazione e di latitudine condividiamo almeno in parte uno stesso patrimonio disciplinare. Avendo così riflettuto, mi sono chiesto che cosa avrei potuto mostrare di più esplicitamente personale del mio atlante culturale. Senza nulla togliere all'importanza delle opere e degli autori "classici" della nostra disciplina, ho scelto di affidarmi a un racconto autobiografico, a una sorta di "piccolo romanzo di formazione". Con queste note vorrei restituire quelli che credo essere stati

I think I share with my colleagues quite a few ideas, sources and lessons of disciplinary culture. At least as far as concerns my generation, from the relations I have with other architects and teachers, I see that on the whole we speak the same language, as if we came from the same linguistic region. Our differences, idiosyncrasies and preferences are sometimes very marked, but there still remains a sort of common code that enables us to understand each other as a professional community, albeit distinguishing ourselves as individuals. From this I deduce that in our approach to the discipline our cultural atlases are in many ways quite similar. All of us have studied certain courses at certain schools; we have had certain teachers who shaped our ideas about themes, figures and models that are recurrent in our environment; we have visited certain places and works by the great masters that one "just has to have seen", and we have also spent quite a few hours on the canonical texts that one "has to have read". As architects we have close affinities by generation and latitude and share at least part of the same heritage in our discipline.
Having thought along these lines, I wondered what I could show that would more explicitly reflect my personal cultural atlas. Without detracting in the least from the importance of the classic works and authors of our discipline, I chose to rely on an autobiographical story, a sort of minor coming-of-age novel. With these notes I would like

Piccolo romanzo di formazione
Small coming-of-age novel

A. Aalto,
La table blanche et autres textes,
Ed. Parenthèses, Marseille, 2012.

i miei primissimi riferimenti culturali, ossia i sogni, le aspettative, le fantasie che mi hanno spinto a diventare architetto. Avanti che si dichiarino gli autentici maestri e le opere esemplari dell'arte e della professione che abbiamo deciso di intraprendere, noi costruiamo dentro la nostra mente dei riferimenti spesso più immaginari che reali. Quella che segue è una testimonianza di questa mia "infanzia architettonica". I materiali che la illustrano si compongono di quattro progetti degli anni universitari e dei loro dichiarati rimandi ad altre opere e autori. Si tratta più esattamente dei due progetti che sviluppai durante il primo anno di studi al Politecnico di Losanna, del lavoro che presentai alla fine del mio periodo di studio alla Cooper Union di New York e del progetto di Diploma finale, di nuovo presso l'EPFL.

Volendo andare per ordine, devo premettere che anche mio padre era architetto, così come lo sono mio fratello e ora anche due miei figli, a dimostrazione che appartengo a una famiglia di architetti recidivi. Come primo elemento del mio atlante, conviene dunque che parli del forte fascino che la professione di mio padre esercitò su di me bambino. Preferisco però raccontarlo cedendo la parola ad Alvar Aalto, anch'egli "figlio d'arte", che lo fa capire meglio di come io potrei. Nel breve testo *Il tavolo bianco*, scritto nel 1970 e rimasto inedito sin dopo la sua morte, il grande architetto e designer finlandese parla dei suoi ricordi del «grande tavolo

to present what I believe to have been my earliest cultural references, namely the dreams, expectations and imaginings that led me to become an architect. Even before the true masters and exemplary works of the art and profession that we have chosen are revealed to us, we construct in our thoughts certain references often more imaginary than real. The following is a testimony to my "architectural infancy". The materials illustrating it are made up of four projects from my university years and their declared references to other works and authors. More exactly, these are the two projects that I developed during my first year of studies at the EPFL, the work that I presented at the end of my period of study at the Cooper Union in New York and my final graduation project, again at the EPFL.

Wishing to proceed in order, I will start by saying that my father was an architect, just like my brother and now my two children, proving that I belong to a family of inveterate architects. So as the first bearing in my atlas, I ought to speak of the strong appeal my father's profession exerted on me as a child. But I prefer to quote Alvar Aalto, who was also born to the trade, since he puts it better than I can. In *The White Table*, a short text written in 1970 and left unpublished until after his death, the great Finnish architect and designer speaks of his memories of the «big table that had two levels» at which his father worked. Of this table, the lower

Alvar Aalto negli anni Quaranta.
Alvar Aalto in the 1940s
(The Alvar Aalto Archives/E.Mäkinen).

Marc Collomb

Forth Bridge, Scozia / Scotland.

che aveva due piani» su cui il padre lavorava. Di questo tavolo, il piano inferiore «apparteneva» a lui, al piccolo Alvar, che a causa della statura di bambino doveva accontentarsi di giocare sul pavimento sottostante. Il piano superiore del tavolo era invece quello degli adulti, su cui venivano disegnate «carte delle regioni della Finlandia» e intorno al quale il padre discuteva dei vari problemi di pianificazione e progettazione con gli ingegneri e assistenti che lo raggiungevano in studio per lavorare. Poi arrivò il tempo in cui anche il piccolo Alvar poté affacciarsi sul piano superiore.
Fu «verso l'età circa di quattro anni», come racconta il grande architetto. Raggiunta un'altezza adeguata, poté così usare anche lui quell'agognato «piano neutro» del grande tavolo bianco: e fu a quel punto che, sempre secondo le sue parole, iniziò il suo «apprendistato della filosofia della matita e della carta».
Io scoprii solo molti anni dopo questo piccolo, intenso testo. Mi sembrò però di conoscerlo da sempre, tanto quell'atmosfera mitica dell'infanzia che vi è descritta si avvicinava alla mia esperienza. Ancora oggi, se lo rileggo, percepisco il grande tavolo, le matite, la carta quasi fisicamente, sensorialmente, nel tatto, negli odori...

L'impressione che questo testo mi appartenga da sempre è dovuta però anche al fatto che Alvar Aalto è stato in assoluto uno dei primi maestri a insediarsi nel mio immaginario. Infatti, quando nel

level «belonged» to him, little Alvar, who because of his stature as a child had to be content to play on the floor beneath it. The upper level of the table belonged to the adults, and on it were drawn «maps of the regions of Finland» around which his father discussed the various problems of planning and design with engineers and assistants who joined him in the office at work. Then came the time when the little Alvar could take his place on the upper level. It was «at about the age of four», as the great architect relates. Having reached an appropriate height, he was also able to use that greatly longed-for «neutral plane surface» of the large white table: and it was at that point that, according to his words, he began his «apprenticeship to the philosophy of pencil and paper».
I discovered this brief, intense text many years later. But I felt I had always known it. The legendary atmosphere of childhood it describes evoked my experience. Even today, when I reread it, I can see the big table, the pencils, the paper almost physically, sensuously, their texture and scents...

The impression that this text has always belonged to me is due to the fact that Alvar Aalto was above all one of the first teachers to occupy my imagination. When, in the first year of studies at the EPF in Lausanne, he asked us to find a site and specific weather conditions to be then matched with a functional program so as to translate them into an

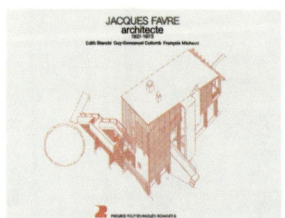

Jacques Favre architecte, 1921-1973, Ed. PPR, Lausanne 1981.

Piccolo romanzo di formazione
Small coming-of-age novel

primo anno degli studi al Politecnico di Losanna ci chiesero di trovare un sito e una peculiare condizione climatica cui far corrispondere poi un programma funzionale da tradurre in progetto architettonico, io scelsi la Finlandia. Durante il viaggio che vi feci mi impressionarono molto i suoi paesaggi, i boschi, i laghi, le distese naturali, la luce delle giornate infinite… Deciso il sito, per renderne evidente il rapporto con il clima e con la mia architettura non pensai di meglio che progettare un osservatorio meteorologico. Naturalmente l'atmosfera finlandese e il "fantasma" di Aalto erano più che presenti nel mio esercizio progettuale. Ma per disegnare il manufatto architettonico in senso stretto andai a chiedere suggerimenti altrove: per l'esattezza, a una interessante costruzione di montagna di Jacques Favre, sulla quale mio fratello aveva in precedenza fatto una ricerca (ultimata nel 1973, purtroppo la casa venne in seguito distrutta). Con il mio osservatorio meteorologico iniziavo insomma a "copiare", come sempre accade negli esordi formativi (ma non solo); o, se preferiamo, cominciavo anch'io a definire il mio linguaggio in un dialogo emulativo dei linguaggi di chi mi aveva preceduto, con ben altra competenza, nell'arte architettonica.

La lezione di Aalto torna, ancora più evidente, nel secondo progetto che presentai all'EPFL. In questo caso il tema era un centro equestre, completo di residenza per i proprietari, alloggi per

architectural design, I chose Finland. During the field trip I made there, I was profoundly impressed by its landscapes, forests, lakes, natural spaces, the light of the endless days… I decided on a site, and in order to clarify the relation with the climate and my architecture, I could not think of anything better to design than a meteorological observatory. Of course the Finnish atmosphere and the phantom of Aalto were fully present in my design exercise. But in the design of the architectural work in the strict sense I went looking for ideas elsewhere: to be exact, in an interesting mountain building by Jacques Favre, on which my brother had previously done some research (completed in 1973: regrettably the house was later destroyed). In short, with my meteorological observatory I was starting to "copy", as always happens early in the educational process (though not only then). Or, if you prefer, I was beginning to define my language in a dialogue that emulated the languages of those who had preceded me with far greater expertise in the architectural art.

The lesson of Aalto returned even more evidently in the second project that I presented at the EPFL. In this case the theme was an equestrian centre, complete with the residence for the owners, guest quarters, stables, barns… The layout of my equestrian centre distributed the architecture around a courtyard, as is often the case in the organization of these traditional structures.

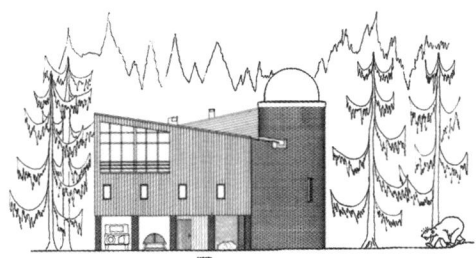

Marc Collomb
Stazione meteorologica e osservatorio in Finlandia, progetto, 1° sem., EPFL, 1972.
Weather station and observatory in Finland, project, 1st sem., EPFL, 1972.
Jacques Favre
Le Framar, Crans Montana (Vallese), abbattuto nel 1979.
Le Framar, Crans Montana (Valais), destroyed in 1979.

gli ospiti, maneggio, stalle… L'impianto del mio centro equestre distribuisce le architetture intorno a una corte, come spesso riscontriamo nell'organizzazione tradizionale di queste strutture.
La soluzione tipologica, che all'apparenza potrebbe sembrare una semplice conseguenza di esigenze funzionali, in realtà deve molto al municipio di Säynätsalo di Aalto. Quest'opera, finita nel 1951, era nata come centro multifunzionale, ma poi venne destinata ad accogliere solo gli uffici municipali. Ispirandomi ad Aalto, trasportavo in un complesso rurale a corte l'impianto di un progetto civico dove la piccola piazza fa da spazio pubblico che distribuisce e ritma gli elementi architettonici.
Il mio progetto fu suggestionato anche dal Sea Ranch che Charles Moore progettò in California agli inizi degli anni Sessanta, in una stagione quindi che precede certe sue azzardate sperimentazioni postmodernistiche. Il Sea Ranch non era in realtà una fattoria o altra struttura rurale, bensì un complesso residenziale, disegnato però *simile* alle architetture tradizionali della frontiera americana. Allo stesso modo, anche il mio centro equestre era disegnato *simile* a qualcosa d'altro: in particolare ai due lavori di Aalto e Moore, che per l'occasione avevo eletto a miei esempi "eroici".

Da giovane mi sentivo particolarmente attratto dagli oggetti, dalle macchine spettacolari, dalle invenzioni ad alte prestazioni tecnologiche, come

The typological solution, at first sight seemingly a simple consequence of functional requirements, actually owes a lot to the Aalto's Säynätsalo Town Hall. This work, finished in 1951, was conceived as a multi-purpose civic centre, but then it was only used to house the municipal offices. Drawing on Aalto, I transferred the layout of a civic project to a rural complex arranged around a courtyard, where the small square was a public space distributing the architectural elements and giving them a rhythmic development.
My project was also influenced by the Sea Ranch that Charles Moore designed in California in the early sixties, hence a season before some of his daring postmodern experiments. The Sea Ranch was not actually a farm or other rural property, but a residential complex, yet it was designed to be *similar* to the traditional architecture of the American frontier.
In the same way, my riding centre was also designed to be *similar* to something else: namely the two works by Aalto and Moore, who on this occasion I had elected as my "heroic" examples.

As a young man I was particularly attracted to objects, to spectacular machines, high-performance technological inventions, such as aircraft, ships, racing cars… I used to think about how much I would have liked to become a designer, and I regretted that architecture was not so

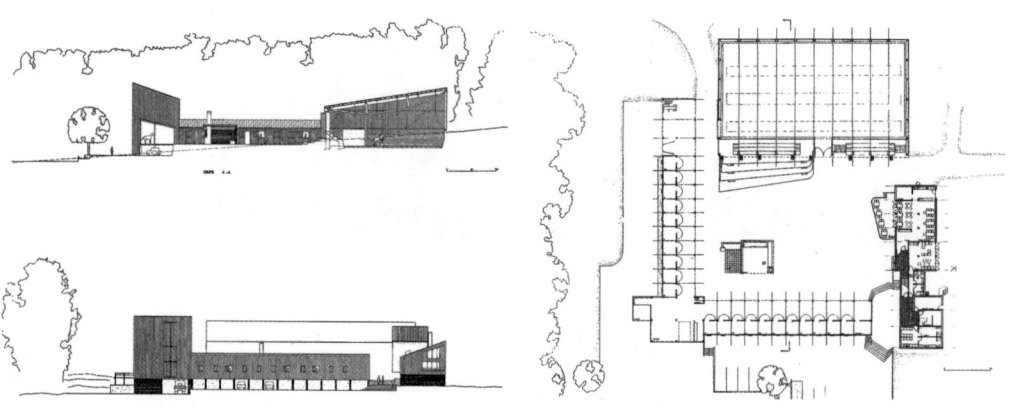

Marc Collomb
Centro equestre a Lutry (Svizzera), progetto, 2° semestre, EPFL, 1973, sezione, prospetto e pianta del piano terra.
Equestrian Centre, Lutry (Switzerland), project, 2nd semester, EPFL, 1973, section, elevation and ground floor plan.

Piccolo romanzo di formazione
Small coming-of-age novel

Charles Moore
Sea Ranch, California (USA), MLTW 1972, vista della facciata sud e situazione.
Sea Ranch, California (USA), MLTW 1972, south facade view and location plan.

aerei, navi, automobili da corsa… Pensavo a quanto mi sarebbe piaciuto diventarne un progettista, e mi rammaricavo che l'architettura non fosse altrettanto "spettacolare". Quando si avvicinò il giorno in cui dovevo decidere definitivamente quali studi universitari intraprendere, quel rammarico mi complicava nella scelta da compiere. Sino a quando lessi una poesia di Marilyn Monroe.
Nei suoi versi la bellissima icona cinematografica, di cui ero ovviamente infatuato, parla di desiderare la morte, e che per compiere il suicidio la soluzione migliore sia quella di gettarsi da un ponte. Dapprima pensa di farlo gettandosi da quello Brooklyn, ma poi lo esclude perché sente di amarlo troppo. Pensa allora di trovarne un altro, che non le piaccia… ma si accorge che «non [ha] mai visto ponti brutti».
I versi di Marilyn Monroe non dichiaravano solo ai miei occhi, come in seguito è diventato sempre più chiaro, che la famosa attrice era donna di spiccata sensibilità e intelligenza: furono anche la spinta finale che aspettavo per decidermi a iscrivermi ad architettura. La sua dichiarazione che non esistono ponti brutti mi fece intuire tutta la libertà inventiva che avrei potuto cercare nell'architettura, anche senza bisogno di fantasticare progetti di macchine spettacolari.

Marilyn Monroe e i bei ponti della sua New York mi aiutano a introdurre un altro dei progetti studenteschi che voglio qui presentare. Quando non esi-

"spectacular". When the day came that I had to decide definitively what to study at university, I fretted over the complicated choice I had to make. Until I read a poem by Marilyn Monroe. In her verses, the beautiful cinema icon, with whom I was naturally infatuated, spoke of her longing for death and thinking the best way to commit suicide was to throw herself off a bridge. At first she thought she would do it by jumping off Brooklyn Bridge, but then changed her mind because she felt she loved it too much. So she decided to look for another one she didn't like… but then she realized, «I've never seen an ugly bridge».
Marilyn Monroe's verses not only declared to my eyes, as subsequently became increasingly clear, that the famous actress was a woman of great sensibility and intelligence: they also gave me the final push that decided me to enrol in architecture. Her avowal that there are no ugly bridges made me appreciate the exceptional inventive freedom that I could find in architecture, without the need to fantasize about designing spectacular machines.

Marilyn Monroe and New York's beautiful bridges bring me to another of the student projects I want to present here. Before any Erasmus system existed, I decided to go and study in the United States, in New York to be precise. After receiving permission from the EPFL, it was still up to me to find a school that would accept me on the spot

Erika, barca a vela svizzero-danese, in regata sull'Oceano Atlantico, 1976.
Erika, Danisch-Swiss sailing boat, racing Atlantic Ocean, 1976.

steva ancora il sistema Erasmus, decisi di andare a studiare negli Stati Uniti, esattamente a New York. Avuto il permesso dall'EPFL, toccava comunque a me trovare una scuola sul posto che mi accettasse e di cui il Politecnico di Losanna avrebbe poi considerato validi ed equivalenti gli studi compiutivi. Partii fiducioso. Ma per raggiungere l'America non usai il modo consueto dell'areo. Ci andai in barca a vela, in qualità di membro di un equipaggio che partecipava a un'importante gara tra velieri e barche a vela d'epoca. Entrai dunque a New York passando proprio sotto quei ponti, tutti belli, evocati da Marilyn. Credo che tra i motivi che convinsero John Hejduk a prendermi alla Cooper Union School of Architecture vi sia stata anche la sua enorme sorpresa nel sentire il modo in cui ero arrivato negli USA: attraversando l'Atlantico in barca da Plymouth alle Canarie, e dalle Canarie al ponte di Verrazzano.

Amando io la vela, il mare, amo di riflesso anche i fari. Proposi così di disegnare un faro, collocato per l'esattezza alcune centinaia di metri davanti alla punta di Coney Island. Il sistema di guardiania pensai di affidarlo a una comunità di monaci: un Padre e sei Fratelli. Il faro diventava dunque un piccolo monastero con relative celle, una cappella, la cucina, il refettorio. Poiché Hejduk mi chiedeva di «risolvere tutto», mi avventurai pure in ardite soluzioni tecnologiche. La cappella, per esempio, è una bolla immersa nell'acqua e nella quale un sistema ad olio per il galleggiamento permette di

and where the course of studies would be rated as valid and equivalent by the EPFL.
I set off confidently. But instead of travelling the usual way by plane, I sailed there as a member of a crew engaged in a major competition between yachts and vintage sailing ships. So I sailed into New York, passing right under those bridges, all beautiful, evoked by Marilyn. I believe one the reasons that convinced John Hejduk to take me at the Cooper Union School of Architecture was his great surprise on learning how I had arrived in the US: crossing the Atlantic by boat from Plymouth to the Canaries and from the Canaries to the Verrazano Bridge.

Loving sailing and the sea as I do, by association I also love lighthouses. So I proposed to design a lighthouse, to be erected a few hundred metres off the tip of Coney Island. I decided to entrust its guardianship to a community of monks, a Father and six Brethren. The lighthouse thus became a small monastery with its cells, a chapel, kitchen

Nave d'alto bordo in regata sull'Oceano Atlantico, 1976.
Tall ship racing Atlantic Ocean, 1976.

Piccolo romanzo di formazione
Small coming-of-age novel

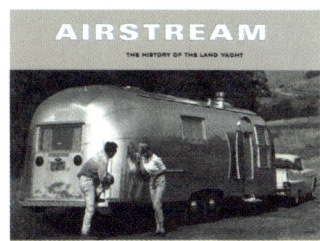 

Airstream, *land yacht*.

Marc Collomb Faro-monastero a Coney Island, Thesis Cooper Union, NYC, 1978, schizzo.
Lighthouse monastery in Coney island, Thesis Cooper Union, NYC, 1978, sketch.

mantenere il pavimento sempre in piano. La mia attrazione per una certa tecnologia mi suggerì inoltre di fare ampio uso delle leghe leggerissime di alluminio impiegate all'epoca nella produzione dei *land yachts* o roulotte. Utilizzai l'alluminio nell'intero organismo architettonico, dalle celle in sequenza dei monaci alla torre fluttuante del faro. Quello che più mi piacque fu l'idea di poter "costruire sul mare", di potervi modellare l'architettura come se anch'essa fosse una diversa forma di acqua e di terra. Il progetto non dovette dispiacere alla Cooper Union, visto che mi rilasciarono il titolo che oggi corrisponderebbe al Bachelor degree.
Nell'Irlanda del Nord c'è un faro storico di rara bellezza. La sua originalità deriva dal fatto di essere stato progettato come una struttura a rovescio e come per sottrazione di materia. Lo si raggiunge da terra scendendo da un altipiano dove gli scavi scolpiscono delle balze geometriche in successione. Raggiunto il piano del faro, scopriamo che la torre non si erge verso l'alto, ma scende a sua volta verso il basso, sino a poggiare su un altro piano scavato nelle scogliere. Davanti alla base della torre così rovesciata sta la lanterna, appoggiata come se fosse una testa staccata dalla sommità del suo corpo. Sotto il piano della lanterna, le grandiose falesie precipitano infine nelle acque dell'Atlantico.
Il mio sito di Coney Island era del tutto diverso, senza falesie monumentali né altopiani da scavare.

and refectory. Because Hejduk asked me to «deal with everything», I even ventured into bold technological solutions. The chapel, for example, was to be a bubble immersed in the water with an oil-based system for flotation to ensure the floor would always be level. My attraction to a certain kind of technology also prompted me to make extensive use of the lightweight aluminium alloys used at the time in the production of Land Yachts, or caravan. I used aluminium for the whole architectural organism, from the monks' cells in sequence to the floating tower of the lighthouse. What I liked most was the idea of being able to "build on the sea", being able to model the architecture as if it, too, were a different form of water and land. The project must have gone down all well enough at the Cooper Union, because they awarded me a qualification today corresponding to the Bachelor degree.
In Northern Ireland there is a historic lighthouse of rare beauty. Its originality comes from the fact that it was designed as an inverted structure, as if by hollowing out its material. It can be reached from the land by descending to a level where the earth has been cut away, sculpting a series of geometrically shaped ledges. Reaching the top of the lighthouse, we discover that its tower does not rise upwards, but descends until it rests on another level hewn out of the cliffs. In front of the base of the tower inverted in this way, the lamp rests on it like a head detached from its body.

Marc Collomb Faro-monastero a Coney Island, progetto finale, Cooper Union, NYC, 1978, prospetto est e sezione.
Lighthouse monastery in Coney island, thesis, Cooper Union, NYC, 1978, east elevation and section.

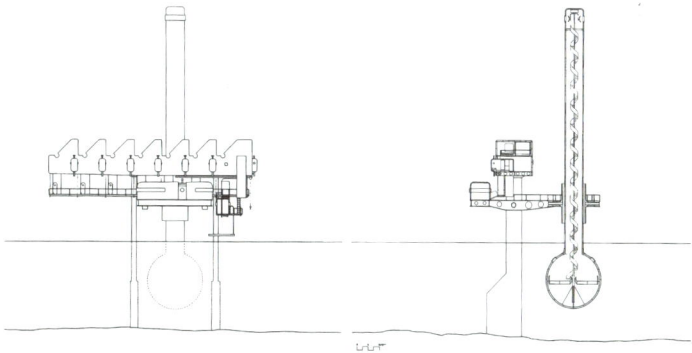

Faro di Rathling West, Irlanda del Nord (1917), viste da ovest e dall'alto.
Light House of Rathling West, Northern Ireland (1917), views from west and from top.

Ma mi ispirò molto questo straordinario faro irlandese, il suo disegno che procede come per smontaggio degli elementi architettonici e incisione della massa fisica del terreno…

Quando tornai a Losanna, si discuteva molto del trasferimento del Dipartimento di architettura dal centro città all'area del Politecnico federale. Su questo tema feci allora il mio progetto di Diploma. Non avevo riferimenti predefiniti per il programma, e forse a quel punto cominciavo ad avere anche meno riferimenti predefiniti culturali, nel senso che questi si erano nel frattempo fatti più aperti e liberi. Sulla base di un disegno che cominciava a muoversi con più agio e autonomia nelle tradizioni del Moderno, pensai a una struttura a pilotis. La consideravo la migliore per configurare il Dipartimento di architettura come il portale di ingresso al campus del Politecnico. Per dare più evidenza al mio intento, e forse anche per rimarcare una sorta di maggiore libertà espressiva dell'architettura rispetto alla razionalità tecnica delle ingegnerie, i corpi del Dipartimento si presentano ruotati rispetto al sistema assiale dell'area universitaria. Volevo inoltre che l'articolazione architettonica comunicasse l'articolazione del percorso formativo dei giovani architetti. Distribuii dunque gli spazi della didattica secondo la successione degli anni: il primo anno a piano terra, il secondo un piano sopra, il terzo ancora più in alto e il quarto anno (allora conclusivo del curriculum) alla sommità.

Beneath the lantern, the towering cliffs finally fall sheer into the waters of the Atlantic.
My Coney Island site was completely different, without monumental cliffs or highlands to dig into. But I was strongly inspired by this extraordinary Irish lighthouse, its design that proceeds by dismantling the architectural elements and carving its physical mass out of the land…

When I returned to Lausanne, there was a lot of talk about moving the Department of Architecture from the city centre to the ETH campus. I then did then my diploma project on this topic. I had no predefined references for the programme, and maybe at that point I began to have even fewer predefined cultural references, meaning that meanwhile they had become looser and more open. On the basis of a design that was beginning to move more easily and independently in the traditions of the Modern, I thought up a structure resting on pilotis. I saw it as the best way to configure the Department of Architecture as entry portal to the Polytechnic campus. To enhance my intent, and perhaps also to mark a sort of greater freedom of expression in architecture than the technical rationality of the engineers, the Department's buildings are rotated in relation to the university's axial system. I also wanted the architectural articulation to convey the articulation of the training of young architects. So I distributed the teaching spaces according to the succession

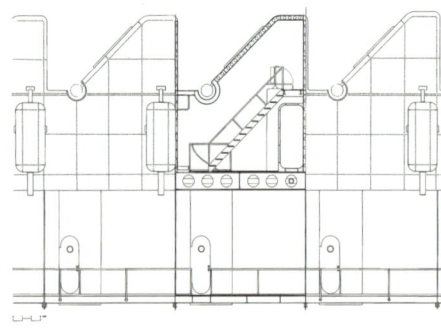

Marc Collomb
Faro-monastero a Coney Island, progetto finale, Cooper Union, NYC, 1978, dettaglio della sezione.
Lighthouse monastery in Coney island, thesis, Cooper Union, NYC, 1978, section detail.

Piccolo romanzo di formazione
Small coming-of-age novel

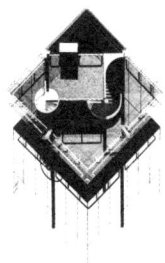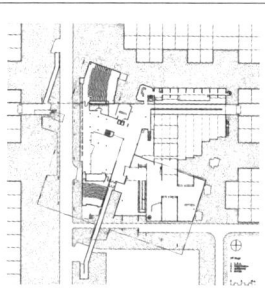

Marc Collomb esercizio su Diamond square, EPFL.
Diamond square exercice, EPFL.
Marc Collomb Scuola di architettura sul campus di Losanna-Ecublens, progetto di Diploma, EPFL.
School of Architecture on the campus of Lausanne-Ecublens, Diploma project, EPFL.

E, sempre in nome di questa restituzione spaziale ed iconica del percorso formativo, anche la dimensione degli spazi cambiava secondo la sequenza degli anni, rimpicciolendosi in parallelo alla contrazione progressiva del numero degli studenti. Credo che il mio progetto di Diploma dimostri come i riferimenti culturali, tanto presenti e talvolta persino invadenti al piano terra delle nostre prime prove progettuali, debbano affinarsi e diventare più maturi e autonomi ai piani alti della nostra infinita formazione.

Nel 2010, com'è noto, è stato inaugurato il Learning Center dell'EPFL. Progettato dallo studio giapponese SANAA, il centro culturale e bibliotecario ha molto successo, tanto da accogliere in alcune occasioni importanti eventi pubblici. L'edificio dovrebbe rappresentare il vero e proprio ingresso all'area del Politecnico, ma qualcosa non funziona a dovere: si direbbe anzi che costruisca una sorta di periferia del complesso universitario.

Il Learning Center mi fa spesso ripensare al progetto di Diploma che feci trent'anni prima, con cui intendevo fare della nuova sede del Dipartimento di architettura il degno portale d'ingresso al campus dell'EPFL. Rivedendo quel mio lontano esercizio studentesco vi scorgo naturalmente taluni aspetti acerbi, ma mi fa piacere trovarci già una così dichiarata volontà iconica.

of years: first year on the ground floor, second on the floor above, the third above that, and the fourth year (in those days the final year of the curriculum) right on top. And, again for the sake of this spatial and iconic visualization of the training, the dimensions of the space changed together with the sequence of years, shrinking to parallel the gradual decline in the number of students.
I think my Diploma project shows how the cultural references, so present and sometimes intrusive on the ground floor of our first attempts at project designs, have to be refined and become more mature and self-directed on the upper floors of our never-ending training.

In 2010, as is well-known, the EPFL inaugurated its Learning Centre. Designed by the Japanese SANAA office, the cultural centre and library are very successful, so much so that they are used on occasion to host major public events.
The building is meant to be the true entrance to the Polytechnic campus, yet something about is doesn't function properly: you get the impression, in fact, that it builds a kind of periphery onto the university complex. The Learning Centre often makes me rethink the Diploma project I did thirty years ago, with which I intended to make the new headquarters of the Department of Architecture the worthy entrance portal to the EPFL campus. Reviewing my distant undergraduate exercise, I naturally see some aspects of it that are immature, but I'm glad to find it also expressed such an explicit iconic urge.[rs]

Grafton Architects

Come
e
perché
immaginiamo?

•

How
and
why
do
we
imagine?

L'Uomo-leone: dar valore all'immaginazione
The Lion man: valuing imagination

Ice Age Art: arrival of the modern mind, Jill Cook.

L'immaginazione è alla base delle nostre competenze di architetti. Noi traduciamo i sogni delle persone in una nuova realtà. Ma come e perché immaginiamo?
Nel 2013 il British Museum di Londra tenne una bellissima mostra: *Ice Age Art: arrival of the modern mind* (L'arte dell'era glaciale. La comparsa della mente moderna). Le sculture e i disegni creati da artisti nel corso dell'ultima era glaciale, tra 40'000 e 10'000 anni fa, ci hanno avvicinato alla loro mente e alla loro capacità di comunicare idee sofisticate in modo simbolico attraverso l'arte. Nei primi uomini, la capacità di esprimere pensieri simbolici, elaborare astrazioni, caricature e metafore si è accresciuta con lo sviluppo della corteccia prefrontale. L'investimento che essi fecero sull'arte ci dà la misura del suo valore sociale, allora come oggi.
L'Uomo-leone della grotta di Stadel, nel sud-ovest della Germania, è alto 30 cm. È stato ricavato dalla zanna di un giovane mammut da qualcuno che aveva conoscenza ed esperienza nella lavorazione di questo difficile materiale, un composto solido di cristalli di calcio minerale tenuti insieme da collagene organico. Le zanne di mammut si sviluppano intorno a un centro vuoto, denominato polpa cava. La forma di questo essere metà-uomo e metà-leone fu concepita per utilizzare al meglio le caratteristiche di quel tipo di avorio. Nell'Uomo-leone troviamo l'immaginato, la forma pre-concepita, la materia pienamente compresa e l'abilità necessaria ad eseguire il lavoro. Si calcola che per crearlo siano state necessarie quattrocento ore di lavoro. Qualcuno simile a noi ha dunque immaginato e creato quest'opera d'arte di grande importanza simbolica, venendo mantenuto dalla comunità durante le quattrocento ore di lavoro necessarie a realizzarlo.
L'architettura si sviluppa secondo un processo simile, immaginando e creando oggetti di importanza sociale. Immaginare qualcosa prima che esista è ciò che ci rende umani. Immaginare al meglio delle nostre capacità è la responsabilità culturale e sociale che abbiamo come architetti, mentre partecipiamo alla costruzione della cultura contemporanea.

La panca
The bench

Panca di pietra a Palazzo Strozzi, Firenze.
Stone bench, Palazzo Strozzi, Florence.

Lo scrittore Premio Nobel Samuel Beckett ha scritto: «Una delle cose più difficili nella vita è trovare una panca libera al sole».
Da quando abbiamo visto la panca di pietra della facciata di Palazzo Strozzi a Firenze, abbiamo continuato a discutere del suo potere "democratico". La panca esercita su di noi un forte fascino, facendoci interrogare su come la gente socializza, come reagisce in uno spazio, come si muove. In quanto architetti, noi misuriamo, registriamo e riutilizziamo spazi e dimensioni che la gente possa trovare confortevoli.
Una panca è una seduta lunga e continua che può accogliere una sola persona ma anche incoraggiare gruppi di persone a condividerla, semplicemente sedendosi per chiacchierare. Dopo il lungo, faticoso percorso del Cammino di Santiago, i pellegrini apprezzano la meravigliosa panca in pietra della facciata cieca del Convento di Santiago de Compostela, in Galizia.
Per la mostra *Sensing Spaces* (Spazi da percepire) allestita in due belle sale illuminate da lucernari nell'edificio Beaux-Arts della Royal Academy of Arts di Londra nel 2014, abbiamo disegnato una panca lunga 12 m. Volevamo fosse un momento privilegiato dell'esperienza dell'architettura, e che durante la visita alla mostra fosse possibile sedersi comodamente, pur senza essere consapevoli della superficie su cui ci si siede. Una sedia è pensata per l'individuo. Una panca è fatta per essere condivisa, per fare da sottofondo o scenario alla nostra socialità.

Le Corbusier: Ronchamp

Schizzi personali della Cappella di Notre-Dame du Haut a Ronchamp (Francia).
Personal sketches at Chapel of Notre-Dame du Haut, Ronchamp (France).

Il potere della memoria... Io (Shelley) ricordo una gita di studio di molti anni fa con alcuni studenti dell'University College di Dublino, destinazione Ronchamp. Era di prima mattina e c'era una fitta nebbia. Dalla foschia emerse lentamente la silhouette di una prua appuntita, come di una barca in mezzo al mare. Dato che era molto presto, dovemmo attendere che la chiesa aprisse. Arrivò un vecchio sagrestano con una chiave enorme nella borsa. Appena aperta la grande porta smaltata, la nebbia si riversò all'interno della chiesa, arrampicandosi sulle pareti inclinate in cemento, offuscando i limiti tra interno ed esterno, fondendo la nuvola e il suolo... La chiave, il turbinio della nebbia sul pavimento inclinato, l'intelligenza dello spazio e della materialità corbusiane, l'invenzione, il coraggio: tutto questo costituisce il fascino di Ronchamp. Qui troviamo una perfetta convergenza di fattori: un sito storico sacro, i committenti che scelsero Le Corbusier come architetto per interpretare al meglio quel luogo unico, e il talento e l'immaginazione di Le Corbusier, hanno fatto di questa piccola chiesa in cima a una collina un'opera di meraviglia atmosferica.

Come e perché immaginiamo?
How and why do we imagine?

Imagination is the basis of our skill as architects. We translate people's dreams into a new reality. But how and why do we imagine?
In 2013, the British Museum in London, held a wonderful exhibition: *Ice Age Art: arrival of the modern mind*. The drawings and sculpture created by artists during the last ice age, between 40'000 and 10'000 years ago, gave us a fascinating insight into their minds and their capacity to communicate sophisticated ideas, symbolically through art. As our pre-frontal brain developed, so did the ability of early humans, to symbolise thoughts, to develop abstraction, caricature and metaphor. Investment in art was a measure of its social value, as it still is today.
The Lion man from Stadel cave in south-west Germany is 300 mm tall. It is made from the tusk of a young mammoth, by someone with knowledge and experience of working this difficult material, which is a hard compound of mineral calcium crystals, held together by organic collagen. Mammoth tusks grow around a hollow, known as the "pulp cavity". The imagined form of this half-man, half-lion was conceived to make the best use of the characteristics of this ivory. In the Lion man we have the imagined, the form pre-conceived, the material fully understood and the craftsmanship to carry out this task. It took 400 hours to make it. Someone like you and me imagined and manufactured this artwork of great symbolic importance and was supported by their community during the 400 hours of work needed to make it.
Architecture continues this same process of imagining and making something of civic importance. Imagining something before it exists is what makes us human. Imagining to the best of our abilities is our social and cultural responsibility as architects, as we participate in the creation of contemporary culture.

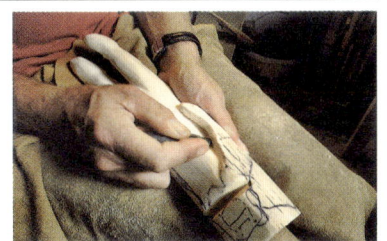

The writer and Nobel Prize laureate Samuel Beckett wrote: «One of the hardest things in life is to find a free bench in the sun».
Ever since seeing the stone bench on the facade of the fifteenth century palace of Filippo Strozzi in Florence, we have discussed the democratic power of the bench. This comes from our fascination with how people socialize, how people react in a space, how they move about. As architects, we measure, record and re-use dimensions which people find comfortable. A bench is a continuous, long seat, which can accommodate a single person, or encourage groups of people to share it and simply sit and chat. After the long, tiring walk along the Camino di Santiago, pilgrims appreciate the wonderful, stone bench along the blank facade of the convent in Santiago de Compostela, in Galicia.
Participating in the *Sensing Spaces* exhibition in two beautiful, roof-lit rooms in the Beaux Arts Building of the Royal Academy of Arts in London in 2014, we designed a 12-metre long bench to form part of the experience of architecture, so that people could spend time comfortably, unaware of the surface beneath them.
A chair is for the individual. A bench is for sharing, a bench is a backdrop to humanity.

The power of memory... I (Shelley) remember being on a study trip many years ago with students from University College Dublin, on our way to Ronchamp. It was early morning and very foggy. Out of the mist, the outline of the pointed prow, like a ship at sea, became slowly visible. As it was so early, we had to wait for the church to be opened. An elderly caretaker arrived with a large key in his satchel; as he opened the enormous enamelled door, the fog poured into the interior of the church, rolling up the sloped concrete floor, blurring the boundaries of inside and outside, merging cloud with ground. The key, the swirling fog on the sloping floor, the intelligence of Corbusian space and materiality, invention, courage make the beauty of Ronchamp. Here there is a perfect combination of factors: a historic, sacred site, people who chose Le Corbusier as the architect to best interpret this unique place, and Corbusier's own skill and imagination make this tiny church built on a hilltop wonderfully atmospheric.

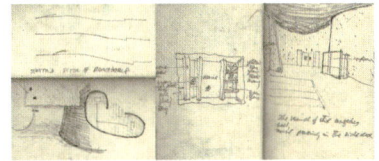

Juhani Pallasmaa

La mano che pensa. Saggezza esistenziale e incarnata nell'Architettura. The Thinking Hand, Existential and Embodied Wisdom in Architecture.

Questo libro profondo e stimolante ci sfida a prendere consapevolezza delle nostre esperienze, incoraggiando ognuno di noi a sviluppare un senso di empatia e partecipazione e a comprendere l'impatto dell'individualismo contemporaneo. Per Juhani Pallasmaa la bellezza non è una qualità estetica a sé: l'esperienza della bellezza nasce dalla comprensione delle inconfutabili causalità e interdipendenze della vita. Egli mette in rilievo che i nostri sensi e i nostri corpi sono oggetto di incessante manipolazione e sfruttamento commerciale, e anche che i nostri sensi sono sottovalutati. Ci ricorda che, in termini sia intellettuali sia filosofici, va superato il dualismo di corpo e mente, e che, in quanto umani, noi siamo esseri biologici e culturali.

Il libro ci rivela che il confine tra il sé e il mondo è definito dai nostri sensi. Citando l'antropologo Ashley Montagu, leggiamo che «la pelle è il più antico e più sensibile dei nostri organi, il nostro primo mezzo di comunicazione, la nostra protezione più efficace», e che per costruire la nostra identità e collocazione utilizziamo la memoria insita nei nostri corpi. Secondo Pallasmaa, «la dimensione inconscia del tatto nella visione è disastrosamente trascurata nell'architettura e nel design odierni, basati su contorni netti e il primato della visione».

Egli fa poi riferimento al primo libro di Vitruvio, in cui si sottolinea l'importanza di affiancare l'abilità manuale a un fondamento teorico: «Perciò gli architetti senza cultura che mirano all'abilità manuale non riescono a ottenere un riconoscimento pari ai loro sforzi, mentre coloro che ripongono la propria fiducia nella teoria e nella letteratura seguono evidentemente un'ombra e non la realtà. Ma chi è padrone di entrambe, come uomini (e donne) armati di corazza, riesce in breve tempo a esercitare la propria influenza e a raggiungere i propri scopi» (F. Granger, *Vitruvius on Architecture*, London-Cambridge, MA 1955).

The Soane Museum, London

La sala della colazione, Sir John Soane Museum, Londra. The Breakfast Room, Sir John Soane Museum, London.

David Watkin, nella sua monografia su John Soane, scrive: «John Soane ci mette di fronte al paradosso di uno zelante sostenitore della tradizione classica in architettura che fu allo stesso tempo un artista romantico e seguì un percorso solitario, coltivando uno stile idiosincratico molto distante da quello praticato dai suoi contemporanei ... Nessun architetto inglese ... aveva elaborato uno stile più personale e inventivo ... L'opera di Soane deriva gran parte della sua seduzione visiva e intellettuale da questa fertile tensione tra la teoria pubblica e la pratica privata».

Quando siamo a Londra, sfruttiamo ogni opportunità per visitare il Soane Museum e ogni volta scopriamo qualcosa di nuovo. Sembra che John Soane abbia introdotto in una casa del XVIII secolo una luce che appartiene al XXI secolo.

Soane lavora con la luce – dono della natura meraviglioso, gratuito, prezioso – e con i ritmi della giornata. Ci rende consapevoli dell'intimità e delle proporzioni degli spazi, della loro relazione con la città, inventando e creando allo stesso tempo un proprio mondo, inscritto in un'orbita personale. Crea sezioni complesse, pareti come quinte mobili e ante pieghevoli che rivelano tesori nascosti. Ci delizia. Con sezioni sovrapposte, tagli profondi nel tessuto urbano, le curve morbide dei delicati soffitti illuminati all'ora di colazione da una luce del color delle primule, ci delizia. La luce zenitale di Londra è attirata in profondità verso piani curvi. Ogni spazio è estremamente personale, e tuttavia universale. Qui si vede un architetto all'opera, un architetto che si sente emotivamente a casa propria.

Eileen Gray

Il tavolino E1027. Table E1027.

Negli anni Quaranta l'architetto Eileen Gray scrive: «La povertà dell'architettura moderna deriva dall'atrofia della sensualità. Tutto è dominato dalla ragione, allo scopo di creare stupore senza una ricerca adeguata. L'arte dell'ingegnere è insufficiente, se non è guidata dalle primarie necessità umane. Ragione senza istinto. Dobbiamo diffidare degli elementi pittorici, se non sono integrati dall'istinto».

Per Eileen Gray, le nuove costruzioni sono un tipo di "pelle costruita" – un contenitore più grande – tesa per collocare una finestra nel punto ideale, un'anta per modificare la luce e controllare l'intensità del sole, un semplice disco per controllare un lucernario e permetterci di vedere la luna. Gray ha la capacità di *essere* nei suoi spazi e di muoversi fuori da se stessa in modo non egocentrico ma universale, umano, sino a creare con abilità una nuova realtà. Le sue invenzioni coniugano ingegneria e istinto, capacità di valutazione, mestiere, utilità e bellezza.

Il tavolino E 1027 è l'esempio paradigmatico del suo lavoro. Due cerchi, separati: uno intero, uno aperto; uno con una superficie di vetro, uno vuoto; una catena, un elemento a punta in metallo – un semplice meccanismo che ci permette di adattarlo alle nostre particolari esigenze – e una maniglia. Quanti tavoli conoscete con una maniglia incorporata? La maniglia ha un diametro di 2,2 cm ed è lunga 10,5 cm. Il

Come e perché immaginiamo?
How and why do we imagine?

This deep, thought-provoking book challenges us to be aware of our experiences, encouraging each one of us to develop a sense of empathy and compassion, to understand the impact of the contemporary individualised world. Pallasmaa says that beauty is not a detached aesthetic quality: the experience of beauty arises from grasping the unquestionable causalities and interdependences of life. He stresses that our senses and bodies are objects of ceaseless commercial manipulation and exploitation; that our senses are undervalued. He reminds us that we have intellectually and philosophically rejected the duality of body and mind; that we forget that, as humans, we are biological and cultural beings.

Throughout his book, we are made aware that the boundary line between the self and the world is identified by our senses. Quoting the anthropologist Ashley Montagu: «Skin is the oldest and most sensitive of our organs, our first medium of communication, our most efficient protector», he reminds us that we construct our identity and location through memory in our bodies: «The unconscious dimension of touch in vision is disastrously neglected in to-days' visually biased hard-edged architecture and design».

He refers to Vitruvius' first book, which emphasises the importance of setting manual skill alongside a theoretical foundation: «So architects who without culture aim at manual skill cannot gain a prestige corresponding to their labours, while those who trust theory and literature obviously follow a shadow and not reality. But those who have mastered both, like men (and women) in full armour, soon acquire influence and attain their purpose» (F. Granger, *Vitruvius on Architecture*, London-Cambridge, MA 1955).

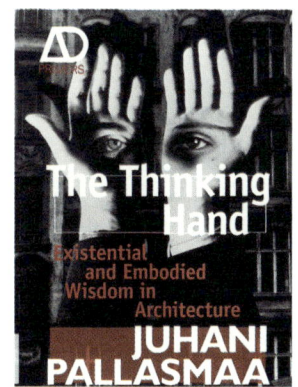

In his monograph on John Soane, David Watin writes: «John Soane confronts us with the paradox of a dedicated upholder of the classical tradition in architecture who was at the same time a romantic artistic following a lonely path in idiosyncratic style far removed from that practised by his contemporaries ... No English architect ... had achieved a more personal and imaginative style ... Soane's work derives much of its visual and intellectual piquancy from this fruitful tension between public doctrine and private practice».

We use any opportunity when in London to spend time in the Soane Museum. Each time it reveals something new. We feel that Sir John Soane carved twenty-first century light into his eighteenth century home.

He deals with light – that wonderful, free, valuable gift of nature – and the rhythms of the day. He makes you aware of intimacy and scale, of the relationship with the city, while also creating and inventing his own world, within its own orbit. He makes complex sections, the moving layers of walls, folding shutters, which reveal hidden treasures; he delights. With his overlooking sections, his deep cuts into the urban grain, the gentle curves of delicate ceilings with primrose coloured light at breakfast time, he delights. The zenithal light of London is lured deep down towards the carved ground. Each space is highly personal, yet universal. Here is an architect at work, an architect who is at home emotionally.

In the 1940s the architect Eileen Gray writes: «The poverty of modern architecture stems from the atrophy of sensuality. Everything is dominated by reason, in order to create amazement without proper research. The art of the engineer is not enough, if it is not guided by the primitive needs of men. Reason without instinct. We must mistrust pictorial elements, if they are not assimilated by instinct».

For Eileen Gray, new enclosures are a type of new "built skin" – a bigger container – stretched to put a window in a perfect place, a shutter to modify light and control the intensity of the sun, a simple disc to control a roof light to see the moon. She has an ability to *be* in her spaces, to move outwards from herself, not in a self-centered, but in a universal, human, highly skilled way, she creates a new reality.

Her inventions involved engineering and instinct, judgement, craft, use and beauty. Her E 1027 table epitomises her work. Two circles, held apart: one complete, one open; one filled with glass, one empty; a chain, a point of metal – a simple device that allows you to adapt it to your own particular requirements – and a handle. How many tables do you know that have a built-in handle? The handle is 22 mm in diameter and 105 mm long. The table is 510 mm in diameter with a 22 mm diameter metal tubular element. The glass surface means that hot things resting on it do not cause dam-

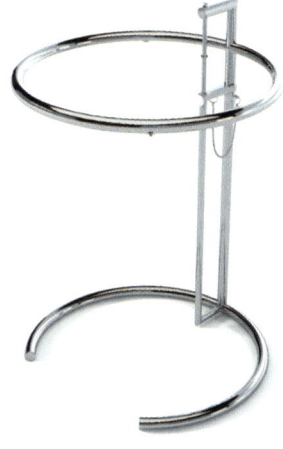

tavolo ha un diametro di 51 cm e il diametro dell'elemento tubolare in metallo è di 2,2 cm. La superficie in vetro non viene danneggiata dagli oggetti caldi che vi vengono appoggiati. Il diametro della base tubolare è di 2,8 cm e la distanza tra le estremità del semi-cerchio è di 31,5 cm. L'altezza del tavolo è regolabile in otto posizioni diverse, a 45 mm di distanza l'una dall'altra. Modificando la barretta di metallo sulla catena, il tavolo può essere fissato nella posizione più bassa, a 54 cm da terra, o in quella più alta, a 86 cm, altezza confortevole per quando si sta in piedi. Grazie alla forma circolare, non ci sono spigoli da urtare.

Senso pratico e un gusto personale inimitabile: questa è Eileen Gray! La trasparenza del vetro mette in risalto e ci permette di apprezzare il metallo. È una creazione piena di umanità e realizzata con grande abilità. Un'opera d'arte di uso quotidiano. Nella biografia che le ha dedicato, Peter Adam annota: «La curvatura e piegatura degli elementi creò un balletto meccanico che divenne la cifra del suo design».

Quello che l'architetto Eileen Gray non sapeva o non voleva dire, trova espressione nel suo lavoro. Nel suo quaderno di appunti ha scritto: «Come la musica, un lavoro acquista valore solo attraverso l'amore che manifesta ... Un bel lavoro è più sincero dell'artista».

Gli schizzi di Utzon: alla ricerca del DNA del singolo progetto
Utzon's sketches. Finding each project's DNA

Jørn Utzon schizzo di una terrazza maya nello Yucatán (Messico). Sketch of Mayan Platform, Yucatán (Mexico).

Juhani Pallasmaa dice che «la linea tracciata dalla mano è un segno nello spazio ... la ricchezza espressiva e la vita emotiva di una linea disegnata a mano ... Al confronto, l'essenza della linea tracciata a computer è la fattualità senza emozione dello spazio matematizzato ...»

Per noi, lo schizzo è l'inizio di una profonda ricerca. Da una parte è uno strumento molto personale per registrare e osservare la realtà, dall'altra rappresenta l'indagine per affrontare in modo appropriato il compito che ci aspetta: misura, scala, opportunità, creatività, significato.

Amiamo gli schizzi di Utzon delle grandi piattaforme Maya dello Yucatan, in Messico. Sono come "cibo" per l'inconscio, che egli poi riutilizzò nell'Opera House di Sidney. Utzon ha tenuto a mente quegli schizzi, li ha conservati fino alla loro "chiamata alle armi", fino a quando è scattato il loro richiamo, fino a quando è parso utile riesumare quell'esperienza, quei luoghi, una memoria, un pensiero... In questo modo, gli schizzi hanno potuto essere tradotti, abitati, tras*formati*, re-immaginati, adattati a un nuovo uso, con un nuovo significato.

Le opere di architettura sono solitamente commissionate, nascono da un bisogno. Ma rispondono anche ad altre esigenze, che sono legate a desideri, ambizioni, diversi significati. Come la doppia elica del DNA, che rappresenta in modo straordinariamente chiaro la meravigliosa complessità della vita, lavorando con un set di istruzioni, nel nostro ruolo di architetti cominciamo a comprendere la scala propria di ogni progetto, la particolare rete di relazioni che vi si istituiscono, e così iniziamo il processo – la lotta – per scoprire il DNA di quel singolo progetto. Con gli schizzi, nostri geroglifici, iniziamo a testare le possibilità progettuali.

Gerrit Rietveld

La sedia rossa e blu.
Red and Blue Chair.

Oltre il tempo. Chiedete a chiunque (non a un architetto) che non abbia mai visto la sedia rossa e blu di Rietveld in che epoca pensa sia stata disegnata. Vi sentirete rispondere: «Abbastanza di recente». Quegli stessi interlocutori rimarranno dunque sciocchati nello scoprire che è datata 1918. Questa meravigliosa seduta si basa sulla trasformazione di pochi semplici elementi standard di legno.
È confortevole.
I colori primari trasmettono gioia.
È intellettualmente astratta.
È oltre ogni moda.
Oltre il tempo.

Entrare nel passato
Entering the past

Il Pantheon, Roma.
The Pantheon, Rome.

Le *Memorie di Adriano* di Marguerite Yourcenar fanno percepire la storia come una presenza intima cui è possibile accedere e sentirsene vicini, tanto che la distanza temporale può svanire. La passione di Adriano per l'astronomia e il suo senso di meraviglia infantile nei confronti del mondo lo hanno portato a costruire quel fenomeno senza tempo che è il Pantheon. Yourcenar immagina Adriano che immagina: «Il mio intento era che questo santuario di tutti gli dèi riproducesse le sembianze del globo terrestre e della sfera celeste, quel globo in cui sono racchiusi i semi del fuoco eterno, e la sfera vuota che tutto contiene. ... Il disco della luce del giorno vi starebbe sospeso come uno scudo d'oro; la pioggia formerebbe una pozza trasparente sul suolo sottostante; preghiere salirebbero come fumo verso il vuoto in cui poniamo gli dèi».

Come e perché immaginiamo?
How and why do we imagine?

age. The 28 mm diameter tubular base has a 315 mm gap. There are eight choices of heights at 45 mm apart. By adjusting the tiny metal bar on a chain, the table can be as low as 540 mm and as high as 860 mm, which is a comfortable height to use while standing. Its circular form means that it has no corners to bump into.
Common sense with a unique personal taste: this is Eileen Gray! The transparency of the glass adds to the appreciation and awareness of the metal. It is a humane creation, beautifully crafted: a work of art for everyday use.
Peter Adam in his biography notes: «The bending and folding of elements created a mechanical ballet that became the hallmark of her design».
What the architect, Eileen Gray could not, or would not say is expressed in her work. She wrote in her notebooks: «Like music, a work acquires its value only through the love it manifests ... A beautiful work speaks more truth than the artist».

Juhani Pallasmaa says: «the line traced by the hand is a spatial one ... the expressive richness and emotive life of the hand-drawn line ... Compared with the essence of the computer line is the emotionless factuality of mathematicised space...»
For us, the sketch is the beginning of deep research. On the one hand, it is the highly personal tool to record and observe reality, on the other it is the search for appropriate understanding of a given task – scale, opportunity, creativity, meaning.
We love Utzon's sketches of the Mayan platforms in the Yucatan, Mexico and see them as "food" to feed the subconscious: re-used in his Sydney Opera House base, kept in the mind, in storage, until there is a "call to arms", until something is triggered, until it seems useful and appropriate to un-pack, to resurrect an experience, a place, a memory, a thought, so that it can be translated, inhabited, transformed, re-imagined, put to a new use, given a new meaning.
Architecture is usually commissioned. It is born of need. It has other requirements, too, that are related to wishes, ambition and meaning. Like the double helix of DNA, which is the wonderfully clear model of the beautiful complexity of life, working with the brief, as architects we begin to understand each project's own scale, its own set of unique relationships and we begin the process – the struggle – of finding each project's DNA. With sketches, these hieroglyphs, we begin to test the possibilities.

Beyond time. Ask anyone (not an architect) who has not seen the Red and Blue Chair by Gerrit Rietveld before when they think this chair was designed, and they will answer: «Fairly recently?». They are shocked to learn that the chair is dated 1918.
This wonderful chair transforms simple standard timber elements.
It is comfortable.
It is primary colours delight.
It is intellectually abstract.
It is beyond fashion.
It is beyond time.

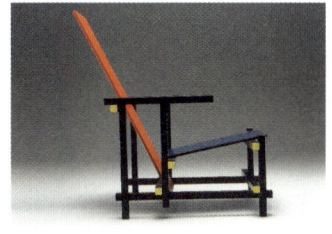

Reading Marguerite Yourcenar's imagined *Memoirs of Hadrian* made us feel that history could be an intimate presence, that we could enter into it and feel close to it, that time distance can disappear. Hadrian's passion for astronomy, his sense of wonder at the world, like that of a child, led him to the making of that timeless phenomenon which is the Pantheon. She imagines him imagining: «My intention had been that this sanctuary of all gods should reproduce the likeness of the terrestrial globe and of the stellar sphere, that globe wherein are enclosed the seeds of eternal fire, and that hollow sphere containing all. ...The disc of daylight would rest suspended there like a shield of gold; rain would form its clear pool on the pavement below; prayers would rise like smoke toward that void where we place the gods».

Spazio e suono **Space and sound**	Auguste Perret Salle Cortot, Paris.	Nel capitolo *Hearing Architecture* (Ascoltare l'architettura) del saggio *Experiencing Architecture* (Esperire l'architettura), Steen Rasmussen descrive i muri delle vecchie chiese come potenti strumenti su cui gli antichi imparavano a suonare. Daniel Barenboim dice che la natura della musica è inesplicabile se non attraverso il suono, e a nostro parere la natura dell'architettura è inesplicabile se non attraverso lo spazio. Auguste Perret disse al committente della Salle Cortot: «Costruirò per voi una sala che suonerà come un violino». Perret voleva «rendere al suono la sua libertà». Utilizzò un cuscino d'aria tra il rivestimento interno ed esterno dello spazio scenico. Ci piace questa commistione di istinto poetico e scientifico. Sean O'Riada è stato in Irlanda il James Joyce del linguaggio musicale. Con suprema maestria è riuscito a combinare la forma musicale classica e medio-orientale con quella vernacolare. Ha riesumato antichi accordi sino a toccare una memoria musicale inconscia, che riconosciamo istintivamente. La sua musica ha risvegliato in noi, allora giovani architetti, l'idea che l'architettura potesse toccare quella stessa inconscia memoria culturale.
Frammenti **Fragments**	Siracusa, la Cattedrale. Syracuse (Sicily) Cathedral.	Osserviamo come i grandi fotografi catturano un momento isolato nel tempo. La memoria non è lineare, né ordinata. È una cacofonia di sensazioni. Quando iniziamo un nuovo lavoro, ci rendiamo conto che immaginare il futuro è simile a ricordare il passato. Pensiamo in frammenti di esperienza, umori, sensazioni tattili, e cerchiamo di trovare un "costrutto" che ordini e dia forma a questi frammenti. Si tratta di un processo fluido, come la creazione di un collage, che deve essere distillato e revisionato fino a quando non trova una forma compiuta. L'incompletezza del frammento lascia spazio all'immaginazione allo stesso modo in cui le rovine incarnano e ci permettono di immaginare il passato. Nel nostro progetto per la Biennale di Venezia 2012 abbiamo lavorato partendo dal frammento per arrivare all'intero, dalla "rovina" alla realizzazione.
Sentire la luce **Feeling the light**	Nebbia sulla scogliera, Lima (Perù). Fog over the coastal cliffs, Lima (Peru).	A Lima la forte rifrazione della luce nella fitta nebbia ci ferisce gli occhi. La luce diventa liquida. A Milano la nebbia è più delicata e avvolge la città di mistero.
Gravità **Gravity**	Cattedrale di Sainte-Cécile, Albi (Francia). Sainte-Cécile Cathedral, Albi (France).	I versi del poema *Uccelli* di Saint-John Perse tradotti in inglese dal poeta irlandese Derek Mahon ci ricordano che, come architetti, lavoriamo con la forza di gravità, col tempo, con la luce. «Egli tende la fune dell'aquilone della forza di gravità fino al punto di rottura con la forza dell'anima; il peso della gravità, fardello che a noi stringe il collo, gli uccelli portano con eleganza sulla fronte ... l'uccello sale invisibili pendii da una zona all'altra del tempo inconcluso». Ci interessa questo antico senso del movimento all'interno delle forze di gravità.

Come e perché immaginiamo?
How and why do we imagine?

In his essay *Hearing Architecture*, Rasmussen describes the walls of old churches as powerful instruments, which the ancients learned to play upon. Daniel Barenboim says that the nature of music is inexplicable except through sound, and we feel that the nature of architecture is inexplicable except through space. August Perret told his client for Salle Cortot: «I will make you a room which will sing like a violin». He wanted «to give the sound its liberty». He used a cushion of air between the inner and outer lining of the performance space. We love this combination of the poetic and the scientific instinct. Sean O'Riada was the James Joyce of musical language in Ireland. With supreme skill, he playfully combined classical and middle-eastern musical forms with the vernacular. He retrieved ancient chords and touched an unconscious musical memory, recognized instinctively by us. As young architects, his music awoke in us the idea that architecture could touch that same unconscious cultural memory.

We look at how the great photographers trap an isolated moment in time. Memory is not linear or ordered. It is a cacophony of sensations. When we start to make new work, we realize that imaging the future is similar to remembering the past. We think in fragments of experience, mood, touch, and we try to find a 'construct', which brings order and gives form to these fragments. It is a fluid process, like making a collage, which has to be distilled and edited until it 'settles' into shape.
The unfinished quality of the fragment leaves room for the imagination in the way that ruins embody and allow us to imagine the past. In our project for the 2012 Venice Biennale we were working from the fragment to the whole, from 'ruin' to realisation.

In Lima the refraction of the strong light in the dense fog hurts the eyes. Light becomes liquid. In Milan the fog is gentler and cloaks the city in mystery.

These lines from the poem *Birds* by Saint-John Perse, as translated by Irish poet Derek Mahon, remind us that, as architects, we deal with gravity, with time, with light: «The kite-string of gravitation he stretches to breaking point by force of soul; gravity's weight, a burden round our necks, birds wear with panache on their brows ... the bird climbs invisible slopes from zone to zone of unfinished time».
We are interested in that ancient sense of moving within the forces of gravity.

Fertilizzazione incrociata
Cross-fertilisation

Michael Kane, *Life Story*, 2009-2010 (EV+A, Limerick, Ireland, 2010).
© Gandon Editions and the artist, 2011. All rights reserved.

Sono incantevoli le parole di Zbigniew Herbert sull'opera di Piero della Francesca: «un'altra geometria ha assorbito la passione».
Siamo acutamente consapevoli della necessità di «vedere con innocenza» (Luis Barragán). I *mobiles* di Calder e i dipinti di Mirò riconoscono lo spazio come una costellazione di forme libere; Chillida imprigiona la luce all'interno della forma. Queste opere, e molte altre, informano il nostro approccio alla costruzione dello spazio.
L'annuale biglietto natalizio di Grafton Architects, opera dal pittore Michael Kane, rappresenta il nostro continuo arricchimento tramite artisti che hanno la capacità di catturare la "sensazione" dei luoghi e delle esperienze.

A più mani
Many hands

Grafton Architects, Dublin.

Praticare l'architettura è come far parte di un'orchestra: da un complesso insieme di individui, strumenti, talenti deve scaturire un suono unitario. Un articolo scritto da un membro dell'Orchestra Filarmonica di Vienna ricorda l'effetto che Toscanini ebbe sui musicisti: «Toscanini fece sentire i musicisti "superiori a se stessi"; i brani musicali che conoscevano a memoria venivano ricreati per loro sotto la guida di Toscanini. Tutti erano trasportati a un livello più alto… e lui aveva una straordinaria abilità nell'orchestrare in parallelo quello che accadeva in quel momento e quello che sarebbe accaduto un momento dopo, cosicché i musicisti si sentivano guidati attraverso la complessità della musica. I musicisti raggiunsero livelli superiori alle loro normali capacità, non perché volessero farlo, ma perché erano in uno stato di elevazione spirituale… in un continuo superamento delle proprie capacità».[ma]

Come e perché immaginiamo?
How and why do we imagine?

Zbigniew Herbert's words on the work of Piero della Francesca, «one more geometry has absorbed passion» we find enchanting.
We are acutely aware of the need to see with innocence (Luis Barragán). Calder's mobiles, Miro's paintings, recognize space as a constellation of free forms, Chillida traps light within the form. These works, and many others, inform our approach to space making.
Grafton Architects annual Christmas card by painter Michael Kane represents our continuing enrichment by artists in their ability to capture the "sensation" of place and of experience.

The practice of architecture is akin to being a member of an orchestra. A unified sound needs to be created by a complex mix of individuals, instruments, talents. A piece written by a member of the Vienna Philharmonic orchestra remembers the effect that Toscanini had on the musicians: «Toscanini made the musicians "superior to themselves", pieces of music they knew in their sleep were newly created for them under Toscanini. Everybody was transported to some higher sphere… and he had an extraordinary ability in the parallel conducting of what was going on now, and what was coming the next moment, so that the musicians felt guided through the complexity of the music. The musicians achieved beyond their usual capacity – not because they wanted to, but because they were elevated spiritually… always surpassing themselves».

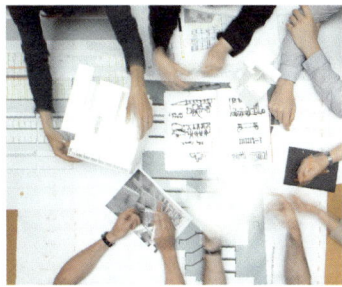

Diébédo Francis Kéré

Una
dichiarazione
di
poetica

•

Statement
of
poetics

In Africa i concetti di costruzione e di spazio sono molto diversi da quelli in uso nella maggior parte delle altre aree del mondo moderno, e questo in special modo in regioni remote come quella da cui io provengo. Qui, a causa della scarsità delle risorse, la comunità deve realmente lavorare insieme per sopravvivere. Per tale motivo gli abitanti dell'insediamento vengono molto coinvolti nelle attività del vicinato. Ogni qualvolta bisogna prendere una decisione importante o costruire una nuova abitazione, l'intera comunità del villaggio si riunisce e collabora.
Lo spazio diventa così qualcosa da condividere e la costruzione architettonica torna ad essere una funzione di base della vita.
Riferimenti di particolare importanza per me sono gli edifici che più si radicano nello spirito della comunità, come le strutture delle antiche moschee dell'Africa Occidentale. Ne è un esempio significativo la Grande Moschea di Djenné, in Mali. L'edificio originale risale al XIII secolo, pur essendo completamente costruito in materiali deperibili. La ragione della sua sopravvivenza sta nel fatto che ogni anno, alla fine della stagione delle piogge, la popolazione locale interviene per ripararlo e restaurarlo.
Radunati come per una grande celebrazione, tutti lavorano insieme e ognuno svolge uno specifico lavoro: i bambini saltano e giocano nell'argilla per produrre l'impasto; le donne portano l'acqua e gli anziani siedono nella piazza sorvegliando il lavoro degli uomini. Il rituale deve ripetersi ogni anno, e in tal modo le conoscenze passano ogni volta alle giovani generazioni. L'architettura è quindi un potente simbolo per la comunità, poiché rappresenta la tradizione, diventando parte dell'identità sociale.

I membri della comunità impegnati nel restauro della Moschea di Djenne, Mali.
Community members making repairs on the Djenne Mosque, Mali.

The notion of building and space in Africa is very different to more modern parts of the world, especially in remote regions like where I come from. Because there are so few resources, the community must really work together in order to survive. For this reason, the other people in the settlement are very much involved in the affairs of their neighbours and family. Every time an important decision needs to be made or if a new house needs to be built the whole village community comes together to make it happen. Space is something that is shared and construction is just a normal function of life. Significant references for me are the buildings that are deeply embedded in the community, such as the old mosque structures in West Africa. An example of this is the Great Mosque of Djenné in Mali. The original building dates from the 13th century, but it is made of completely temporary materials. The reason it has survived is because every year the locals come to repair it after the end of the rainy season. They create a great celebration where everyone comes together and each person has their specific job: the children jump and play in the clay to make the mixture, the women bring water, and the elders sit in the square to supervise the work. The ritual has to be repeated every year and each time the knowledge is passed on to the younger generations. Architecture is a powerful symbol for the community because it represents this tradition. It is a part of their identity.

Una dichiarazione di poetica
Statement of poetics

Diébédo Francis
Kéré

Vista dall'elicottero
di un villaggio
tradizionale a Gando,
Burkina Faso.
View from helicopter
of a traditional
village settlement
in Gando,
Burkina Faso.

Vista dall'elicottero
di Ouagadougou,
capitale del
Burkina Faso.
L'immagine mostra
l'intreccio di spazio
formale/informale
e spazio
pubblico/privato
alla scala urbana.
View from helicopter
of Burkina Faso
capital Ouagadougou.
This image shows
the meshing of
formal/informal,
public/private spaces
at the scale of the city.

Una dichiarazione di poetica
Statement of poetics

È questo l'ambiente in cui le mie idee sull'architettura hanno cominciato a formarsi. Non ho comunque dovuto aspettare di andare a studiare architettura in Europa per capire quanto fosse unica quella realtà. Come molte altre importanti città dell'Africa, anche Ouagadougou, capitale del Burkina Faso, venne infatti originariamente pianificata su modelli urbani europei. Sulla scia del colonialismo, i poteri del tempo volevano creare città moderne secondo lo stile che ritenevano loro congeniale. Non vi era nessuna preoccupazione per i sistemi di vita locali. Ciò non poteva che creare complicazioni, poiché si costringeva la gente proveniente dalle zone rurali ad adattarsi a tali sistemi. Il disegno urbano, basato su modelli economici e sociali esterni, spiega perché le popolazioni locali abbiano poi cercato di costruire insediamenti più adatti ai loro bisogni. L'imposizione di modelli basati su un'idea estranea di modernità ha fallito proprio in ragione della loro distanza dalla struttura sociale e dalle tradizioni del luogo.

Ciò mi ha spinto a pensare a modelli alternativi di modernizzazione in architettura. Ed è soprattutto nei lavori di Mies van der Rohe e di Louis Kahn che ho trovato fonti di ispirazione. Haus Lemke, la semplice casa a padiglione nella periferia di Berlino disegnata da Mies van der Rohe, mi ha colpito per il suo razionalismo; sono rimasto stupefatto di come la chiara semplicità di ogni elemento sia in grado di conseguire un'espressione formale tanto potente. La visita all'Indian Institute of Management ad Ahmedabad di Louis Kahn è stata un'altra rivelazione. Ne ho scoperto il progetto molti anni fa, quando fui invitato a insegnare in India, e da allora sono diventato un grande ammiratore di Kahn. Quell'edificio ha segnato per me una svolta, perché l'architettura mi è sembrata davvero contenere le aspirazioni della gente. È moderno perché guarda al futuro, offrendo una visione delle possibilità che vi sono iscritte. Studiare lavori come questi mi ha reso più fiducioso nei tentativi di trovare modi migliori di costruire in Burkina Faso.

This is the kind of environment that began to shape my ideas of architecture. It wasn't until I began to study architecture in Europe that I began to really understand how unique this reality was. For example, like many other major capital cities in Africa, Ouagadougou was originally planned based on a European model of a city. This is a residual effect of colonialism: the former powers wanted to create modern cities in order to have the same kind of lifestyle they were used to. They had no concern for the way the local population actually lived. Now you see that this has created complications because you have people coming from the countryside trying to adapt their way of life to this structure. The formal layout is based on a different economy and society, which is why the locals just create their own settlements that are better suited to their needs. This model of trying to impose a foreign idea of modernity is failing because it shows no consideration for the social structure and traditions of the local people.

This is when I started to think about alternative models of modernization in architecture. I found a lot of inspiration in the works of Mies van der Rohe and Louis Kahn. The simple pavilion house of Mies van der Rohe in Berlin, *das Haus Lemke*, was a true inspiration because of its rationalism. I was amazed at how the clear simplicity of each of the elements was able to portray such a powerful formal expression. Visiting the Indian Institute of Management in Ahmedabad was another revelation. I first discovered the project many years ago when I was invited to teach in India and ever since then I have been a great admirer of Louis Kahn. The building was truly a game-changer for me because the architecture somehow seemed to contain the aspirations of the people. It is modern because it looks to the future; it gives a vision for so much possibility. Studying works like these gave me the confidence to try to find a better way of building in Burkina Faso.

Ludwig Mies van der Rohe
Lemke House,
Berlin, Germany.
Louis Kahn
Indian Institute
of Management,
Ahmedabad, India.

Diébédo Francis Kéré

Ancora prima di finire gli studi, cominciai così a progettare una nuova scuola a Gando, il mio villaggio natale. Lo scopo era di costruire una struttura educativa in aiuto alla comunità. Ma come si possono spiegare sezioni e piante a persone che non sanno né leggere né scrivere? Bisognava partire piuttosto da quanto essi già conoscevano e dagli strumenti che essi già possedevano. Cominciai a immaginare come essere creativi usando risorse già esistenti per risparmiare sui costi. Piano piano mostrai alle maestranze nuove tecniche e mezzi costruttivi. Un poco alla volta, e con l'aiuto dell'intera comunità, fummo infine in grado di costruire la scuola! Fu un grande successo per il villaggio, venne gente da tutta la regione per vedere la nuova scuola. Al villaggio erano tutti semplicemente felici e orgogliosi di essere stati capaci di creare qualcosa di tanto nuovo, di tanto moderno. Nei villaggi vicini si diffuse un grande interesse per mandare i loro figli a scuola a Gando. Presto si raggiunse la capacità massima di accogliere studenti, e dovemmo organizzare velocemente una raccolta di fondi e risorse per costruire un'estensione dell'edificio.

Before I finished my studies, I began to draw plans for a new school in Gando, my home village. The goal was to build educational infrastructure that would help bring opportunities to the community. But how do you explain plans and sections to people that don't know how to read or write? You have to start with what they already know and the tools they already have. I began to think of ways to be creative with the resources that already exist to save money. Slowly, I began showing them new techniques and tools. Little by little, and with the help of the entire community, we were finally able to build the school! It was a major success in the village. People came from all around the surrounding areas to see the new school. Everyone was simply happy and proud that they were able to create something so new, so modern. There was immediate interest among the surrounding villagers to send their children to school in Gando, and it was soon filled to capacity with students. We had to quickly organize funds and resources to start building an extension.

Scuola secondaria a Dano, Burkina Faso. In evidenza la soluzione costruttiva del soffitto e della copertura adottata per favorire la ventilazione passiva.
Dano Secondary School, Burkina Faso. Roof and ceiling layers that promote passive ventilation can be seen.
Foto/ Photo: Erik Jan Ouwerkerk

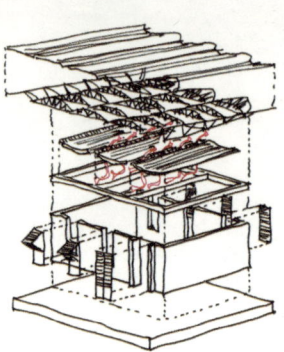

Schizzo del sistema di circolazione dell'aria attraverso la copertura e il soffitto della Scuola secondaria a Dano, Burkina Faso.
Sketch of how air is circulated through the roof and ceiling layers of the Secondary School in Dano, Burkina Faso.

Ampliamento della Scuola elementare di Gando, Burkina Faso. In evidenza la soluzione costruttiva del soffitto e della copertura adottata per favorire la ventilazione passiva.
Gando School Extension, Burkina Faso. Roof and ceiling layers that promote passive ventilation can be seen.
Foto/ Photo: Erik Jan Ouwerkerk

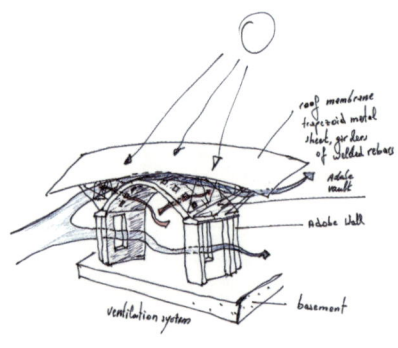

Schizzo del sistema di circolazione dell'aria attraverso la copertura e il soffitto dell' Ampliamento della Scuola elementare di Gando, Burkina Faso.
Sketch of how air is circulated through the roof and ceiling layers of the School Extension in Gando, Burkina Faso.

Una dichiarazione di poetica
Statement of poetics

Centro femminile Songtaaba, Burkina Faso. I lavoratori utilizzano un metodo tradizionale di costruzione con l'argilla per tamponare la struttura in cemento.
Songtaaba Women's Center, Burkina Faso. Workers use a traditional clay-building method to fill in a standard concrete-framed structure.

Biblioteca della Scuola di Gando, Burkina Faso. Per creare un soffitto permeabile che favorisca la ventilazione passiva i lavoratori utilizzano vasi di ceramica tradizionali, prodotti nel villaggio.
Gando School Library, Burkina Faso. Workers use traditional ceramic pots that are locally-made in the village to create a permeable ceiling that encourages passive ventilation.

Diébédo Francis
Kéré

Le donne del villaggio utilizzano una tecnica tradizionale per rifinire la pavimentazione esterna delle Residenze per gli insegnanti a Gando, Burkina Faso.
Village women using a traditional technique to finish the floor in front of the Gando Teachers' Housing, Burkina Faso.
Foto/ Photo: Erik Jan Ouwerkerk

Una dichiarazione di poetica
Statement of poetics

Spesso parlo della necessità di costruire ponti tra due mondi: il villaggio africano e l'Occidente. Intellettualmente, io sono un prodotto della formazione occidentale, ma la mia attenzione resta sempre focalizzata sul villaggio.
La mia conoscenza può aiutare il villaggio a evolvere, ad andare oltre.
Per questo considero me stesso un ponte. Lentamente, sto cercando di introdurre concetti moderni tramite l'istituzione di scuole e l'insegnamento alla gente di metodi costruttivi.
Nella conoscenza c'è infatti potere, perché consente di conseguire risultati positivi. Ovunque, nel mondo, la conoscenza può ispirare il cambiamento e migliorare la qualità di vita.

L'architettura non va ridotta al solo risultato finale: essa è anche un processo che richiede idee e motivazioni. L'idea è tanto forte quanto si è in grado di comunicarla. La conoscenza può essere vista come una specie di valuta, e anche senza linguaggio scritto le idee possono essere condivise.
Ecco perché l'architettura e il progetto possono fare la differenza, soprattutto nei paesi in via di sviluppo. Persino senza educazione o capacità linguistiche, l'architettura può essere capita. L'architettura può essere vista e toccata, può essere usata per evocare emozioni e suggerire idee.
Oggi per me costruire significa diffondere conoscenza.

La Moschea Komoguel a Mopti, Mali.
Komoguel Mosque in Mopti, Mali.

I often talk about bridging the gap between two worlds: the village in Africa and the West. Intellectually, I am a product of western schooling, but I am always focused on the village. My knowledge can help the village to evolve, to go forward. This is why I consider myself to be a bridge. Slowly, I am trying to introduce modern concepts through establishing schools and teaching people how to build. There is power in knowledge because it can create a positive effect.
It can inspire change and improve quality of life no matter where you are in the world.

Architecture is not as just a final result, it is also a process that requires ideas and motivation. The idea is only as strong as how you are able to communicate it. Knowledge can be a type of currency. Even without written language, ideas can be shared.
This is how architecture and design can make a difference especially in under-developed places. Even without education or language skills, architecture can still be understood.
It can be seen and touched. It can be used to evoke emotion and inspire ideas. To build is actually to spread knowledge.

Corte interna del Centre de Santé et de Promotion Sociale all'Opera Village, Burkina Faso.
Interior courtyard at the Centre de Santé et de Promotion Sociale at the Opera Village, Burkina Faso.

Quintus Miller

Frammenti
di
un
discorso
progettuale

•

Fragments
of
an
architectural
discourse

Quintus Miller

L'architettura come rappresentazione della vita

Questo testo è in parte inedito e in parte riprende mie osservazioni pubblicate in Atelier Miller, *Sei grandi edifici per Basilea / Sechs grosse Häuser für Basel*, catalogo dell'omonima mostra ospitata nel gennaio 2015 presso la sede di Basler Versicherungen a Basilea, Mendrisio Academy Press, 2015.

Costruire può essere considerato come una rappresentazione fisica delle strutture sociali. All'origine di questa pratica si situa il soddisfacimento di esigenze spaziali, il desiderio di strappare alla natura condizioni di vita più adeguate per l'uomo. La scelta dei mezzi interpreta e allo stesso tempo commenta il luogo, la funzione del manufatto architettonico e dei suoi abitanti. Il modo di vivere specifico di ogni comunità umana si cristallizza nel territorio sotto forma di ambiente costruito e diventa architettura. Possiamo afferrare le molteplici sfaccettature dell'attività progettuale se consideriamo questa disciplina come un procedimento mentale culturalmente stratificato. Si tratta di un processo continuo, in cui l'attività del dare forma crea le condizioni migliori possibili per l'utilizzo della forma stessa.

L'uomo adatta da sempre il paesaggio per renderlo più adeguato alle sue esigenze personali ma anche a quelle della collettività. I muri di sostegno trattengono le montagne, i moli oppongono un limite all'acqua e le siepi proteggono il giardino dal vento. Anche le relazioni sono definite attraverso il costruire, per esempio la fortificazione di un percorso istituzionalizza il legame tra due insediamenti, lo rende visibile nel paesaggio. Dal paesaggio naturale nasce il paesaggio culturale, che costituisce la base per la sopravvivenza dell'uomo.

Così come la natura viene adattata alle esigenze del vivere, anche l'insediamento, in quanto unità di piccole dimensioni, costituisce un altro aspetto fondamentale dell'espressione della cultura dell'uomo nel paesaggio. L'insediamento è la piccola unità che permette di sfruttare, traendone il massimo vantaggio, le sinergie del vivere organizzato, in quanto offre protezione e senso di comunità. La riduzione dei percorsi moltiplica l'efficienza dei ritmi quotidiani e dà modo di impiegare le capacità specifiche dei singoli a beneficio della comunità. I gradi evolutivi di questa sinergia sono il piccolo paese, la città e la metropoli. Ognuno di tali gradi è una rappresentazione nitida della vita associata e sociale. Questo fatto si manifesta nel modo più evidente nell'unità più piccola, l'alloggio, in cui l'esistenza è priva di mediazioni. La disposizione delle stanze e il loro utilizzo sono il ritratto fedele della vita delle persone che vi abitano. La posizione e la proporzione degli spazi, le loro relazioni reciproche e la loro configurazione tridimensionale sono da un lato l'effetto dell'uso, ma dall'altro anche e sempre l'espressione di una determinata condizione sociale. In questo senso l'archeologia è la scienza che, scavando attraverso i millenni, riesce a descrivere meglio i rapporti sociali e politici, anche nel caso in cui i resti del passato siano scomparsi già da tempo. Per questo ogni costruzione rappresenta una testimonianza della cultura umana, di qualsiasi forma o qualità. Questo approccio rende manifesta la responsabilità degli architetti nei confronti della natura e della società.

Frammenti di un discorso progettuale
Fragments of an architectural discourse

Architecture as representation of life

Construction can be considered as a physical representation of social structures. At the origin of this practice lies the need to meet spatial requirements, the desire to wrest from nature more adequate living conditions for mankind. The choice of means both interprets and comments on the location, the function of the architectural artefact and its inhabitants. The specific way of life of each human community finds territorial crystallization in the form of a constructed environment and becomes architecture. The manifold facets of architectural activity can be grasped by viewing the discipline as a culturally stratified mental procedure, a continuous process in which the action of imparting form also creates the best possible conditions for the use of that form.

Mankind has always adapted the landscape so as to bring it more into line with human requirements, both individual and collective. Retaining walls hold mountains from sliding down, breakwaters limit the sea and hedges protect gardens from wind. Relations are also defined, however, through construction. For example, the fortification of a pathway institutionalizes the link between two settlements and makes it visible in the landscape. Born out of the natural landscape, the cultural landscape constitutes the basis for human survival.

Just as nature is bent to the requirements of living, the settlement, as a small-sized unit, constitutes another fundamental aspect of the expression of human culture in the landscape. Offering shelter and a sense of community, the settlement is the small unit that makes it possible to fully harness the synergies of organized living. The reduction of pathways multiplies the efficiency of daily rhythms and allows specific abilities of individuals to be employed for the benefit of the community. The evolutionary stages of this synergy are the small town, the city and the metropolis, each of which is a clear-cut representation of communal and social life. This fact is most evidently manifest in the smallest unit, namely the home, where existence is devoid of mediation. The arrangement and use of the rooms faithfully reflect the lives of the people dwelling there. The position and proportions of the spaces, their reciprocal relations and three-dimensional configuration, are the result of use but also and always the expression of a certain social condition. In this sense, archaeology is the science that best succeeds in describing social and political relations by working back through the millennia, even in cases where the remains of the past have long since disappeared. For this reason, every building bears witness to human culture regardless of its form or quality. This makes the architect's responsibility with respect to nature and society clearly manifest.

This text is partly new and partly based on my observations in Atelier Miller, *Sei grandi edifici per Basilea / Sechs grosse Häuser für Basel*, exh. cat. (Basel, Basler Versicherungen, January 2015), Mendrisio Academy Press, 2015.

Florio Puenter
San Gian
2005

Il fotografo engadinese Florio Puenter si interessa da anni alla rapida trasformazione del paesaggio nell'alta valle grigionese. Nelle sue riproduzioni egli elimina ogni traccia dell'intervento umano sul territorio aggiungendo boschi infiniti o creando vasti paesaggi vuoti. Le sue fotografie in bianco nero, di grandi dimensioni, raccontano di una natura incontaminata. Gli occhi dello spettatore si soffermano sulle fotografie cercando di riconoscere il paesaggio: pensa di afferrarlo eppure gli è estraneo. Guardandolo, si potrebbe pensare a una fotografia d'epoca. Manca però traccia della presenza umana, che ci potrebbe essere d'aiuto. Ci assale una sensazione di disagio, siamo combattuti tra familiarità ed estraneità, e il disorientamento non fa che accentuare la nostra attenzione. L'opera ritrae la collina boscosa tra Celerina e Punt Muragl, nella pianura dell'Inn, dove sin dal tardo medioevo si trova la Chiesa di San Gian, da secoli un fondamentale punto di riferimento nel paesaggio. La fotografia ha un carattere fortemente realistico, eppure il suo contenuto non lo è. La conoscenza del dato reale ci conferma che la foto, in questa forma, non può essere scattata in nessun momento. Allo sguardo dello spettatore non è premesso adagiarsi sul carattere spensierato della rappresentazione del paesaggio, l'opera rimane invece surreale e pone continue domande. Questa fotografia raffigura per me le fondamentali questioni che riguardano lo sfruttamento del paesaggio da parte dell'uomo e ne denuncia la sua responsabilità.

Florio Puenter
San Gian
2005

The photographer Florio Puenter has focused for years on the rapid transformation of the landscape of the Engadin valley, where he was born. In his photographs, he eliminates all trace of human action on the territory, adding endless forests or creating vast, empty landscapes. His large-sized images in black and white present unspoilt nature. The eye lingers on them seeking to identify the landscape. Viewers think they know it but it proves erroneous. Observation suggests a period photograph but the trace of human presence that could help us is missing. We are assailed by misgivings, torn between familiarity and unfamiliarity, and this disorientation only heightens our attention. The image shows the woo ed hill between Celerina and Punt Muragl in the Inn plain, where the church of San Gian has stood since late medieval times, a key landmark for centuries. While the photograph is highly realistic, its content is not. Knowledge of the reality confirms that it could not have been photographed in this form at any moment. The viewer's eye is not allowed to relax in the carefree nature of the landscape as shown. The image remains surreal and poses constant questions. For me, this photograph encapsulates the crucial issues regarding man's exploitation of nature and highlights human responsibility.

Progettare è connettere culturalmente

L'opera architettonica è un artefatto complesso e stratificato: è allo stesso tempo merce, oggetto d'uso, veicolo di significati e struttura estetica. Segue sotto ogni aspetto regole proprie. Così come per poter parlare abbiamo dovuto imparare il linguaggio verbale, per poter fare architettura e riuscire a parlare attraverso di essa dobbiamo approfondire la conoscenza dei suoi propri sistemi. Infatti l'architettura parla a vari livelli e con più linguaggi contemporaneamente, in un contesto in cui è possibile comunicare solo quando la comprensione è facilitata dalla conoscenza preventiva del maggior numero possibile di sistemi. Proprio da questa circostanza deriva anche la necessità che il progetto presenti una densità di contenuti distribuita su vari livelli. Solo in questo modo può acquisire significato e conservarlo.

Poiché svolgiamo una professione creativa, ci occupiamo continuamente di dare una forma appropriata agli oggetti che progettiamo. In questo senso dobbiamo chiederci ogni volta per quale ragione l'una o l'altra forma risulti più appropriata per un oggetto. In particolare si tratta di capire quali parametri definiscono la forma e perché un compito progettuale genera una determinata forma. La risposta è altrettanto complessa quanto la domanda stessa. Le esigenze di un prodotto che il progettista riversa in una forma sono definite dalla società, che come collettività attribuisce alla forma i contenuti che le sono pertinenti. I codici e le convenzioni di una comunità umana determinano i significati delle forme. Questi sono leggibili e rintracciabili nei vari strati semantici anche in presenza delle più complesse sovrapposizioni di forme. In ogni caso la risposta alla domanda formulata all'inizio è relativa: come la società stessa è soggetta a un costante mutamento, così lo sono anche le sue esigenze in relazione agli oggetti. Di conseguenza, per quanto riguarda la questione della forma appropriata possiamo considerare la società come un riferimento fluido. E il riferimento è soprattutto alla sua sfera di influenza culturale. Qualsiasi trasposizione ad altre situazioni culturali distanti da quella originale è rischiosa ed è necessario valutare se la convergenza tra culture diverse sia sufficiente per una corretta comprensione della forma architettonica. Altrimenti l'opera non rende giustizia al contesto ma solo a se stessa.

Vista sui tetti di Milano con il Duomo e la Torre Velasca, Gruppo BBPR, Milano, 1958 (foto Federico Brunetti).

View of the rooftops of Milan with the cathedral and the Velasca Tower, BBPR, Milan, 1958 (photo Federico Brunetti).

Nel secondo dopoguerra l'architettura dell'Italia settentrionale oscilla tra i principi della modernità internazionale e il ricco patrimonio della cultura architettonica regionale. Tipologie moderniste si sovrappongono a strutture, forme e materiali provenienti dal contesto culturale. Ciò rafforza la struttura urbana facendo nascere, anziché un contrasto, una stretta relazione tra vecchio e nuovo. Ne scaturisce un insieme che non ostacola il continuo progredire dell'arte urbana. Sollecitato dal mio professore al Politecnico di Zurigo, Fabio Reinhart, e dai suoi assistenti Miroslav Šik e Luca Ortelli, mi sono subito interessato a questo periodo della storia dell'architettura: mi affascinavano l'intensità del discorso architettonico, la freschezza culturale e l'approccio olistico. Esemplare è l'impressionante progetto della Torre Velasca di BBPR, del 1958, nella descizione di G. Samonà: «La Torre cerca di fondersi per continuità materiale all'ambiente, si sforza di presentare il suo volume con la stessa solidità muraria delle case che costituiscono il tessuto prevalente della città, per cui essa veramente ci appare come l'esplosione di un magma compatto che improvvisamente in un punto abbia elevato con un getto verticale la materia di cui è composto. La singolarità è dunque soltanto nel fatto esplosivo, in cui una materia tutta coerente per ragioni interne si dilata senza alterare la compatta densità di se stessa. Tuttavia il senso di casa gigante doveva in qualche modo essere limitato nella torre, perché il suo volume non apparisse dissonante, nelle caratteristiche della forma, con quelle dell'insieme di case che le stanno attorno e a cui esso vuole appartenere» (G. Samonà, *Il grattacielo più discusso d'Europa: la Torre Velasca*, in "L'Architettura", n. 40, febbraio 1959, pp. 659-674).

The post-war architecture of northern Italy oscillates between the principles of international modernity and the rich legacy of regional architecture. Modernist typologies are superimposed on structures, forms and materials drawn from the cultural context. This strengthens the urban structure and generates not a clash but rather a close relationship between old and new. The result is a whole that does not obstruct the constant progress of urban architecture. Prompted by Fabio Reinhart, my professor at the Zurich Polytechnic, and his assistants Miroslav Šik and Luca Ortelli, I immediately developed an interest in this period of the history of architecture, fascinated by the intensity of its discourse, cultural freshness and holistic approach. The impressive project of the Velasca Tower, designed by BBPR in 1958, provides an excellent example, as described by G. Samonà: «The tower seeks to blend into the environment through continuity of materials and endeavours to present its volume with the same solidity of masonry as the residential buildings that constitute the city's predominant fabric. It thus truly appears to us like an eruption of compact magma, the constituent material of which suddenly springs forth in a vertical jet. Its singularity therefore lies solely in the explosion, in which matter that is wholly coherent for internal reasons dilates with no change to its compact density. It was, however, necessary for the sense of a gigantic building to be in some way limited in the tower, so that its volume would not appear to clash in the characteristics of its form with those of the fabric of edifices surrounding it and to which it sought to belong» (G. Samonà, *Il grattacielo più discusso in Europa: La Torre Velasca*, in "L'Architettura", no. 40, February 1959, pp. 659-674).

Frammenti di un discorso progettuale
Fragments of an architectural discourse

Architecture as cultural connection

The architectural work is a complex, layered artefact: a commodity, object of use, vehicle of meaning and aesthetic structure all at the same time. It follows its own rules in every respect. Just as we have to learn the verbal language in order to speak, we need a thorough knowledge of the systems of architecture in order to create and speak through it. Above all, architecture speaks simultaneously at different levels and through various languages in a context in which it is possible to communicate only when understanding is facilitated by prior knowledge of the greatest possible number of systems. It is precisely this circumstance that gives rise to the need for the project to present a density of content distributed over various levels. Only in this way can it acquire meaning and preserve it.

Ours is a creative profession and our constant concern is to give appropriate form to the objects we design. In this sense, we must ask ourselves in each case the reason why one form or another proves more suitable for an object. It is essentially a matter of understanding which parameters define the form and why an architectural assignment generates a certain form. The answer is as complex as the question itself. The requirements of a product that the architect moulds are defined by society, which collectively endows the form with the relevant content. The codes and conventions of a human community determine the meanings of forms. These are legible and traceable in the various semantic layers even in the presence of the most complex overlapping of forms. The answer to the question formulated at the beginning is in any case relative. Just as society itself is subject to constant change, so are its requirements in relation to objects. It is therefore possible, as regards the question of appropriate form, to regard society as a fluid point of reference. And the reference is above all to its sphere of cultural influence. Any transposition to cultural situations far from the regional one is hazardous and it is necessary to assess whether the convergence between different cultural situations is sufficient for a correct understanding of the architectural form. Otherwise the work does not do justice to the context but only to itself.

Quintus Miller

L'associazione come strumento progettuale

Il nostro spazio di vita è il contesto quotidiano nel quale ci muoviamo. I nostri sensi devono confrontarsi costantemente con l'ambiente nel quale viviamo. Interpretiamo la percezione dei nostri sensi basandoci sulle nostre esperienze, che incrementiamo continuamente nel corso della nostra esistenza e che ci forniscono gli strumenti per decodificare ciò che percepiamo e inserirlo in una relazione più ampia. Questo processo che porta la percezione alla soglia della coscienza riguarda in primo luogo noi stessi: possiamo mettere ciò che percepiamo in relazione con la realtà solo quando le nostre percezioni ci ricordano qualcosa. Confrontiamo la percezione con il ricordo e in tal modo ci costruiamo un'immagine della realtà. Allo stesso tempo vale la pena di riflettere sul fatto che questo processo è guidato in modo selettivo dalla nostra mente: la grande maggioranza delle percezioni non arriva mai a oltrepassare la soglia della coscienza. Sono ammesse solo quelle prioritarie e in determinate circostanze le percezioni sono persino ignorate dalla mente.

Parallelamente siamo avvantaggiati dall'attitudine umana a esaminare rapidamente l'oggetto della percezione nelle sue caratteristiche essenziali. Nel confronto con l'esperienza non solo sottoponiamo a verifica solo ciò che è uguale/disuguale, ma distinguiamo anche la parentela tra le varie caratteristiche, mettiamo a confronto le similitudini formali o le analogie di contenuto. In questo modo siamo in grado non solo di riconoscere, ma anche di interpretare ciò che è nuovo confrontandolo con le caratteristiche con cui ha parentela. Questa attitudine fa sì che la percezione si allontani da un modo di vedere solo retrospettivo: la capacità di associare le cose apre la strada al necessario sguardo sul nuovo.

Se consideriamo il processo progettuale sotto tali aspetti, possiamo concepirlo come il processo inverso della percezione. Quando progettiamo ci viene richiesto di prefigurare le percezioni e le sensazioni dei futuri utilizzatori dei nostri spazi. Dobbiamo essere in grado di immaginare gli spazi e di sapere per approssimazione quali emozioni suscitare per il loro tramite. Quando stabiliamo proporzioni, forme, materiali e illuminazione degli spazi predeterminiamo le sensazioni dei loro fruitori.

Frammenti di un discorso progettuale
Fragments of an architectural discourse

Association as a tool of architecture

Our living space is the everyday context in which we move. Our senses must constantly monitor the environment in which we live. We interpret our sense perceptions on the basis of our experiences, which we constantly increase during our lifetime and which provide us with tools to decipher what we perceive and place it in a broader relational context. This process of bringing perception to the threshold of consciousness regards ourselves first and foremost. We can relate that which we perceive to reality only when it reminds us of something. We compare the perception with the memory and thus construct an image of reality. At the same time, it should also be borne in mind that this process is selectively guided by the mind, as the vast majority of perceptions never pass the threshold of consciousness. Only those with priority are admitted and in certain circumstances perceptions are even ignored by the mind. At the same time, we have an advantage in the human ability to examine the object of perception quickly in its essential characteristics. The comparison with experience includes not only identity and difference but also the relations between the various characteristics, formal similarities and analogies of content. We are thus able not only to recognize but also to interpret new elements by comparing them with the characteristics to which they are related. As a result of this ability, perception departs from a solely retrospective way of seeing. The ability to associate things paves the way for the necessary vision of what is new.

If we consider the architectural process in these terms, it can be seen as the reverse of perception. When we design something, we are asked to envision the perceptions and sensations of the future users of our spaces. We must be able to imagine spaces and understand through approximation the feelings they can arouse. When we establish the proportions, forms, materials and lighting of these spaces, we predetermine the sensations of the public. An important part of the cultural responsibility that we shoulder as architects on choosing this profession lies in this fact.

Gottfried Böhm,
Municipio di Bensberg,
Bergisch-Gladbach, 1963-1969.

Il Municipio di Bensberg, concepito da Gottfried Böhm, nei pressi di Bergisch-Gladbach in Germania, è un progetto esemplare di sinergia tra i diversi livelli di contenuto e di associazioni all'interno di una comune strategia architettonica. Il nuovo edificio è infatti progettato sulla struttura medievale del castello, ma ciò che a un primo sguardo sembrerebbe contrastare si fonde poi in un tutt'uno connotato di una forte identità grazie proprio alla sovrapposizione di un'architettura brutalista alle rovine medioevali. Nella fusione dei diversi livelli temporali in una unità, la materializzazione minerale di entrambe le parti agisce come un catalizzatore. Nasce così un edificio amministrativo decisamente contemporaneo, che si adegua al contesto del cortile finendo per sostituirsi, nel profilo cittadino, al castello medievale. Il contemporaneo diventa così parte integrante di un contesto storico amplificandolo ulteriormente.

Gottfried Böhm,
Town Hall of Bensberg,
Bergisch-Gladbach, 1963-1969.

Gottfried Böhm's design for the town hall of Bensberg near Bergisch-Gladbach in Germany is an exemplary project of synergy between various levels of content and associations within a common architectural strategy. While the new edifice is in fact erected on the medieval structure of the castle, what may appear to clash at first sight blends into a whole endowed with a strong identity precisely by the superimposition of Brutalist architecture onto medieval ruins. The mineral materialization of both parts acts as a catalyst in the fusion of the different temporal levels into a unified whole. The result is a markedly contemporary administrative building that coherently fits into the setting of the courtyard and ends up taking the place of the medieval castle in the urban profile. The contemporary thus becomes an integral part of a historical context and amplifies it still further.

Quintus Miller

I nostri universi dell'immaginazione

Nel corso della nostra vita accumuliamo esperienze che si depositano formando universi sensoriali. Ci ricordiamo l'odore del sigaro che nostro padre fumava la domenica o la forte impressione che ci fece la mole della prima scuola che abbiamo frequentato. Quando viaggiamo per il mondo portiamo a casa le impressioni più varie, a partire dalle quali costruiamo un mondo personale di esperienze che si deposita a vari livelli nella nostra memoria. Alcuni ricordi sono nitidi, ma possono essere alterati o addirittura seppelliti. I meno importanti li dimentichiamo gradualmente, il che è anche un bene. Non è difficile immaginare come andrebbe se non fossimo in grado di dimenticare nulla.

Il livello di profondità dei nostri ricordi deriva da un processo selettivo in relazione all'esperienza. Questo è il grande archivio della nostra immaginazione. Quanto più complesse e forti sono le sue interconnessioni, tanto maggiore è il potenziale a disposizione dell'immaginazione. È lo strumento più importante in mano al progettista: la forza dell'immaginazione porta alla scoperta. E la scoperta ci rende felici.

La percezione dell'ambiente è, dunque, un processo autodidattico che per tutta la nostra vita si affina sempre più adattandosi alle situazioni del momento. Deriva dalla memoria personale, ma comprende anche la memoria collettiva che è condizionata dal nostro contesto sociale. Qui facciamo riferimento ad Adolf Loos quando afferma che, per poter creare il nostro ambiente con il nostro lavoro, dobbiamo cercare di attingere a questa coscienza collettiva. «L'architetto suscita negli uomini degli stati d'animo e il suo compito è quindi di precisarli. La camera dev'essere confortevole, la casa accogliente. Il Palazzo di giustizia deve sembrare minaccioso. L'istituto bancario deve dire: qui i tuoi soldi vengono conservati al sicuro e da persone oneste. L'architetto può riuscire in questo intento solo se terrà presente quelle costruzioni che fino a quel momento hanno evocato nell'uomo tali sensazioni. Per i cinesi il bianco è il colore del lutto, da noi lo è il nero. Ai nostri artisti della costruzione risulterebbe perciò impossibile suggerire con il color nero una sensazione di gioia» (A. Loos, *Architektur*, 1909, in Trotzdem 1900-1931).

Quando progettiamo passiamo attraverso un processo di continua attivazione della memoria per poter comprendere il progetto sempre più da vicino. Ma i ricordi sono in gran parte trasfigurati e tendenziosi. Il ricordo si modifica con noi stessi in conseguenza della nostra biografia e della nostra esperienza. Il ricordo non è identico all'originale, è piuttosto analogo. Viene modificato ed estraniato dalle proiezioni dell'io. Nel ricordo la forma viene ulteriormente sviluppata, rinnovata e reinterpretata, non viene riprodotta in sé e per sé, ma attraverso il ricordo mantiene un legame complesso con la forma originaria. Esso rinvia all'originale, è una memoria selettiva.

Pfleghard & Haefeli,
Sanatorium Schatzalp,
Davos, 1899-1900.

L'albergo è un microcosmo che offre ai suoi ospiti, per un periodo limitato, un palcoscenico: per me rappresenta in maniera esemplare il mondo dell'immaginazione individuale. Il fatto che io sia cresciuto in un albergo ha condizionato fortemente la mia visione successiva. Negli anni ho trascorso tanto tempo in questo edificio, nei periodi in cui l'albergo era aperto ma anche fuori stagione, durante la chiusura. In estate trascorrevo le settimane preparando gli esami seduto su uno dei grandi balconi con una vista magnifica. Così, da studente di architettura, è stato per me naturale cominciare a studiare l'edificio con attenzione (vedi Q. Miller, *Le Sanatorium: Architecture d'un isolement sublime / Das Sanatorium. Ein Prototyp der Modernen Architektur*, Lausanne 1992). Nel caso del Sanatorium di Davos si tratta di un edificio sorto intorno al 1900 su un progetto dei giovani architetti Pfleghard & Haefeli. Venne costruito secondo i metodi terapeutici allora più aggiornati. I sanatori erano edifici molto innovativi in termini di igiene e di tecniche costruttive, che esercitarono un'influenza fondamentale sulla nascita del Movimento Moderno negli anni Venti. A Davos, oltre al tetto piano con lo scarico interno dell'acqua piovana, ai grandi balconi, agli arredi privi di tessuti e ai mobili in rattan o in tubolare d'acciaio, anche la struttura portante era assai innovativa: si tratta infatti di uno dei primi edifici svizzeri in cemento armato. La straordinaria struttura portante di quest'edificio ha ispirato la mia ricerca di nuove soluzioni in ambito professionale, in particolare nel caso della Scuola Volta. Anche per quanto riguarda la struttura, il pensiero associativo può stimolare l'innovazione.

Pfleghard & Haefeli,
Sanatorium Schatzalp,
Davos, 1899-1900.

The hotel is a microcosm that offers its guests a stage for a limited period. For me, it exemplifies the world of individual imagination. The fact that I grew up in a hotel influenced my later vision considerably. Over the years I spent time in this building during the periods when the hotel was open but also in the off-season when it was closed. In the summer I spent weeks preparing for exams on one of the large balconies with a magnificent view. It was therefore natural for me to start examining the building carefully as a student of architecture (see Q. Miller, *Le Sanatorium: Architecture d'un isolement sublime / Das Sanatorium. Ein Prototyp der Modernen Architektur*, Lausanne 1992). The Davos sanatorium is a building designed around 1900 by the young architects Pfleghard & Haefeli. At the time, sanatoriums were highly innovative buildings in terms of hygiene and construction techniques, and had a crucial influence on the birth of the Modern Movement in the 1920s. At Davos, in addition to the flat roof with internal drainpipes for rainwater, large balconies, furnishings devoid of fabrics and furniture of cane and tubular steel, the load-bearing structure was also very innovative. This was in fact one of the first Swiss buildings of reinforced concrete. The extraordinary load-bearing structure of this building inspired my search for new approaches in the professional sphere, especially in the case of the Volta School. Associative thinking can stimulate innovation also with respect to structure.

Frammenti di un discorso progettuale
Fragments of an architectural discourse

The worlds of the imagination

In our lives we accumulate experiences that are stored so as to form sensory worlds. We remember the smell of the cigar that father smoked every Sunday or the great impression the school made on us as an edifice on our first day attending it. On travelling through the world, we bring different impressions home with us and use them to construct a personal world of experiences laid down at various levels in memory. Some memories are clear, but they can be distorted and even buried. The least important are gradually forgotten, which is also beneficial, as it is hard to imagine what would happen if we could never forget anything.

The depth of our memories depends on a process of selection in relation to experience. This is the great archive of our imagination. The strength and complexity of its interconnections are directly proportional to the potential available to the imagination. This is the most important tool at the architect's disposal. The power of the imagination leads to insight and insight brings happiness.

Perception of the environment is therefore an autodidactic process that is honed through life by adaptation to the situations of the moment. It derives from personal memory but also encompasses the collective memory moulded by our social context. Here we refer to Adolf Loos and his assertion that we must draw on this collective consciousness in order to create our environment through our work. «Architecture arouses moods in people, and so the architect's task is to give these moods concrete expression. A room must look cosy, a house comfortable to live in. Law courts must look threatening to secret vice. A bank must say, "Your money is safe here in the hands of honest people." An architect can only achieve this by going back to the buildings of the past that aroused these moods in people. White is the colour of mourning for the Chinese and black for us. Our architects would therefore find it impossible to suggest joyful feelings with black» (A.Loos, *Architektur*, 1909, in Trotzdem 1900-1931).

While designing, we go through a process of continuous activation of the memory in order to attain an ever-closer understanding of the project. Memories are, however, largely transfigured and tendentious. A memory changes as we ourselves change through lived experience. It is not identical to the original but similar, modified and detached via projections of the self. Form undergoes further development, renewal and reinterpretation in memory. It is not reproduced in itself and of itself but preserves a complex link with the original form through memory. It refers to the original – the memory is selective.

La parafrasi come strategia progettuale

Anche quando costruire equivale a scattare un'istantanea di una situazione specifica alla quale si rapportano la tipologia e la forma di un edificio, il costruito si pone sempre in una stretta relazione con il contesto culturale. In questo senso non si tratta solo del fatto che l'opera architettonica nasce all'interno di un contesto artigianale che contribuisce a determinare la sua forma costruttiva. L'aspetto esteriore racchiude sempre anche un contenuto che richiede l'uso di segni il cui valore sia riconosciuto dalla collettività. Il costruire ha, di conseguenza, una forte connotazione linguistica. Perciò può risultare interessante stabilire un parallelo tra i processi di formulazione dell'architettura e alcuni concetti propri della linguistica. Ad esempio si può considerare la tipologia al pari di una grammatica dell'edificio. La tipologia è estremamente resistente al trascorrere del tempo, è una struttura fondante dell'architettura. Il linguaggio di forme dell'architettura invece, con il suo vocabolario, risponde in modo più sensibile al contesto sociale e ai mutamenti di significato che procedono di pari passo con esso, i quali si originano dal cambiamento continuo della società.

Nella progettazione la tipologia (vedi A. Rossi, *L'architettura della città*, 1966) nella maggior parte dei casi è in stretto rapporto con la convenzione, dato che è una conseguenza dell'uso e dunque rimane piuttosto una costante. Il vocabolario invece reagisce in modo molto più sensibile: la comunicazione dei riferimenti interni è complessa e dipende dalla struttura sociale. La questione è come inserire in modo appropriato il nuovo nel contesto esistente. A volte è appropriato ricucire il tessuto cercando di passare inosservati, altre volte è appropriato fissare di nuovo un vocabolario in determinati punti e introdurre delle rotture. Come avviene per la lingua, non abbiamo la necessità di reinventare continuamente l'architettura, ma lo scorrere del tempo richiede per determinati contenuti nuove formulazioni, per le quali la linguistica utilizza il concetto di parafrasi. Quest'ultima è la riformulazione di un contenuto letterario tramite nuovi concetti senza perderne il senso e conservando la struttura di fondo. Possiamo avvicinare la parafrasi in architettura anche all'uso che se ne fa in musica, ossia un componimento quasi sempre strumentale in cui si esegue, con variazioni più o meno ardite, il discorso di un componimento originale. Anche in questo caso una variazione permette tuttavia di mantenere la melodia di fondo.

Frammenti di un discorso progettuale
Fragments of an architectural discourse

Paraphrase as architectural strategy

Even while construction is equivalent to taking a snapshot of a specific situation to which the typology and form of a building are related, the building is always closely related to the cultural context. In this sense, it is not only the fact that the architectural work is born within an artisanal context that helps to determine its constructive form. In addition, the external appearance always encloses content that requires the use of signs with values recognized by the community. Construction thus has a markedly linguistic character and it may therefore prove interesting to draw a parallel between the architectural processes of formulation and some concepts of linguistics. For example, typology can be regarded as equivalent to the grammar of the building. Typology is highly resistant to the passing of time and constitutes a cornerstone of architecture, whereas architectural vocabulary or language of forms responds with greater sensitivity to the social context and the changes in meaning that proceed in step with it, born out of constant change within the social framework.

In architecture, typology (see A. Rossi, *L'architettura della città*, 1966) is closely related in most cases to convention, being a result of use and therefore a constant rather than a variable. Vocabulary instead reacts with far greater sensitivity. The communication of internal references is complex and depends on social structure. The question is how to insert new elements appropriately into the existing context. It is appropriate in some cases to be unobtrusive and repair the existing fabric, and in others to place elements in certain points to introduce rifts. Like language, architecture does not need to be constantly reinvented. The passing of time does mean, however, that new formulations are required for certain contents, for which linguistics uses paraphrase, the reformulation of literary content by means of new concepts so as to avoid any loss of meaning and preserve the basic structure. We can compare the paraphrase in architecture also to that used in music, taking as an example an essentially instrumental composition performed with more or less exaggerated variations upon the motif of the original. Even in this case, deviation still allows the basic melody to be maintained.

Haefeli, Moser & Steiger, Atrio del Policlinico cantonale di Zurigo, 1941-1953.

Questa complessa strategia progettuale può essere osservata in modo esemplare nel Policlinico di Zurigo di Haefeli, Moser e Steiger: sotto l'aspetto tipologico si tratta di un ospedale tipico del Moderno, che mostra lo stretto legame tra l'igiene moderna, le più aggiornate conoscenze in campo medico e la dimensione industriale. Il vocabolario architettonico in ogni caso non si limita ai canoni macchinistici descritti in *Vers une architecture* di Le Corbusier, poiché è rivestito da numerosi giapponesismi e trasposto con un'eloquenza artigianale, i quali nell'insieme conferiscono all'edificio una forte impronta umana che a quell'epoca e per la funzione richiesta appariva alquanto appropriata.

Haefeli Moser Steiger, Atrium of the University Hospital of Zurich, 1941-1953.

An excellent example of complex architectural strategy planning is seen in the University Hospital of Zurich, a typical modern hospital as regards typology, demonstrating the close links between modern health care, the latest advances in the medical field and the industrial dimension. The architectural vocabulary is in any case not confined to the machine-like canons described by Le Corbusier in *Vers une architecture*, as the inclusion of numerous Japanese elements and transposition with artisanal eloquence endow the building with a markedly humane character that appeared very appropriate for the period and the function involved.

Lo sguardo contestuale nella progettazione

Prima si ha l'idea e poi si scelgono i materiali dell'architettura? O prima si mettono insieme dei riferimenti, in base a criteri puramente associativi e privi di struttura, per ricollegarsi infine a un'idea?

Quale che sia la risposta, essa è meno importante del fatto che a partire dall'analisi del compito un'idea progettuale sia espressa in forma di tema architettonico. E qui diventa di grande aiuto il ricorso a riferimenti e motivi. Queste immagini devono sovrapporsi, integrarsi e condizionarsi a vicenda. Si tratta di un processo di reciprocità che si rafforza e intensifica con ogni nuovo strato di riferimenti.

Punto di partenza naturale per la progettazione architettonica è il contesto, dal quale possiamo trarre delucidazioni per il futuro. Concentrarci sull'essenziale ci aiuta a capire in profondità un luogo. Ogni incarico comporta regole deducibili dalle condizioni sociali e culturali in cui il progetto nasce. Da qui si giunge alla definizione di tipologie che possiamo considerare come il risultato di un utilizzo consolidato e di una ottimizzazione continua. Non si può dunque sfuggire alle tipologie, poiché gli edifici sono sempre inseriti in un contesto socio-culturale.

Al di là delle preferenze personali che ci guidano nella progettazione, ci muoviamo sempre in un contesto urbano e culturale concreto in cui il progetto deve collocarsi ed esistere. Il grado di approssimazione al contesto, fino a ottenere una completa familiarità con il nuovo o al contrario un massimo livello di straniamento, è una scelta consapevole a livello progettuale. Tuttavia questa scelta deve essere sempre considerata in relazione con il contesto: è un po' come nei rapporti interpersonali, dove decidiamo quanto adeguarci alle regole sociali o essere consapevolmente provocatori. Quando progettiamo cerchiamo di circoscrivere questa libertà di scelta interrogandoci ogni volta sull'appropriatezza di un intervento.

Rudolf Gaberel, Waldfriedhof Davos, 1920.

Dopo la metà dell'Ottocento Davos ha vissuto una rapida crescita economica ed edilizia, trasformandosi, da colonia fondata dai Walser, in un centro in alta quota noto soprattutto per i suoi sanatori. Anche la popolazione cresceva di pari passo, rendendo necessaria la costruzione di un nuovo cimitero, oltre a quello accanto alla chiesa, basato su una nuova tipologia in accordo con le nuove esigenze dettate anche dalla crescente immigrazione. L'architetto Rudolf Gaberel propose così un "cimitero nel paesaggio" (*Waldfriedhof*, ovvero "cimitero nel bosco") e scelse per il suo progetto un boschetto di larici a sud dell'insediamento, un tipo di area piuttosto diffusa nelle alte valli grigionesi, dove era abitudine nei mesi invernali portare a pascolare il bestiame sotto i larici. Gaberel, quindi, dispose il cimitero in un paesaggio ben noto alla comunità. Anche le sue imponenti dimensioni, insolite per quei tempi, traevano beneficio da questa familiarità. Grazie alla sua grande sensibilità, il progetto si è quindi inserito perfettamente sia nel paesaggio sia nella cultura degli abitanti di Davos.

Rudolf Gaberel, Waldfriedhof Davos, 1920.

Davos saw the start of rapid economic and urban growth halfway through the 19th century, resulting in transformation from a Walser settlement to a town at high altitude known above all for its sanatoriums. The corresponding population growth made it necessary to build a new cemetery, in addition to the one beside the church, based on a new typology in accordance with the new requirements arising also out of growing immigration. The architect Rudolf Gaberel thus proposed a *Waldfriedhof* or cemetery in a forest. The site chosen was a wood of larches south of the town, an area of a type commonly found in the high valleys of Graubünden, where cattle were normally set to graze beneath the trees during the winter months. Gaberel thus located the cemetery in a natural setting well known to the community. Its large size, unusual for the period, also benefitted from this sense of familiarity. His great sensitivity thus made it possible to insert the cemetery both into the landscape and into the culture of the inhabitants of Davos.

Frammenti di un discorso progettuale
Fragments of an architectural discourse

The contextual vision in architecture

First the architectural idea and then the choice of materials? Or first the combination of references on the basis of purely associative criteria devoid of structure and then connection with an idea?
Whatever the answer, it is less important than the fact that analysis of the assignment leads to an idea being expressed in the form of an architectural theme. And references and motifs prove very helpful here. These images must overlap, combine and influence one another in a process of reciprocity that gains in strength and intensity with every new layer of references.
A natural starting point for architectural design is the context, from which we can draw indications for the future. Concentration on the essential helps us understand a place in depth. Every assignment involves rules to be deduced from the social and cultural conditions in which the project is born. From this we arrive at the definition of typologies that can be regarded as the result of consolidated use and constant optimization. There is thus no getting away from typologies, as buildings are always embedded in a socio-cultural context. Beyond the personal preferences that guide us in architectural design, we always act in a concrete urban and cultural context in which the project must be located and exist. The degree of approximation to the context – to the point of obtaining complete familiarity with the new or, on the contrary, the highest degree of unfamiliarity – is a conscious choice at the architectural level but one that must always be considered in relation to the context. It is a bit like the situation in interpersonal relationships, where we decide how far to abide by the social rules or challenge them deliberately. In designing a building, we seek to restrain this freedom of choice by examining the appropriateness of each proposed intervention.(pm)

João Nunes

I fiumi interdisciplinari del paesaggio

The interdisciplinary rivers of the landscape

Testo a cura di
Text edited by
Bruno Pedretti

João Nunes

L'architettura di paesaggio richiede un ragionamento aperto e centrifugo sui propri riferimenti culturali. È infatti pressoché impossibile stabilire dove si collochino i suoi confini disciplinari. Il paesaggismo deve farsi carico della dimensione olistica del mondo fisico, e ciò rende difficile definirne lo statuto, anche se allo stesso tempo ne esalta la sfida progettuale.

Per questo *Atlante* vorrei quindi provare a indicare alcuni dei fiumi culturali che da diverse fonti confluiscono nel paesaggismo, o almeno alcuni fiumi che io ritengo preziosi per la mia visione progettuale.

Per capire meglio la complessità dell'architettura di paesaggio possiamo partire da un'immagine, scelta quasi a caso tra le molte possibili. Prendiamo una fotografia dei terrazzamenti per la coltivazione della vigna nella regione portoghese del Douro. A un occhio attento basta poco per cogliere nella sua morfologia le manifestazioni di quelle che io chiamo le "divinità" del luogo. Le divinità sono la valle con la sua terra, il fiume, il sole e l'ombra... Sono innanzi tutto queste divinità naturali che l'architettura di paesaggio deve saper riconoscere e onorare nel gesto progettuale. La coltivazione delle vigne rappresenta uno sfruttamento della natura, come sempre accade nel rapporto tra uomo e ambiente, ma qui ne cogliamo un dialogo attento con le "divinità" che sovrintendono alla vita dei luoghi.

Quando dico che in un determinato luogo si manifestano le sue "divinità", è per ricordare che noi uomini non siamo mai gli unici costruttori che intervengono su di esso. Se per esempio osserviamo un nido di uccelli come quello che ho fotografato a Belo Horizonte, cogliamo tutta la straordinaria laboriosità costruttiva di cui sono portatori gli abitanti non umani dei luoghi. Sono moltissimi gli esseri viventi, le comunità stanziali o migratorie, gli elementi naturali che contribuiscono alla continua costruzione del mondo fisico. Lo sono gli animali con le loro strategie vitali, lo sono i vegetali con le loro logiche insediative, lo sono gli stessi minerali con le loro dinamiche e meccaniche, lo sono tutti i molteplici

Landscape architecture calls for an open-ended and centrifugal reasoning on one's own cultural references. It is in fact almost impossible to determine where its disciplinary boundaries are placed.

Landscape design has to take charge of the holistic dimension of the physical world, and this makes it difficult to define its status, while at the same time making it a greater design challenge. So for this *Atlas* I would like to point out some of the cultural rivers that flow together from different sources into landscaping, or at least some of the rivers that I consider valuable for my vision of design.

To better understand the complexity of landscape design we can start from an image, chosen almost at random among the many possible. Take a photograph of the terraces for planting vineyards in the Douro region of Portugal. It takes little for a keen eye to grasp the morphology of the manifestations of what I call the "divinity" of the place. The deities are the valley with its land, the river, the sun and the shade... It is first of all these gods that natural landscape design must be capable of recognizing and honouring in the act of design. Cultivating vineyards is a way of exploiting nature, as always happens in the relation between people and the environment, but here we can perceive a careful dialogue with the "divinities" that govern the life of the place.

When I say that the "divinities" are manifested in a certain place, it is a reminder that we humans are never the only ones to build in it. For instance, if we observe a bird's nest like the one I photographed in Belo Horizonte, we get some idea of all the extraordinary laborious work of construction that the non-human inhabitants of places perform. Many living creatures, sedentary or migratory communities and natural elements make their contribution to the continuous construction of the physical world. Animals do this with their life strategies, plants with their logic of development, and even minerals with their dynamics and mechanics, as well as all the various atmospheric phenomena ...

I fiumi interdisciplinari del paesaggio
The interdisciplinary rivers of the landscape

fenomeni atmosferici… Il paesaggio è una perenne autocostruzione il cui stato dinamico viene determinato da processi geologici, catastrofici, alluvionali, climatici…
Quando su un luogo si manifesta anche il fenomeno dell'antropizzazione, questo non va dunque inteso come un primo e unico gesto che si scarica su una natura neutra: l'azione umana è solo uno dei molti tasselli che concorrono alla costruzione del paesaggio, ogni sua operazione è preceduta da molte altre interne al mondo fisico e si mette in rapporto con molte altre variabili presenti nel contesto.
La prima lezione di architettura del paesaggio è allora quella che ci porta a scuola dalla stessa realtà ambientale.

Con ciò non dimentico che la natura è stata nel tempo sempre più antropizzata. Questa sedimentazione antropica richiederà allora di andare a un'altra scuola: quella delle grandi culture tradizionali, in particolare contadine. Potremmo definirla come una scuola di antropologia culturale. Essa ci mostra come sul paesaggio siano sempre presenti, insieme alle tracce dei suoi processi di autotrasformazione, le tracce dell'antropizzazione. Queste si manifestano con interventi di infrastrutturazione, coltivazione, estrazione, sfruttamento e trasformazione produttiva dei luoghi. A questo stadio il paesaggio dichiara in modo esplicito la sua storicità, la sua umanità. Le "influenze" esercitate dall'uomo sul mondo fisico

diventano i segni di una determinata cultura, e questa cultura può anche migrare in altri luoghi, diversi e lontani da quelli di origine.
La scuola di antropologia culturale ci dice che non esistono paesaggi puri, autoctoni, da progettare o proteggere secondo ideologie "ariane". Il paesaggio, in quanto perenne costruzione e trasformazione, è da sempre sottoposto a forme di declinazione e miscelazione portate dagli insediamenti e dalle migrazioni di diversi gruppi sociali. Un esempio eclatante di migrazione paesaggistica è quello che ho colto nella campagna di Ouro Negro (Oro Nero) in Brasile, dove il trapianto della cultura portoghese si è innestato sin sull'immagine della città.

The landscape is perpetually shaping itself. Its dynamic state is determined by geological, catastrophic, hydrological and climatic processes.
So when anthropization also begins to affect a place, this should not be seen as the first and only gesture impacting a neutral natural setting: human activity is just one of the many factors that help shape the landscape. Its every operation is preceded by many others internal to the physical world and it is bound up with many other variables in the environment.

So the first lesson of landscape architecture is the one that sets us to school under environmental reality itself. In saying this I am not forgetting that nature has been increasingly anthropized over time. This anthropic sedimentation then takes us to another school: that of the great traditional cultures, especially farmers. This can be described as a school of cultural anthropology. It shows us how the landscape will always be present, along with traces of its process of self-transformation, the traces of anthropization. These are manifested by the construction of infrastructure, farming, mining, the exploitation and productive transformation of places. In this stage the landscape explicitly declares its his-

toricity, its humanity. The "influences" exerted by humanity on the physical world become the signs of a given culture, and this culture may even migrate to other places, different and distant from the original ones.
The school of cultural anthropology tells us that there are no pure, autochthonous landscapes, to be designed or protected according to "Aryan" ideologies. The landscape, as perennial construction and transformation, is always subject to forms of alteration and mixing brought by the settlements and migrations of different social groups. A striking instance of landscape migration is what I saw in the countryside of Ouro Negro (Black Gold) in Brazil, where the transplanting of Portuguese

I fiumi interdisciplinari del paesaggio
The interdisciplinary rivers of the landscape

Se dovessi citare qualche figura di intellettuale e studioso particolarmente significativo per questi temi, farei innanzi tutto il nome del grande geografo portoghese del Novecento, Orlando Ribeiro; e, sempre in materia di geografia umana, seguo con interesse gli studi dell'italiano Franco Farinelli. Ciò che più apprezzo in questi studi è il collegamento che in essi si opera tra la dimensione fisica e quella umana (o etnologica) della geografia. È un'apertura interdisciplinare che ritengo fondamentale nella riflessione paesaggistica.
Quando voglio ribadire l'importanza di questa prossimità tra geografia ed etnologia, faccio l'esempio della gastronomia. In determinati cibi vediamo sintetizzato in modo esemplare il rapporto che si è stabilito tra un determinato luogo, le sue condizioni fisiche e climatiche, i suoi abitanti animali e vegetali, le sue culture contadine e i relativi esiti nei sistemi dell'alimentazione. Per questo vado fiero della mia carica di responsabile, in Portogallo, di un presidio Slow Food che protegge un formaggio pecorino di latte crudo prodotto da generazioni nella mia famiglia.

La geografia umana, e l'antropologia culturale in senso più ampio, liberano la riflessione paesaggistica da certe strettoie disciplinari troppo affezionate alle semplificazioni del vernacolare e dell'autoctono. Se osserviamo il mondo fisico con occhi antropologici, capiamo cosa significa disegnare un paesaggio la cui matrice costitutiva è, come per esempio in Cina, quella del riso piuttosto che del mais o del frumento. E capiamo anche perché alcune straordinarie architetture come le ville palladiane della campagna veneta, che potrebbero sembrare a un primo sguardo oggetti bellissimi che galleggiano autonomi e quasi indifferenti nel territorio, sono in realtà profondamente radicate nel contesto, connesse

culture has been engrafted onto the very image of the city.
If I were to cite some intellectuals and scholars whose work is particularly relevant to these issues, I would firstly name the twentieth-century Portuguese geographer Orlando Ribeiro. Again, in the field of human geography, I follow with interest the studies of the Italian Franco Farinelli. What I most appreciate in their studies is the connections they make between physical and human (or ethnological) geographyThis is an interdisciplinary receptiveness that I consider essential in thinking about landscape.
When I want to reiterate the importance of this proximity between geography and ethnology, I take the example of food. In certain foods we see epitomised in an exemplary way the relationship established between a given location, its physical and climatic conditions, its plant and animal inhabitants, its rural cultures and their outcome in systems of nutrition. This is why I am proud to be responsible in Portugal for a Slow Food presidium which protects a cheese made from raw sheep's milk produced for generations in my family.

Human geography and cultural anthropology, in the broadest sense, free thinking about landscape from certain disciplinary restrictions due to an overfondness for the simplifications of the vernacular and autochthonous. If we look at the physical world with anthropological eyes, we understand what it means to design a landscape whose constitutive matrix is that of rice, as in China, rather than corn or wheat. And we also understand why some extraordinary architecture, such as the Palladian villas of the Veneto countryside, which might seem at first glance beautiful objects floating independently and almost indifferently in the landscape, are in fact deeply rooted in their context, closely connected with

con la natura antropizzata del mondo agrario da cui hanno preso origine.
Nell'architettura di paesaggio vi sono sempre, insieme, architettura e contesto. Anzi, i due fattori non sono in realtà mai divisi perché il gesto antropico del progetto si integra sempre nei processi interni che presiedono alla costruzione del mondo fisico, vegetale, biologico... Quella del paesaggismo è una interdisciplinarità talmente necessaria che comporta la ridefinizione degli stessi confini delle conoscenze scientifiche, come vediamo per esempio negli importanti lavori di un altro studioso che mi è caro: il francese Jean-Marie Pelt, che difatti viene definito interdisciplinarmente biologo vegetale, botanico, etnofarmacologo, ecologo... e perché no, vorrei aggiungere a questo punto, anche paesaggista, visto il suo rilevante contributo a leggere il mondo fisico come un insieme di processi costruttivi.

I molteplici riferimenti culturali che rimandano alla geografia, all'ecologia e all'etnologia non devono comunque far dimenticare la dimensione estetica dell'architettura di paesaggio. A questo riguardo, succede che nei diversi Paesi si tenda sempre a mettere in rilievo i propri numi tutelari, siano essi poeti, letterati, artisti. Questo accade perché il paesaggismo è spesso una vetrina privilegiata di specifiche culture nazionali.

Io, da portoghese, non perdo occasione a mia volta di ricordare i bellissimi versi di Luís de Camões, poeta cinquecentesco che rappresenta un po' il nostro Dante Alighieri. Se consideriamo l'epoca in cui è vissuto, risulta infatti sorprendente la sensibilità pionieristica con cui ha saputo cogliere il formarsi di una coscienza paesaggistica moderna.

Un'altra figura in cui ritrovo una spiccata percezione paesaggistica è il poeta novecentesco Jorge de Sena. La sua è l'abilità di rappresentare sensualmente il mondo, con versi che riscattano anche la vita più banale grazie alla meraviglia.

Infine, mi piace ricordare un'altra importante figura del Novecento porto-

anthropized nature in the world of agriculture from which they originated.
In landscape design, architecture and the context are always present together. Indeed the two factors are actually never separate, because the anthropic act of design is increasingly integrated into the internal processes that govern the construction of the physical, vegetable and organic world. In landscaping, an interdisciplinary approach is so essential that it involves the redefinition of the boundaries of scientific knowledge itself, as we see for instance in the important work of a French scholar whose work is very dear to me: Jean-Marie Pelt, who can be described as an interdisciplinary vegetable, botanical, ethnopharmacological and ecological biologist. And (why not?) I would like to add at this point, he is also a landscape biologist, given his significant contribution to interpreting the physical world as a set of construction processes.

The many cultural factors bound up with geography, ecology and ethnology should not, however, detract from the aesthetic dimension of landscape architecture. In this respect, it happens that the various countries always tend to highlight their tutelary deities, whether they are poets, writers or artists. This is because landscaping is often a privileged showcase for specific national cultures.

As a Portuguese, I never miss an opportunity to recall the beautiful verses of Luís de Camões, the sixteenth-century poet who can be described as our Dante Alighieri. If we consider the period he lived in, the pioneering sensibility with which he grasped the formation of a modern landscape awareness is surprising.

Another figure in whom I find a strong awareness of landscape is the twentieth-century poet Jorge de Sena. He has the ability to represent the world sensuously, in verses that redeem even the most banal life through a sense of wonder.

Finally, I would like to mention another important figure of the twentieth century in Portugal, the painter Ma-

I fiumi interdisciplinari del paesaggio
The interdisciplinary rivers of the landscape

ghese: la pittrice Maria Helena Vieira da Silva. Di questa artista ammiro in particolare la capacità di procedere per frammentazione e ricomposizione. Come un giardiniere o un ortolano provetto, nei suoi quadri separa e accosta con maestria spazi e colori, mostrando sempre dove corrono i limiti tra le cose e dunque dove si aprono possibilità per loro accostamenti, relazioni, mescolanze.

A questi tre importanti nomi della cultura portoghese se ne potrebbero aggiungere naturalmente altri. E per quanto riguarda la storia del paesaggismo in generale, sono molte le culture e le stagioni artistiche cui possiamo far riferimento per capire la centralità del tema del paesaggio nella civiltà moderna: la pittura del Rinascimento italiano, quella olandese del Seicento, l'arte romantica tra Sette- e Ottocento, sino alle esperienze contemporanee della Land Art...

Nel sud del Portogallo, in Algarve, c'è un luogo che viene definito "da sogno" per i turisti: Sagres. Sulle sue coste le arie fredde dell'Atlantico si incontrano con le arie calde del Mediterraneo. Il risultato è un fenomeno di condensazione che crea un effetto assolutamente spettacolare. La costa diventa cesura e dialogo tra due mondi, e ci restituisce questa condizione necessaria con una visione sublime, quasi fossimo davanti a una sorta di monumentale opera d'arte creata intenzionalmente.

Quando mi interrogo sulla dimensione estetica del paesaggismo, penso a paesaggi come questo. Così facendo, cerco di sfuggire al rischio di ridurre la dimensione estetica a semplice effetto visivo, a facile gioco formalistico.

ria Helena Vieira da Silva. In particular, I admire her ability to proceed by fragmenting and recomposing. Like a skilled gardener, in her paintings she skilfully separates and combines spaces and colours, always showing where the boundaries run between things, hence where it is possible to relate, combine and mingle them.

To these three important names in Portuguese culture, others could, of course, be added. And as for the history of landscape painting in general, there are many cultures and artistic seasons which can be explored in order to understand the centrality of the theme of landscape in modern civilization: the painting of the Italian Renaissance, Dutch seventeenth-century painting, Romantic art in the eighteenth and nineteenth centuries, down to the contemporary achievements of Land Art.

In southern Portugal, in the Algarve, there is a place that is described as a dream for tourists: Sagres. On its coasts the cold Atlantic air encounters the warm air of the Mediterranean. This causes a phenomenon of condensation which creates an absolutely spectacular effect. The coast becomes an interval and between two worlds, while creating a dialogue between them, expressing this necessary condition with a sublime vision, as if it were a kind of monumental work of art created intentionally.

When I explore the aesthetic dimension of landscape, I think of landscapes like this. In so doing, I seek to avoid the risk of reducing the aesthetic dimension to a simple visual effect, to a facile

I fiumi interdisciplinari del paesaggio
The interdisciplinary rivers of the landscape

Ciò che a mio parere va preservato è la concezione etica che il modernismo ha sviluppato anche in sede estetica. Il paesaggio "bello" deve di conseguenza essere sempre produttivo, funzionale, luogo in cui si rappresenta l'atavica ricerca dell'uomo per una vita più "bella" a partire tuttavia dalle condizioni di necessità.

Estetico ed ecologico devono tendere a convergere. L'esempio forse migliore per capire questa convergenza è ancora quello del contadino, quantomeno del suo tipo ideale o dei suoi migliori rappresentanti storici. Il contadino è coltissimo paesaggisticamente proprio perché la sua cultura "ignora" la separazione tra bello e funzionale, tra estetico ed etico. Per il contadino il paesaggio è la sintesi della migliore forma che si è data al luogo della propria sopravvivenza. L'architettura di paesaggio trova nell'olismo contadino un prezioso insegnamento con cui correggere la frammentazione della coscienza e dei saperi che si è diffusa a partire dal Settecento e che, soprattutto nel corso del Novecento, ha finito con il compromettere la nostra cultura progettuale.

Nei nostri anni il paesaggismo si presenta spesso sotto le forme della delusione postmodernista, come se il suo compito fosse quello di correggere con vagheggiati ritorni alla natura le malefatte della modernizzazione. Ma questo atteggiamento è sbagliato, o perlomeno è una visione riduttiva. Io credo piuttosto che si debba ripartire da una concezione neoilluminista dei processi di antropizzazione, chiaramente integrando nelle culture moderniste della speranza e del progresso tutti quegli elementi ecologici, contestuali, olistici che per motivi storici sono sfuggiti al modernismo classico.

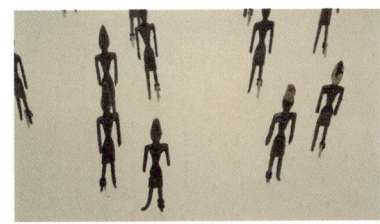  

formal game. What I think needs to be preserved is the ethical consideration that modernism has also developed in aesthetics. The "beautiful" landscape must therefore always be a productive, functional place in which humanity's atavistic search for a more "beautiful" life is represented, but always starting from conditions of necessity.

The aesthetic and ecological must tend to converge. Perhaps the best example to understand this convergence is still that of the farmer, at least in its ideal type or of finest historical representatives. Farmers have a highly developed culture in terms of landscape because they ignore the separation between the beautiful and the functional, between the aesthetic and the ethical. Farmers see the landscape as a synthesis of the best form that can be given to the place where they subsist. In the holism of the farmer, landscape architecture finds a valuable lesson by which to correct the fragmentation of consciousness and knowledge that began to spread in the eighteenth century and that, above all in the twentieth, has come to compromise our design culture.

Today landscaping often appears as Postmodernist disappointment, as if its task were to correct the misdeeds of modernization with a wishful return to nature. But this attitude is mistaken, or at least too narrow. I believe, rather, that we should start from a neo-Enlightenment conception of the processes of anthropization, clearly integrating into a Modernist culture of hope and progress all those ecological, contextual and holistic elements which for historical reasons have fled from classic Modernism.

Quanto detto sin qui dovrebbe permettere ora di capire meglio l'atlante culturale che presiede all'architettura di paesaggio. Potremmo riassumerlo, per chiarezza, in quattro fattori, sezioni o "fiumi". Nell'ordine, abbiamo dapprima indicato il ruolo fondamentale delle conoscenze naturalistiche, ossia di tutti i discorsi scientifici che interpretano il paesaggio con gli strumenti della geologia, della morfologia, della botanica ecc. Ad essi abbiamo poi affiancato le conoscenze operative che vengono dalle grandi tradizioni contadine e che abbiamo raccolto sotto il concetto di "scuola antropologica". Su questi due grandi contributi culturali si innestano infine le vere e proprie culture disciplinari del progetto: ingegneria e architettura. Con esse passiamo da un paesaggismo di fatto al paesaggismo intenzionale. Le conoscenze fornite dalle scienze naturali e dalle competenze depositate nei processi storici di antropizzazione, con l'ingegneria e l'architettura si trasformano in culture progettuali, o potremmo anche dire anche in "poetiche" costruttive del paesaggio.

Di particolare pregio io considero l'esempio di alcuni grandi ingegneri che si sono cimentati nell'infrastrutturazione moderna dei nostri paesaggi. L'infrastruttura, contrariamente a certi schematismi odierni, non va mai vista come una presenza estranea, bensì come parte integrante di quel complicato e multiplo processo di costruzione e autocostruzione che il paesaggio rappresenta. Per questo considero autentici paesaggisti taluni ingegneri, quali lo svizzero Robert Maillart o l'italiano Riccardo Morandi; così come considero un autentico progetto di paesaggio quello di Rino Tami per l'Autostrada N2 Chiasso-San Gottardo.

Se l'ingegneria rappresenta per così dire l'intenzione progettuale più vicina alle scienze naturali, potremmo dire parimenti che l'architettura di paesaggio rappresenti l'intenzione progettuale più vicina ai riferimenti antropici, tradizionali, sociali ed estetici di cui i nostri ambienti sono il riassunto. Non si tratta ovviamente di suddividere due diversi ruoli tra l'ingegneria e l'architettura. Il copione che esse devono

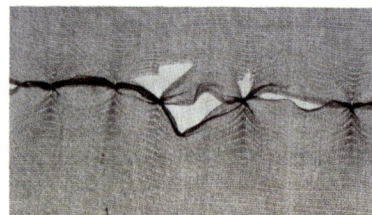  

What I have said so far should now enable us to better understand the cultural atlas that presides over landscape architecture. We could sum it up for the sake of clarity in four factors, sections or "rivers". Taking them in order, we first indicated the fundamental role of naturalistic knowledge, meaning all the scientific discourses that interpret the landscape through the instruments of geology, morphology, botany etc. To this was then added the working knowledge that comes from the great farming traditions, which we brought together under the concept of the "anthropological school". On these two great cultural contributions are engrafted finally the actual disciplinary cultures of design: engineering and architecture. With them, we pass from de facto landscaping to landscaping practised purposefully. The knowledge supplied by the natural sciences, and the skills embodied in the historical processes of human activity, are transformed by engineering and architecture into cultural design, or we might also say into the constructive poetics of the landscape.

I consider the example of some great engineers who have ventured into the modern infrastructuring of our landscapes to be of particular value. Infrastructure, contrary to the schematic certainties of today, should never be seen as a foreign presence, but as an integral part of that complicated and multiple process of construction and self-construction embodied in the landscape. This is why I consider certain engineers to have been authentic landscapists, such as the Swiss Robert Maillart or the Italian Riccardo Morandi, just as I consider Rino Tami's project for the Autostrada N2 Chiasso-Saint Gotthard to be a true landscape project.

If engineering is, so to speak, the form of design closest to the natural sciences, we could also say that landscape architecture is the form of design closest to the anthropic, traditional, social and aesthetic references embodied in our environments. This is obviously not a question of subdividing two different roles between engineering and architecture. The script which they have to

I fiumi interdisciplinari del paesaggio
The interdisciplinary rivers of the landscape

interpretare è unico: nei loro progetti, tanto l'ingegneria quanto l'architettura devono farsi carico unitariamente dell'integrazione olistica connaturata al paesaggismo. La capacità di intervenire olisticamente è sempre il miglior parametro con cui valutare la qualità del progetto di paesaggio. Ce lo ricordano grandi precursori del paesaggismo moderno come Lenné o Olmsted...

Per concludere queste note vorrei infine richiamare due grandi architetti paesaggisti portoghesi, la cui influenza culturale e politica spiega almeno in parte da dove giunga la mia scelta di dedicarmi all'architettura di paesaggio: Francisco Caldeira Cabral (1908-1992) e Gonçalo Ribeiro Telles (Lisbona, 1922).

Caldeira Cabral, che aveva anche una formazione di musicista, negli anni Trenta del Novecento andò a studiare a Berlino, dove voleva naturalmente applicarsi anche alle nobili tradizioni musicali tedesche. Ma, complice un legame amoroso, durante i suoi studi di agronomia venne conquistato in realtà dalla ricchezza del dibattito paesaggistico sviluppatosi in Germania e, rientrato in Portogallo, diventerà un vero e proprio pioniere del paesaggismo grazie al ruolo che svolgerà soprattutto come teorico e didatta.

Per ritrovare appieno il profilo olistico del paesaggismo anche dal punto di vista della vicenda personale, dobbiamo però parlare di Ribeiro Telles. Ingegnere agronomo e architetto del paesaggio, egli ha ricoperto anche importanti cariche politiche e istituzionali, promuovendo con spirito illuminato le tematiche paesaggistiche sino a elevarle a categorie patrimoniali e a norme giuridiche. La sua figura ha senza dubbio esercitato su di me una forte attrazione, sin da quando in gioventù andavo a passeggiare nel Parco Gulbenkian di Lisbona, di cui fu uno dei progettisti. E proprio pensando a Ribeiro Telles non riesco a immaginare un "atlante culturale" che rappresenti meglio del suo esempio il complesso statuto e il difficile compito dell'architettura di paesaggio nel mondo contemporaneo.

interpret is unique: in their projects, both engineering and architecture have to engage in the unified holistic integration inherent in landscaping. Its ability to intervene holistically is always the best yardstick by which to assess the quality of a landscape project. This is what we learn from the great forerunners of modern landscape design, such as Lenné or Olmsted.

To conclude these notes, I would finally like to draw attention to two major Portuguese landscape architects, whose cultural and political influence explains at least in part where comes my decision to devote myself to landscape architecture stems from: Francisco Caldeira Cabral (1908-1992) and Gonçalo Ribeiro Telles (Lisbon, 1922).

Caldeira Cabral, who also trained as a musician, in the 1930s went to study in Berlin, where he naturally also wanted to apply himself to the noble traditions of German music. But partly due to a love affair, while studying agronomy, he was actually won over by the richness of the landscape debate developed in Germany and on his return to Portugal became a true pioneer of landscape through the role he would play primarily as a theorist and teacher.

To rediscover the full holistic profile of landscape design also in terms of personal history, we have to turn to Ribeiro Telles. As engineer, agronomist and landscape architect, he also held important political and institutional positions. With an enlightened spirit he fostered landscape values and elevated them into patrimonial categories and legal standards. His example has clearly exerted a strong influence over me, ever since in my youth I used to walk in the Gulbenkian Park in Lisbon, of which he was one of the designers. And in thinking of Ribeiro Telles I cannot imagine a "cultural atlas" that represents better than his the complex status and the difficult task of landscape architecture in the contemporary world.[rs]

Valerio Olgiati

Verso un' autobiografia icastica

•

Towards an icastic autobiography

Bruno Pedretti

Karl Friedrich Schinkel
Casa in terracotta del
costruttore di stufe Feilner
(Berlino, 1828-1830).
La sequenza spaziale può
essere letta solo in pianta.
La facciata è chiara.
House in terracotta for
Tobias Feilner the stove manu-
facturer (Berlin, 1828-1830).
The spatial sequence
can be read only in the plan.
The façade is clear.

In various publications and conferences by Valerio Olgiati, the theme of the "iconographic autobiography", as he calls it, is recurrent. This iconographic autobiography consists sometimes of many images (as in the case of no. 156 of the journal "El Croquis", 2011, where there are more than 50), while elsewhere there are between 10 and 20 illustrations (this is the case with A lecture by Valerio Olgiati, Birkhäuser, Basel 2011). The subjects always differ widely. This is shown by the choice Olgiati has made for this Atlas, where we find a celebrated monument in India, a pre-Columbian archaeological site, a glimpse of a vernacular building in South America, a canonical work by Schinkel, the plan of a historic building in the Grisons… If we exclude the historical sources from which the illustrations of some of the works selected are taken, the photographs that make up most of the iconographic narrative are by the architect himself, who states, however, that one should not be particularly concerned about their formal quality. Given the outstanding care Olgiati devotes to the

In varie pubblicazioni e conferenze di Valerio Olgiati ritorna il tema dell'«autobiografia iconografica», come egli stesso la definisce. Questa autobiografia iconografica si compone a volte di molte immagini (è il caso del n. 156 della rivista "El Croquis", 2011, dove superano le 50), mentre altrove le illustrazioni si attestano tra le 10 e le 20 (è il caso del piccolo volume Una conferenza di Valerio Olgiati, Birkhäuser, Basilea 2011). I soggetti sono sempre molto diversi tra di loro. Ne è riprova la scelta che Olgiati ha fatto per questo Atlante, dove troviamo un celebre monumento dell'India, un sito archeologico precolombiano, lo scorcio di una costruzione vernacolare sudamericana, un'opera canonica di Schinkel, la pianta di un palazzo storico dei Grigioni… Se si escludono le fonti storiche da cui sono tratte le illustrazioni di alcune delle opere prescelte, le fotografie che per la maggior parte compongono il racconto iconografico sono dello stesso architetto, il quale dichiara tuttavia di non curarsi troppo della loro qualità formale. Data la spiccata cura che Olgiati riserva alla dimensione visiva nel suo lavoro, l'affermazione potrebbe sembrare incongrua, ma si spiega con il fatto che all'architetto non interessa documentare ad "alta definizione" le opere di suo interesse: ciò che vuole cogliere è infatti il loro valore icastico.
Come sappiamo, "icastico" significa "rappresentare in modo incisivo, essenziale, efficace". Tale significato viene di solito applicato in ambito linguisti-

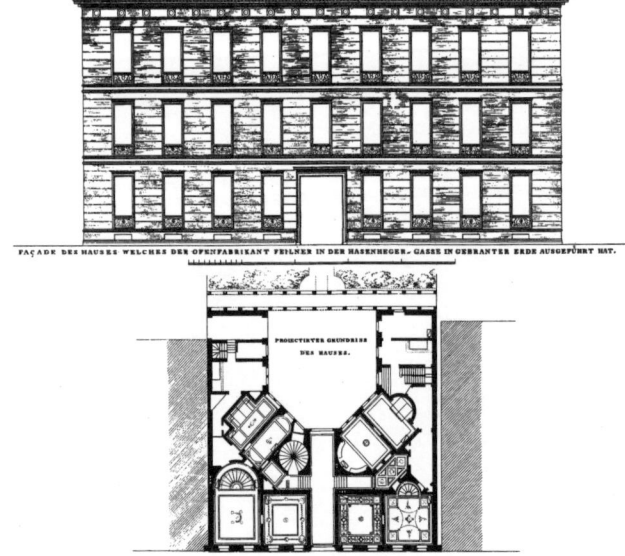

Verso un'autobiografia icastica
Towards an icastic autobiography

Taj Mahal, India.
Un'apparizione.
An apparition.

Fatehpur Sikri,
Uttar Pradesh (India),
edificata dall'imperatore
moghul Akbar.
L'artificialità degli edifici
e i materiali "terrosi"
coesistono simultaneamente.
Incredibile bellezza.
Fatehpur Sikri,
Uttar Pradesh (India),
built by the Mughal
emperor Akbar.
The artificiality of the buildings
and the "earthy" materials
coexist simultaneously.
Incredible beauty.

co, ma in realtà il vocabolo, di origine greca, riconosce all'immagine un ruolo centrale nella costituzione dello stesso linguaggio parlato: il termine "icastico" (*eikastikos*) viene infatti dalla parola "icona" (*eikon*). Quando Olgiati parla di una «autobiografia iconografica» o afferma che la sua ricerca architettonica è una ricerca sull'immagine, egli non fa che rivendicare la forza intrinseca del linguaggio icastico, dell'espressione iconica. La sua non è d'altronde una rivendicazione nuova: basti ricordare che tra i precursori che più nobilitarono il linguaggio visivo annoveriamo i grandi maestri del Rinascimento. A quel tempo architettura, pittura e scultura vennero riunite, come in particolare decretò il lavoro teorico di Giorgio Vasari, sotto la categoria di "arti del disegno", e da allora queste tre arti, poi rinominate "arti visive", procedono intrecciando i loro destini quali rappresentanti di generi artistici diversi eppure debitori a un comune genitore: il pensiero visivo. Far riferimento oggi al primato iconico nella pratica dell'architettura significa rivendicarne a tutti gli effetti il pieno statuto di arte visiva.
Ma che significa più esattamente questo statuto iconico, questo linguaggio icastico posto a fondamento dell'arte architettonica? Olgiati si è formato in anni in cui dilagava il postmodernismo, le cui poetiche riportavano al centro della cultura progettuale appunto l'immagine. Occorre però evitare di ascrivere a tale movimento tutti coloro che si muovono nel solco di un primato del

Monastero di Santa Caterina,
Arequipa (Perù).
Le corti pubbliche sono rosse,
quelle private blu.
Il rosso è un colore di terra,
il blu un colore estremamente
artificiale.
Convent of Santa Catalina,
Arequipa (Peru).
Public courts are red,
private ones blue.
Red is a colour of earth,
blue an extremely artificial one.

Valerio Olgiati
La Casa Gialla,
Flims (Svizzera), 1999.
The Yellow House,
Flims (Switzerland), 1999.

visual dimension of his work, the statement might seem incongruous, but is explained by the fact that the architect is not interested in documenting the works of that interest him in high definition: what he seeks to grasp is in fact their *icastic* value.

As is we well known, "icastic" means "to represent incisively, essentially, effectively". This meaning is usually applied to the field of linguistics, but in fact the word of Greek origin attributes to the image a central role in the establishment of spoken language itself: the term "icastic" (*eikastikos*) comes from the word "icon" (*eikon*). When Olgiati speaks of an "iconographic autobiography" or claims that his architectural research is an investigation of the image, he is simply affirming the inherent strength of icastic language, iconic expression. His is, in fact, not a new claim: remember that among the precursors who most ennobled visual language we include the great masters of the Renaissance. At that time, architecture, painting and sculpture were united, as decreed in particular by the theoretical work of Giorgio Vasari, in the category of the "arts of design", and since then these three arts, later renamed the "visual arts", have proceed by interweaving their destinies as representatives of different artistic genres, but all indebted to a common parent: visual thinking. Referring now to the iconic primacy in the practice of architecture means vindicating its full status as a visual art to all effects.

So what exactly is the meaning of this iconic status, this icastic language which underpins architectural art? Olgiati was trained at a time of rampant Postmodernism, whose poetics restored the image to the centre of design culture. But one should avoid ascribing to this movement all those who follow the furrow of the primacy of the visual language. Moving away from the Postmodern vulgate, which reduced the image to the figurative element, Olgiati insisted that the image should be set in relation to the idea, not the style, not the form, not the quotation, not figurative recognisability. He believes that the image, icastically, is an idea in itself, and therefore the figurative and narrative elements dear to Postmodernism should be undermined by a conceptual intelligibility. The works chosen as the protagonists of his iconographic autobiography should not to be seen as aspects of a taste that favours and pays homage to certain forms or styles from other periods, contexts, colleagues or cultures. On the contrary, as conceptual condensations of true "imagery", they say only what their authors have "imagined", what has been devised exclusively through icons, or icastically.

In the wake of this icastic rethinking of the art of architecture, some time ago Olgiati invited a large group of well-known architects to collect the images that they deemed most important as a basis of their work. This resulted in the book *The Images of Architects. The Visible Origin of Architecture*, published by

linguaggio visivo. Smarcandosi dalla vulgata postmodernistica che riduce l'immagine a elemento figurativo, Olgiati insiste affinché l'immagine venga messa in relazione all'idea, non allo stile, non alla forma, non alla citazione, non alla riconoscibilità figurativa. Egli ritiene che l'immagine, icasticamente, sia idea in se stessa, e che di conseguenza gli aspetti figurativi e narrativi cari al postmodernismo vadano scalzati da una intelligibilità concettuale. Le opere elette a protagoniste della sua autobiografia iconografica non sono da vedere come tasselli di un gusto che predilige e omaggia determinate forme o stili di altri tempi, contesti, colleghi, culture. Al contrario, in quanto condensazioni concettuali di un vero e proprio "immaginario", esse dicono solo ciò che il loro autore ha "immaginato", ciò che è stato pensato esclusivamente attraverso icone, ossia icasticamente.

Verso un'autobiografia icastica
Towards an icastic autobiography

Parpan,
Canton Grigioni (Svizzera),
casa ancestrale.
Residenza di un nobile
del XVII secolo, le stanze
alla sinistra del corridoio
hanno soffitti rivestiti in legno,
le stanze a destra
hanno soffitti a volta.
Parpan, Canton Grisons
(Switzerland), ancestral home.
The house of a seventeenth-
century nobleman,
the rooms to the left
of the corridor have wood-lined
ceilings, the rooms on the right
vaulted ceilings.

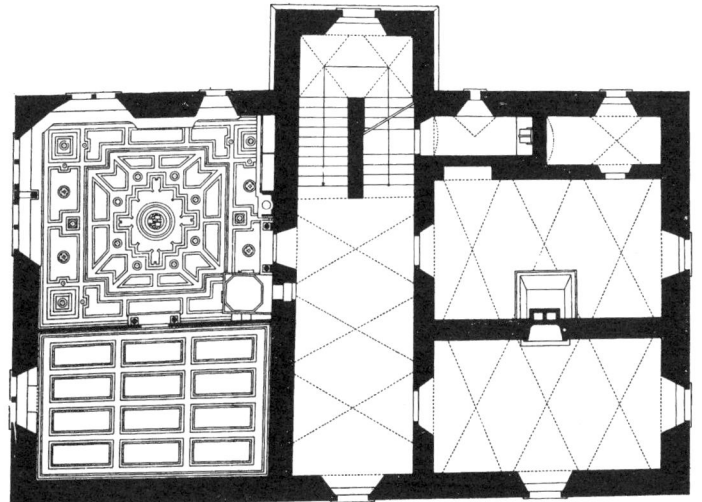

Sulla scorta di questo ripensamento icastico dell'arte architettonica, tempo addietro Olgiati ha invitato un nutrito gruppo di affermati architetti a raccogliere le immagini che essi ritenevano più significative come basi del loro lavoro. Ne è scaturito il libro *The Images of Architects. The Visible Origin of Architecture*, pubblicato dall'editore Quart di Lucerna nel 2013. Sono 44 gli architetti presentati nel libro, scelti in quanto "unici" (nel senso autoriale): si va dai fratelli Mateus a Peter Eisenman, da Mario Botta a Richard Meier, da Álvaro Siza a Peter Zumthor... Ognuno di loro ha risposto con un *musée imaginaire* soggettivo composto da una libera selezione di esempi. Secondo le parole usate da Olgiati nella prefazione al libro collettaneo, le immagini che essi hanno scelto sono «dichiarazioni filosofiche e di poetica», sono «spiegazioni, metafore, fondamenti, memorie e intenzioni». Aderendo al suo invito, tutti questi architetti si sono resi complici (più o meno consapevoli) di una battaglia a sostegno della dimensione icastica dell'arte architettonica.
Come lo stesso Olgiati ammette e come confermano i suoi lavori, ci sono stati anni in cui la ricerca di una dimensione concettuale dell'immagine lo indirizzava in modo privilegiato verso la struttura, cui si attribuiva una sorta di ruolo genetico della forma architettonica. Poi, in anni più recenti, la struttura ha lasciato progressivamente emergere una visione dello spazio quale pura speculazione. Le costruzioni e i progetti di

Palazzo dei Priori, Volterra (Italia).

Quart in Lucerne in 2013. Forty-four architects are presented in the book, chosen as "unique" (in the authorial sense): from the Mateus brothers to Peter Eisenman, Richard Meier, Mario Botta, Álvaro Siza, Peter Zumthor... Each of them responded with a subjective *musée imaginaire* consisting of a free selection of examples. According to the words used by Olgiati in the preface to the collective book, the pictures they chose are «philosophical statements and declarations of their poetics», they are «explanations, metaphors, foundations, memories and intentions». In accepting his invitation, all these architects were (more or less conscious) accomplices in a battle in support of the icastic dimension of architectural art.

As Olgiati himself admits and as confirmed by his work, there were years in which the search for a conceptual dimension of the image guided him in a privileged way towards the structure, to which he attributed a sort of genetic role in relation to architectural form. Then in recent years the structure has gradually allowed a vision of space as pure speculation to emerge. Olgiati's buildings and projects have thus begun to be articulated as spatial machines to be experienced like scenographies, where what counts is not so much the actual composition of the building as its "imaginary" perception. Rather like what happens in the theatre, architecture is now seeking to escape from the canonical spaces and their related tectonic principles, replacing them with spaces that perform like stage sets. As many critics have pointed out, from this derives their perceptual irregularities and plastic distortions. Architecture conceived graphically, far from becoming more realistic, goes in search of a stage where speculation submits both composition and fruition to itself.

Architecture has always had to be nurtured by external ideas; or rather it has had to accommodate opinions coming from clients, other socio-economic figures, from technological factors, political influences and so forth. History has left a legacy of great architecture even where these external constraints were very restrictive. Compared with the working conditions in which design work is conducted, the figurative vision then becomes the way in which the architect seeks to imagine and design an architecture that says just what it is and wants to be, as if taking freedom of opinion from the patron, the client, or any user. The disciplinary complexity of architecture and its inescapable links with other fields of knowledge cannot be lost, but icastic architectural thought functions so that all the external "interferences" are instruments subordinate to the speculative autonomy of the visual language of the project. As witness to this icastic absolutism advocated by Olgiati, we can call the house that he designed and recently built for himself in the Alentejo, Portugal: Villa Além. This building, as an evident self-aesthetic portrait of the

Olgiati hanno così iniziato ad articolarsi quali macchine spaziali da esperire al pari di scenografie, dove non conta tanto la composizione reale del manufatto, quanto la sua percezione "immaginaria". Similmente a quanto accade in teatro, le architetture cercano ora di sfuggire agli spazi canonici e ai relativi principi tettonici, sostituendovi spazi che si esibiscono al pari di scene. Come hanno sottolineato vari critici, discendono da qui le loro irregolarità percettive e distorsioni plastiche. L'architettura pensata icasticamente, lungi dal diventare più realistica, va alla ricerca di uno

Verso un'autobiografia icastica
Towards an icastic autobiography

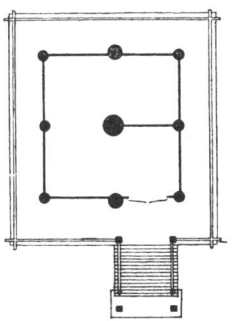

Santuario di Izumo, Giappone.
Izumo Grand Shrine, Japan.
12 × 12 m.

Valerio Olgiati
Perm Museum XXI, Perm (Russia),
concorso, 1° premio, 2008.
Perm Museum XXI, Perm (Russia),
competition, 1st prize, 2008.

Valerio Olgiati
Villa Além,
Alentejo (Portugal),
2014.

Mitla, Oaxaca (Messico).
Quattro gerarchie spaziali diverse.
Mitla, Oaxaca (Mexico).
Four different spatial hierarchies.

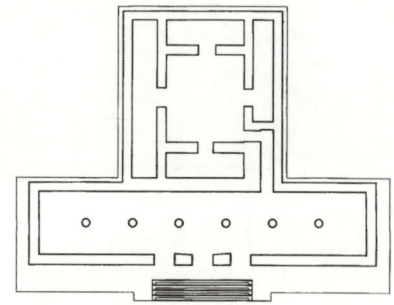

architect rather than a home, should be defined as a theory. It is a theory because, it too, like the historical and anthropological examples Olgiati likes to draw on in his iconographic autobiography, speaks to us as a primary conceptual image even before any function, typology or context…
In a way rather like the Impressionist painters who relied in their paintings on the "innocent eye", we could say that the icastic architect seeks to rely on a "primary eye". The works that Olgiati proposes as the protagonists of his imagery therefore do not have a significance of historical reference, they do not pay intellectual or artistic homage to this or that author in the name of the cultural heritage. The images are autonomous objects that he regards as his contemporaries; they are icons of works emancipated from their practical uses, detached from their contexts, removed from their time and also withdrawn from any symbolic value. The architectures that inhabit Olgiati's icastic imagination are representations of absolute things. Nothing more.(rs)

spazio scenico dove la speculazione piega a sé tanto la composizione, quanto la fruizione.
L'architettura si è sempre dovuta nutrire di idee esterne; o, per meglio dire, ha dovuto e deve accogliere anche opinioni che vengono dalla committenza, da altri attori socio-economici, da condizionamenti tecnologici, influenze politiche e così via. La storia ci ha lasciato in eredità grande architettura anche dove questi vincoli esterni sono molto costrittivi. Davanti ai condizionamenti operativi in cui il lavoro progettuale si svolge, la visione icastica diventa allora il modo con cui l'architetto cerca di immaginare e disegnare un'architettura che dica solo quello che essa è e che vuole essere, togliendo per così dire libertà d'opinione al committente, al cliente, a qualsivoglia fruitore. La complessità disciplinare dell'architettura e i suoi ineludibili legami con altri saperi non possono venire meno, ma il pensiero architettonico icastico opera affinché tutte le "ingerenze" esterne siano strumenti subalterni all'autonomia speculativa del linguaggio visivo del progetto.
A testimone di questo "assolutismo icastico" propugnato da Olgiati, possiamo convocare la casa che ha disegnato e di recente realizzato per se stesso nell'Alentejo, in Portogallo: Villa Além. Questa costruzione, in quanto evidente "autoritratto estetico" dell'architetto, più che una "casa" andrebbe definita una "teoria". È una teoria perché anch'essa, al pari degli esempi storici e

Verso un'autobiografia icastica
Towards an icastic autobiography

Monte Albán, Oaxaca (Messico).
La cima della montagna è stata
rimossa. Il moncone residuo
forma la base per una proiezione
"cultuale" dell'universo.
Monte Albán, Oaxaca (Mexico).
The mountaintop has been
removed. The stump remaining
forms the base for a cultic
projection of the universe.

Cuzco, Perù, muratura di pietra
inca. Un'incredibile precisione.
Cusco, Peru, Inca stone masonry.
Incredible precision.

antropologici che Olgiati ama riprendere nella sua autobiografia iconografica, ci parla come un'immagine concettuale primaria che precede ogni funzione, tipologia, contesto... In modo simile ai pittori impressionisti che si affidavano per i loro quadri all'"occhio innocente", potremmo dire che l'architetto icastico si vuole affidare a un "occhio primario". Le opere che Olgiati propone a protagoniste del suo immaginario non hanno quindi un significato di riferimento storico, non sono un omaggio artistico o intellettuale a questo o quell'altro autore in nome dell'eredità culturale. Le immagini presentano oggetti autonomi che egli considera suoi contemporanei, sono icone di opere emancipate dal loro uso pratico, svincolate dal loro contesto, allontanate dal loro tempo e sottratte anche ad ogni eventuale valore simbolico. Le architetture che abitano l'immaginario di Olgiati sono rappresentazioni icastiche di cose assolute. Null'altro.

Jonathan Sergison

Sei
argomenti
di
conversazione
•
Six
talking
points

Jonathan Sergison

D Per *L'atlante dell'architetto* ti è stato chiesto un breve testo nel quale esporre una serie di considerazioni così da formare una sorta di autoritratto. Hai però preferito articolare le tue riflessioni attraverso una conversazione. È interessante questa tua preferenza per il dialogo piuttosto che per il monologo…

S È una scelta che mi viene dall'esperienza. In passato ho tentato in varie occasioni di articolare in un testo la visione che abbiamo dell'architettura nel nostro studio di progettazione e ho trovato la cosa estremamente difficile. In effetti, devo confessare che dopo l'invito a contribuire a questa raccolta di "atlanti personali", ho provato a scrivere qualcosa, ma non sono rimasto molto soddisfatto del risultato. Non mi è parso di aver aggiunto molto a quanto già scritto altrove. *Somewhere between ideas and places* (Da qualche parte tra idee e luoghi) e *Resistance* (Resistenza), testi entrambi scritti dal mio socio Stephen Bates, che fanno parte del primo libro della serie *Papers*, credo che assolvano molto bene a questo compito. Stiamo ora lavorando al terzo volume, *Papers 3*. Devo dire che la somma di questi testi offre un racconto chiaro del nostro pensiero e della nostra posizione riguardo all'architettura.

D In un primo momento, questo bisogno di affrontare i temi attraverso una conversazione mi ha ricordato il dialogo socratico come forma di indagine critica, dove il dialogo viene utilizzato per mettere in discussione assunti precedentemente sostenuti e per stimolare un nuovo modo di pensare. Ma nel tuo caso ciò potrebbe essere dovuto al fatto che fai parte di una *partnership*, dove il lavoro si fonda necessariamente sul dialogo.

S Da sempre il mio modo di fare architettura si basa su una complessa rete di collaborazioni che si sovrappongono tra loro, a partire da quella con i miei soci Stephen Bates e Mark Tuff. Io credo nella struttura della collaborazione, sia con i miei due soci e con i molti collaboratori che lavorano nel nostro studio, sia con i consulenti con cui cooperiamo. Credo che il processo collaborativo porti in genere a risultati migliori di quelli che si potrebbero ottenere lavorando da soli. La collaborazione, che considero molto importante, non è sempre facile, e le nostre discussioni sui progetti possono durare giorni, mesi, a volte anche anni.

D Il tuo modo di guardare le cose è particolare. Sia la tua architettura sia i tuoi scritti sembrano cercare e trarre conclusioni su temi in genere dati per scontati. Si direbbe che molti dei tuoi testi abbiano un tono didattico, in senso positivo. Da una parte, sembra che temi modesti, comuni e quotidiani catturino la tua attenzione più di quelli che hanno a che vedere con il monumentale, l'eccezionale. Dall'altra parte, è come se tu sentissi la necessità di riprendere in esame questioni spesso considerate già note e pertanto trascurate.

S Esatto. Sono sempre più consapevole che il tema che mi interessa maggiormente è la forma urbana della città europea, che è fatta prevalentemente di edilizia normativa, banale, quotidiana, per la maggior parte *housing*. La nostra continua ricerca su questo tema deriva dal bisogno di comprendere le nostre responsabilità quando interveniamo su un tessuto tanto ricco e vario. Il nostro lavoro su questo fronte è oggetto di continua discussione e valutazione. Per fare un esempio molto concreto: quest'anno mi sono dato il compito di fare ogni giorno almeno una foto di qualcosa che cattura la mia attenzione (soprattutto di situazioni urbane), con lo scopo di registrare il senso dell'abitare. Alla fine, le foto registreranno il modo in cui alcuni luoghi esistono attraverso il lavoro fatto da altri in passato. Il mio esercizio, rivelando le cose che mi at-

Un dialogo con
Irina Davidovici

1. Sergison Bates architects
Casa-atelier, Hackney, Londra, 2000-2004 (foto Ioana Marinescu).
Questa piccola casa va ad aggiungersi alla varia collezione di edifici che si possono osservare in questa strada di Londra. In questo progetto abbiamo adottato un tipo di costruzione in laterizio e un linguaggio architettonico piuttosto ambiguo per la costruzione delle facciate. Abbiamo utilizzato mattoni come rivestimento esterno, in contrasto con gli edifici pre-esistenti che si trovano sulla stessa strada, in cui il mattone è un elemento portante, e la facciata è deliberatamente organizzata in modo da non dare immediatamente un'impressione di domesticità.

2. Vista dalla finestra del nostro studio a Clerkenwell, Londra.
Questa immagine mi ricorda che ciò che dà un senso di omogeneità al tessuto urbano di Londra è un materiale piuttosto che un tipo di costruzione. L'uso del laterizio unifica i diversi caratteri architettonici degli edifici che si vedono in questa immagine. Il forte linguaggio tettonico del primo edificio industriale sulla destra si basa su un mattone "industriale" molto robusto. Sullo sfondo è visibile parte di un gruppo di case popolari del Peabody Trust, un bell'esempio di programma filantropico della fine del XIX secolo per la costruzione di alloggi decorosi per la classe operaia. Furono costruiti molti *estates*, ancora oggi riconoscibili per l'utilizzo di un linguaggio comune nei dettagli e dell'onnipresente *London stock brick*, il mattone standard di Londra.

Senza pregiudizio

1.

Sei argomenti di conversazione
Six talking points

A conversation with Irina Davidovici

1. Sergison Bates architects
Studio House, Hackney, London, 2000-2004 (photo Ioana Marinescu).
This small house adds to the diverse collection of buildings that can be seen in this London street. In this project we used a form of brick construction and a somewhat ambiguous architectural language in the making of the facades.
In this instance brick is used as a cladding, in contrast to the older buildings in the street where it is a loadbearing element, and the facade is deliberately arranged in a way that does not immediately suggest a domestic character.

2. View out of a window from our studio in Clerkenwell, London.
This image reminds me that it is more a material than a building type that bring a sense of homogeneity to the urban fabric of London. Brick construction unifies the different architectural characters of the buildings you can see in this image. The strong tectonic language of the former industrial building to the right relies on a very hard "industrial" brick. In the distance is part of a Peabody housing project, a fine example of a philanthropic programme designed at the end of the nineteenth century to build decent houses for the working classes. Numerous estates were built, which are recognisable for their use of a common language of details and the ubiquitous London stock brick.

D For *The Architect's Atlas* you were asked to contribute a short statement based on a number of set questions, which would amount to a self-portrait. Instead, you have opted to articulate your position through conversation. I'm intrigued by this preference for dialogue over and against monologue.

S This adaptation of the brief comes from experience. On a number of occasions in the past I have tried to articulate our position in a text, and found this extremely difficult. In fact, I should come clean because following the invitation to contribute to this collection of "personal Atlases" I did try to write something, and I was not very happy with what emerged. I found that I wasn't really adding anything that hadn't been written before. *Somewhere between ideas and places* and *Resistance*, both written by my partner Stephen Bates and included in the collection of writings contained in the first of a series of books entitled *Papers*, attend to this task very well in my opinion. We are now working on the third volume, *Papers 3*. It must be said that the sum of these texts offers the most explicit account of our thinking and architectural position.

D At first, this need to work through issues through conversation reminded me of Socratic debate as a critical form of enquiry, which uses dialogue to question previously held assumptions and stimulate new ways of thinking. But in your case it may also be due to the fact that you're engaged in a partnership and most of your work is based on dialogue.

S I have always based my practice on a complex, overlapping collection of collaborations, starting with those I have developed in practice with Stephen Bates and Mark Tuff. This comes from a belief in the structure of collaboration, be it with my two partners and the many collaborators in the studio, or the numerous consultants we work with. I believe the result is usually something more powerful than one would ever be capable of creating individually. Collaboration, something that I hold in very high regard, is not always easy, and the discussions we have about projects can last days, months, years even.

Without prejudice

D There's a specific way in which you look at the world. Both your architecture and your writing seem to try and arrive at conclusions about matters that are generally taken for granted. You could say that many of the writings are didactic in tone – in a positive sense. On the one hand it is as if modest, common and ordinary matters capture your attention more than the monumental and the exceptional. On the other, it's as if you have a need to re-analyse topics that are often deemed as already known, and therefore overlooked.

S What you say defines things quite clearly. Increasingly, I've come to realize that the subject I am most interested in is the urbanism of the European city, which predominantly comprises the normative, the banal, the everyday – mostly housing. Our on-going enquiry on this topic comes from the need to understand the responsibility that we have when we're adding to this rich and varied urban fabric. The measure of our work in relation to this is something that we're constantly discussing and assessing. To give you a very concrete example of this interest, as a discipline, this year I have set myself the ambition of taking at least one photograph of something that catches my attention every day, specifically urban conditions, so as to record in some way a sense of inhabitation. These photographs will record the manner in which places exist through the work of others in the past. This project reveals the things I am drawn to, and I know that through our

2.

traggono, si travaserà nel nostro lavoro tramite la valutazione e la reinterpretazione delle cose che ho fotografato rendendole personali e specifiche per la nostra ricerca architettonica.

D Tempo fa hai affermato che i progetti emergono da un senso di relazione, e che anche la tua architettura è il risultato di un'analisi di ambienti abitati. Hai detto anche che l'architetto deve decidere quali relazioni considerare e quali scartare. Come prendi questo tipo di decisioni?
S In una certa misura queste decisioni vengono prese in modo intuitivo, in base al valore che attribuiamo a certe cose piuttosto che ad altre. Non sarebbe possibile fare un progetto accettando tutte le condizioni esistenti, sarebbe troppo acritico. Il processo è inevitabilmente aperto alla nostra interpretazione personale e alla valutazione degli elementi che a nostro parere hanno un certo valore. Questi elementi non sono necessariamente subito visibili nel contesto fisico in cui un progetto è situato. Va sfruttata anche la libertà di trarre spunto da fonti di riferimento molto più ampie, che rimandano alla cultura architettonica occidentale e al nostro modo di interpretarla.
D Una critica che viene frequentemente mossa alla vostra architettura è che è troppo invisibile, che si mimetizza nella città. Personalmente, trovo che questa sia una qualità. È un riconoscimento che l'idea dell'oggetto architettonico è in crisi e che è necessario prendere in considerazione la città quando si elabora un progetto architettonico.
S Questo è un tema importante di cui discutiamo costantemente nel nostro lavoro. Molti dei progetti che ci sono stati commissionati hanno a che vedere con programmi di *housing*. Noi non crediamo sia appropriato imporre forme di sperimentazione a futuri abitanti di un edificio. Viviamo in un periodo in cui l'ego di molti architetti sembra aver preso il sopravvento. Mi riferisco alla mia difficoltà a comprendere le "archistar" e il loro ruolo di protagonisti invece che di contributori alla costruzione della città. Credo che con i nostri interventi nella città contemporanea non dovremmo mettere in scena noi stessi. Purtroppo gran parte dell'edilizia residenziale costruita negli ultimi vent'anni nelle città europee è "gridata": la maggior parte degli edifici sembra concorrere alla creazione di ambienti urbani sempre più inquietanti, che ignorano la tradizione e qualsiasi senso di continuità.
Il progetto che abbiamo da poco ultimato su un incrocio di un vecchio quartiere di Ginevra ha richiesto un lungo e intenso processo di ricerca per mediare con il carattere architettonico dei due edifici che lo fiancheggiano. Uno è una magnifica scuola del XIX secolo, l'altro un progetto modernista di grande pregio di Marc Saugey. Sin dall'inizio abbiamo cercato di trovare il modo di riconciliare queste due architetture, ma quello che abbiamo proposto è comunque un edificio contemporaneo, con un programma diverso dalla scuola e dagli uffici dei due edifici adiacenti. In altre parole, il nostro progetto tenta di imparare qualcosa da ciò che gli sta attorno, ma mira anche a realizzare qualcosa di nuovo e specifico.
Una delle sfide che spesso ci troviamo di fronte nel nostro lavoro è come rappresentarlo prima che lo si possa percepire come un edificio ultimato. Naturalmente produciamo disegni, prospettive, plastici, ma in ultima analisi è necessario fidarsi della rappresentazione fino al momento in cui diventerà possibile esperirlo. E questo, nel nostro lavoro, a volte presenta delle difficoltà.
Recentemente ho discusso di un nostro progetto di concorso a Berna. I membri della giuria hanno apprezzato la sobrietà e

Un'architettura di relazioni

3. Sergison Bates architects
Edificio residenziale, Hackney, Londra, 1999-2002 (foto Ioana Marinescu).

4. Gower Street, Bloomsbury, Londra. Una foto scattata una domenica mattina presto. Questa strada costituisce un raro esempio di forma urbana su grande scala a Londra. Una singola unità abitativa viene ripetuta, formando *terraces* e piazze. La *terraced house* è probabilmente l'invenzione più significativa dell'architettura inglese.

5. Sergison Bates architects con Jean-Paul Jaccaud Architectes, Edificio residenziale con asilo nido, Ginevra, Svizzera, 2006-2011 (foto David Grandorge).

6. The Architectural Association, Bedford Square, Bloomsbury, Londra. Quando ero studente di architettura, ho passato molte ore in questa stanza situata al piano nobile di un paio di *terraced houses* trasformate in un unico singolo spazio abbattendo i muri che le separavano. Mi piace l'atmosfera di questa biblioteca, una stanza in cui si è circondati da libri: vi si stabilisce una relazione meravigliosa con la piazza su cui si affaccia e con le enormi chiome degli alberi.

3.

4.

Sei argomenti di conversazione
Six talking points

3. Sergison Bates architects
Urban housing, Hackney, London,
1999-2002 (photo Ioana Marinescu).

4. Gower Street, Bloomsbury, London.
A photograph I took early on a Sunday
morning. This street offers a rare
example of the larger-scale urban
concept in London. A single house is
repeated to form terraces and squares.
The terraced house is arguably the
greatest architectural achievement of
English architecture.

5. Sergison Bates architects
with Jean-Paul Jaccaud Architectes,
Urban housing and crèche, Geneva,
Switzerland, 2006-2011
(photo David Grandorge).

6. The Architectural Association,
Bedford Square, Bloomsbury, London.
This is a room I spent many hours in
as a student of architecture.
Located on the *piano nobile* of a pair of
terraced houses that were knocked
through to create a single large space.
I like the atmosphere of this library,
a room where you are surrounded
by books with a wonderful relationship
to the square it looks out on, with the
enormous canopy of the trees.

An architecture
of relationships

work it will be possible to reappraise and reinterpret the things I have recorded in a way that becomes personal and specific to our own interests and our own investigations in practice.

D I am reminded of an observation you once made, that projects emerge from a sense of relationships, so that your architecture, too, is the result of an analysis of inhabited environments. You also said that the architect decides which relationships should be considered and which should be discarded. How do you make such decisions?

S To some extent these decisions are taken intuitively, through a sense of the value we place on certain things over and above others. We could not make a work that accepts all existing conditions – this would be too acritical. Inevitably the process is open to our own interpretation and appraisal of elements that we feel hold a certain value. These elements aren't necessarily immediately visible in the physical context in which a project is located. We enjoy the freedom to draw upon a much wider source of reference, as broad as Western architectural culture and our understanding of it.

D A criticism that is often levelled at your architecture is that it's in a way too invisible, it slides in with the city. Personally, I see this as a quality. It's an acknowledgement that the idea of the architectural object has reached a crisis and that you need to take the city into consideration when you develop an architectural project.

S This is an important issue, and one that we're constantly discussing in our work. A lot of what we've been asked to address in practice has been connected to housing programmes. We do not feel it is appropriate to impose a form of experimentation on the future residents of a building. We live in a time when many architects' own ego seems to have the greatest priority. I am referring to the difficulty I have with the "starchitects" and their role as performers rather than contributors to cities. I believe that the additions we make to the contemporary city should not be about ourselves. Unfortunately much of the housing built over the last twenty years in European cities is far too "loud": most new constructions seem to contribute to increasingly unsettling urban environments that ignore tradition and any sense of continuity.

The project we completed recently on a street corner in an old quarter of Geneva involved a long and intense process of trying to mediate between the architectural character of the two buildings that frame it. One is a magnificent nineteenth-century school, the other a very fine modernist project by Marc Saugey. At the outset we sought out some form of reconciliation between these two architectures, but what we came up with is nevertheless a contemporary building, containing a programme that is different from both the school and offices these neighbouring buildings contain. In other words, our project tried to learn something from what sat alongside it, but also to make something new and specific in itself.

One of the challenges we often encounter in our work is how to represent it before the moment when it can be understood as a completed building. Of course we produce drawings, perspectives and models, but ultimately you have to trust representations until the moment when the finished building itself can be experienced. And this is sometimes difficult in our work.

Recently I went to a competition briefing in the city of Bern. The members of the jury appreciated the calmness and the

l'essenzialità delle facciate della nostra architettura, ma erano preoccupati del fatto che qualcuno avrebbe potuto considerarle "noiose". Ho dovuto spiegare con grande cura la serietà del nostro approccio per convincerli che l'edificio era deliberatamente misurato piuttosto che noioso, e ricco in modo non immediatamente apparente...

D Il tuo atteggiamento, quando parli del modo in cui le persone vivono in un posto, è molto diverso dall'atteggiamento modernista nei confronti dell'edilizia residenziale. Il Modernismo vedeva la produzione di edilizia residenziale come un processo, e gli appartamenti come elementi in una catena di montaggio. Il tuo lavoro sembra più legato alla città del XIX secolo, come se cercassi un insieme di valori che la prospettiva di un'edilizia residenziale incentrata sul processo ha smarrito.

S È proprio così. La mia formazione è radicata nella tradizione modernista, ma pone l'accento su valori umanistici. Questa variante si è sviluppata in Scandinavia ed è stata interpretata in Inghilterra da Alison e Peter Smithson, Denys Lasdun, James Gowan, Colin St John Wilson e Lesley Martin, tra gli altri. Il mio *unit master* all'Architectural Association, Rodrigo Perez de Arce, era in sintonia con questa corrente. È importante fare questa precisazione perché non condivido l'ossessione per la funzionalità che caratterizza il progetto modernista. Non credo che si possa spiegare l'architettura solo in termini di prestazioni e funzionalità. Quando la funzionalità assume una dimensione sociale, si rischia quel genere di fallimento di cui ha sofferto ripetutamente la città europea nella ricostruzione postbellica.

Il mio interesse per l'architettura pre-modernista deriva in parte dal fatto che la trovo più complessa e deliberatamente eterogenea. Sembra privilegiare la qualità emotiva di quanto costruito e realizzato. Ha altri valori con cui mi trovo più in sintonia, come quello che la costruzione non deve necessariamente essere "onesta" – o meglio, andrebbe ridefinito il concetto di onestà in relazione all'idea e all'ambizione del progetto. Questo non significa che io pensi che il nostro lavoro di architetti non debba essere in qualche misura efficiente in termini funzionali e ben strutturato. Ma nel complesso, siamo interessati ad altri valori, e questo ci ha portato a riesaminare l'architettura pre-modernista.

D Vorrei ora accennare al dualismo architettura locale e globale, una condizione sin troppo generalizzata per doverla ancora ribadire. Ma nel caso del vostro studio la questione può essere interpretata a due livelli. Uno è forse legato all'organizzazione del vostro lavoro, dato che tu e i tuoi soci vivete e insegnate in città diverse. Ma a un altro livello riguarda le culture all'interno delle quali scegliete di operare e il modo in cui vi mettete in relazione ad esse...

S Di certo né io né Stephen abbiamo mai ambito ad essere architetti locali. Questa mi sembrerebbe veramente una cosa del passato. Entrambi siamo stati attratti fin da ragazzi dalla possibilità di viaggiare ed esplorare la cultura europea nel senso più ampio del termine. Per quanto riguarda la mia storia personale, ho viaggiato nel sud dell'Europa dal primo momento in cui mi è stato possibile farlo da solo. Oggi mi trovo a vivere al centro dell'Europa, con uno studio a Londra e uno a Zurigo, e lavoro a progetti in diverse città e culture architettoniche, europee e non. Va però anche detto che a noi non interessa diventare architetti globali. Ogni progetto stimola la nostra curiosità a esplorare la cultura architettonica con cui il nostro lavoro entra in contatto, e chiaramente troviamo questo compito meno impegnativo nei contesti europei. In qual-

7. Sergison Bates architects
Biblioteca civica, Blankenberge (Belgio), 2004-2011.
Foto David Grandorge.
In questo progetto abbiamo trasformato un edificio scolastico del XIX secolo in una nuova biblioteca civica. Sin dall'inizio eravamo interessati a preservare la serie di stanze che si trovavano originariamente nell'edificio esistente, mantenendone l'allineamento *en enfilade*. Nell'elaborare il programma della biblioteca ho sempre tenuto a mente la biblioteca della scuola di architettura che ho frequentato.

8. Muratore.
Foto Emiel Koole.
Questa immagine evoca per me molte cose che riguardano la costruzione, in particolare il fatto che molto frequentemente si tratta di un'attività imprecisa e che nel nostro ruolo di architetti dobbiamo essere attenti nel valutare i livelli di tolleranza. La costruzione è un'interpretazione da parte di chi costruisce: in questo caso, il muratore. Il nostro lavoro è sempre realizzato da altri, e se da una parte è necessario comunicare chiaramente le nostre intenzioni, dall'altra dobbiamo essere realistici nel valutare ciò che è possibile ottenere.

Ubicazione

7.

Sei argomenti di conversazione
Six talking points

7. Sergison Bates architects
City library, Blankenberge (Belgium), 2004-2011.
Photo David Grandorge.
In this project we converted a nineteenth century school building into the new city library. From the outset we were interested in preserving the existing collection of rooms in the former building maintaining the enfilade arrangement. In the development of the library programme I always had in mind the library in the school of architecture I attended.

8. Bricklayer.
Photo Emiel Koole.
This image reminds me of many things in relation to construction, in particular that it is, more often than not, an imprecise undertaking and that, as architects we need to be careful in our assessment of levels of tolerance. The act of building is one of interpretation on the part of the builder or, as in this case, the bricklayer. Our work is always realised by other parties, and while we need to be clear in communicating our intentions, we must also be realistic in terms of what it is possible to achieve.

Location

quietness of the facades we proposed, but were concerned that some may see them as "boring". I had to take great care in explaining the seriousness of our approach to convince them that the building was deliberately understated rather than boring, and hopefully rich in ways that may not be immediately apparent…

D Your attitude when you talk about the way people inhabit a place is very different from the Modernist way of looking at the normative in housing. Modernism saw the production of housing as a process, and the apartment as a piece in an assembly line. Your work seems in closer rapport to the nineteenth century city, as if you're looking for a set of values that this process-led perspective on housing has missed.

S This is increasingly the case. My education was rooted in the Modernist tradition, although it gave priority to humanist values. This variant had evolved in Scandinavia and was interpreted in England by the likes of Alison and Peter Smithson, Denys Lasdun, James Gowan, Colin St John Wilson and Lesley Martin, amongst others. My unit master at the AA, Rodrigo Perez de Arce, aligned himself with this current. It is important to make this distinction because I find myself at odds with the obsession with functionality that characterises the Modernist project. I don't think you can explain architecture only through performance and functionality. When functionality takes on a social dimension, it is prone to the kind of failure that the post-war rebuilding of the European city suffered time and time again.

My interest in pre-Modernist architecture stems in part from the fact that I find it more complex and deliberately inconsistent. It seems to give priority to the emotional quality of what was built and realised. It has other values that I find myself more attuned to, such as an acceptance of construction as not necessarily "honest" – or rather, a redefinition of its honesty as deriving from the way in which it serves the idea and ambition of the project. This is not to say that I don't think our work as architects needs to be to some extent functionally efficient and well ordered. On balance, there are other things we are interested in, and this has led to our reappraisal of pre-Modernist architecture.

D I'd like to touch on the duality of local and global architecture, which is almost too common a condition to have to reiterate these days. But in the case of your practice, this point can be raised on two levels. One is perhaps more about logistics: it's about how you actually operate within your practice given that you and your partners live and teach in different cities; but at another level this concerns the cultures within which you choose to operate and the way you relate to them.

S I certainly don't think Stephen and I ever had an ambition to be local architects. This really seems to me a thing of the past. We were both drawn to the possibility of travel from an early age and an exploration of European culture in the widest sense. In terms of my own personal history, I was travelling to the south of Europe as a teenager, from the first moment that I could do so on my own. Today I find myself living in the centre of Europe, with studios in London and Zurich, and work in many cities and architectural cultures in Europe – in fact even farther afield. It must also be stated that we are not interested in becoming global architects, but with every project comes a curiosity to explore the architectural culture our work is part of, and we certainly find this task less demanding when it is within a European context. To some extent our work is in opposition to the equalising, universal attitude that Modernism

che misura il nostro lavoro è in opposizione all'approccio indifferenziato, universale, adottato dal Modernismo. Tutti i nostri progetti partono da un'indagine su quello che troviamo in un particolare luogo, e dalla nostra reazione ad esso.

D Un modo specifico con cui sembra vi mettiate costantemente in relazione a varie culture è l'analisi, o lo studio delle tipologie locali.

S La ricerca tipologica è una componente tangibile del nostro lavoro. Ma assorbiamo molte altre cose, secondo ciò che cattura la nostra attenzione. Mi riferisco a quanto mi chiedevi prima in relazione al processo di selezione. Quando parliamo di *housing*, si rivela comunque utile soprattutto l'approccio scientifico che deriva dalla ricerca tipologica.

D Vi sono anche progetti che rappresentano culture diverse dalla vostra in cui ricorrete all'adozione di motivi formali per creare una relazione con quella cultura. È interessante notare che questa rappresentazione "didattica" dei temi locali sembra essere più applicabile agli edifici di valore civico piuttosto che a quelli residenziali.

S Chiaramente per gli edifici pubblici è necessario esplorare un modo di fare architettura più espressivo. I progetti che hanno una maggior rilevanza culturale – un museo, una galleria d'arte o un centro congressi, per esempio – richiedono forme di espressione architettonica diverse rispetto ai progetti di *housing*.

D In molti tuoi testi fai riferimento ai significati sottesi alle convenzioni architettoniche, per esempio come disegnare e come leggere un disegno. Hai scritto saggi sulle piante, sui prospetti, sui disegni esecutivi e via di seguito… È come se conducessi i lettori attraverso i vari tipi del disegno architettonico. Ma poi estrapoli da questi tipi di disegno anche considerazioni che gettano luce sul tuo approccio all'una o all'altra fase della progettazione.

S Alcuni dei testi cui ti riferisci sono nati da inviti specifici ad affrontare il tema, come nel caso di *Working/Drawing*, un contributo al libro di Annette Spiro e Davide Ganzoni. Altri sono collegati al mio impegno nell'insegnamento, e forse all'esigenza di capire io stesso perché credo all'importanza di questi procedimenti. Articolando una spiegazione scritta, spero di poter offrire ai miei studenti qualcosa che sia utile anche a loro.

Ma alla fine, quando si parla di immagine, l'architettura non può mai sottrarsi alle decisioni che accompagnano la domanda: «Cosa vedo quando guardo qualcosa?», secondo la concisa formulazione che ne ha dato Mark Pimlott. L'architettura è sempre una risposta alla domanda rappresentativa che sta alla sua origine, e il modo in cui decidiamo consapevolmente di raccogliere questa sfida è un tema che mi interessa. Anche l'High Tech, che in un certo senso non si sporca le mani con la vera materia dell'architettura, propone soprattutto un'immagine – in questo caso, una *fiction* tecnologica.

D Tu stesso elabori personalmente molte rappresentazioni progettuali, a partire dal disegno e specificamente dagli schizzi. La tua è una modalità rappresentativa, e forse anche una forma di progettazione, sempre più tralasciata nella pratica odierna.

S So che alcuni mi chiederanno: «A cosa serve fare uno schizzo?» Io so perché parto dagli schizzi: lo trovo un metodo utile a trasformare un'idea che esiste nella mia testa in qualcosa che può essere osservato e valutato. Rendendo possibile questa trasposizione, lo schizzo risponde all'esigenza di rendere concreta un'idea. E in base a quello schizzo è possi-

9. Álvaro Siza
Facoltà di Architettura,
edificio per il primo anno,
Porto, Portogallo, 1985-1986.
Visitai questo edificio per la prima volta quando ero uno studente al quarto anno di università. Ricordo di essere stato estremamente impressionato dalla cura con cui Siza ha posizionato questa appendice a una casa con giardino pre-esistente e dalla raffinata manipolazione della geometria. Questa prima esperienza si è col tempo trasformata in un profondo apprezzamento per l'architetto portoghese, tanto brillante quanto modesto – una persona squisita.

10. Vienna.
L'espansione e la ricostruzione della città europea contemporanea limitano sempre maggiormente la vicinanza tra gli edifici a causa dei problemi che derivano da un'eccessiva prossimità tra costruzioni che si affacciano le une sulle altre. Ma è una preoccupazione relativamente recente per gli architetti e gli urbanisti. Questa immagine rappresenta un tipo di sviluppo urbano del XIX secolo nell'Europa centrale, basato su una struttura di isolati imponenti con cortili interni, in cui gli alloggi sono molto vicini gli uni agli altri – cosa che si direbbe abbia un effetto positivo.

Rappresentazione

9.

Sei argomenti di conversazione
Six talking points

9. Álvaro Siza
First Year Pavilion, Faculty of Architecture, Porto, Portugal, 1985-1986.
I first visited this building as a fourth-year student. I remember being extremely impressed with the care with which Álvaro Siza had placed this addition to an existing house and garden and the subtle manipulation of geometry. This initial experience has in time evolved into a profound appreciation of this architect who is as brilliant as he is modest – a wonderful human being.

10. Vienna.
The expansion and rebuilding of the contemporary European city increasingly restricts proximity because of a concern with overlooking. But this is a relatively recent preoccupation that architects and urban planners are under pressure to take into account. This image represents a central European nineteenth century urban development based on a structure of imposing blocks, with inner courtyards where dwelling are frequently very close to one another – and arguably all the better for it.

10.

adopted. All of our work begins with an investigation of what we encounter in a place and our reaction to it.

D One specific way in which you seem to consistently relate to cultures is through the analysis, or study of local types.

S Typological investigation is possible because it's a tangible component of that research. But there are many other things that we absorb, based on what takes our attention. This comes back to what you were asking me earlier in terms of a process of selection. But when we're talking about housing, the scientific approach that comes through typological investigations is helpful.

D I'm thinking here of representational projects for cultures that are alien to yours, in which you revert to the adoption of formal motives as a way of relating to that culture. Interestingly enough, this, "didactic" representation of local motives seems to apply more to civic buildings rather housing.

S Clearly with more public buildings there is a need to explore a more expressive kind of architecture. Projects that have a greater sense of cultural significance, a museum, a gallery or a conference centre for example, demand a different form of architectural expression than housing.

Representation

D In many of your writings you refer to the meanings behind architectural conventions, for example how to draw and read drawings. You have written specific essays about plans, about elevations, construction drawings and so forth… It's as if you take your audience through a typology of architectural drawing. But then you extrapolate from these types of drawing something that illuminates your attitude to one of several stages of design.

S Well, some of the papers that you're just listing came about through a direct invitation to address the subject – as in the case of *Working/Drawing*, which was a contribution to Annette Spiro and David Ganzoni's book. Others relate to my teaching practice and perhaps to the need to work out for myself why I value these things. By articulating that, I hope to be able to offer my students something that will be valuable for them, too.
But in the end, when you talk about image, architecture can never shirk the decisions that accompany the question «What do I see when I look as something?», as so succinctly put by Mark Pimlott. Architecture always responds to the representational demand placed upon it, and how consciously you choose to engage with that is a subject that interests me. Even High-tech, which somehow doesn't dirty its hands with the real stuff of architecture, proposes an image as much as anything else – in its case, a fiction of technology.

D You personally work out many aspects of a design from drawing and specifically from sketching. It's a form of representation, even a form of design, that is increasingly obscured in today's practice.

S I know some people will ask «Why would you make a sketch?». I know why I sketch. I find it a helpful way of transforming an idea that exists in my head into something that can be looked at and judged. By performing this act of transferral, a sketch answers this need to make an idea concrete. And from that sketch, something much more accurate can be established: a drawing can then be produced to scale so that it is measurable, or a model can be made to allow for the formal qualities and characteristics of that sketch to be really understood. And I need all these things.

D In a way it's also an acknowledgement of a decision-mak-

bile stabilire qualcosa di molto più accurato: si può produrre un disegno in scala che può essere misurato, o si può costruire un plastico che ci permette di capire meglio le qualità formali e le caratteristiche di quello schizzo. A me servono tutte queste cose.

D In un certo senso è anche il riconoscimento che il processo decisionale è visivo, soggettivo e individuale. Tu non parti dunque dalla descrizione scritta di un concetto, ma da un disegno…

S L'evoluzione di un concetto avviene attraverso la valutazione del lavoro sin lì fatto, tramite l'ordine che imponiamo a quel lavoro nel definire i problemi, i temi e le idee che il progetto affronta. Non è un processo semplice, e certo non è lineare. Nel nostro lavoro, il dubbio, e la gestione del dubbio, sono estremamente importanti.

D L'ultimo tema che vorrei affrontare è quello dell'insegnamento, in particolare il modo in cui vedi la relazione tra insegnamento e pratica dell'architettura. Pensi che sia necessario praticare l'architettura per insegnare? Pensi che sia necessario insegnare per praticare l'architettura?

S Ci sono architetti che ammiro profondamente – Sigurd Lewerentz, Asnago e Vender, Fernand Pouillon, per citarne alcuni – che non si sono mai impegnati nell'insegnamento. Ci sono architetti che ammiro profondamente che hanno raramente parlato in pubblico del loro lavoro e che non hanno mai trovato facile descriverlo con la precisione della scrittura. Perciò non credo sia necessario insegnare per fare architettura in modo critico o interessante.

Per quanto mi riguarda, considero comunque necessaria la sovrapposizione di insegnamento e pratica. Sono giunto a questa conclusione attraverso l'esperienza dell'insegnamento in Gran Bretagna, dove è quasi impossibile essere un buon architetto e insegnare allo stesso tempo. Tradizionalmente, nel resto dell'Europa, ci si aspetta invece che chi insegna sia impegnato nella pratica dell'architettura. La conoscenza del processo di costruzione, la ricerca che deriva dal praticare l'architettura in modo critico, si prestano all'insegnamento. Ma non tutti sono in grado di insegnare.

D Viceversa, pensi che sia possibile essere grandi insegnanti di architettura, in particolare di progettazione architettonica, senza lavorare come architetti?

S Ho in mente alcuni esempi. Micha Bandini è stata un'ottima insegnante di progettazione architettonica. Peter Carl è una fonte d'ispirazione… Ma, e questa non è una critica a nessuno dei due, c'è un limite nella loro conoscenza. Non avendo esperienza della complessità del lavoro di costruzione, tutto quello che vi attiene è assente dal loro insegnamento. Il mio titolo accademico è Professore di Progettazione e Costruzione, e non potrei ricoprire questo ruolo se non praticassi l'architettura, perché la costruzione e la disciplina del costruire sono in costante evoluzione e penso sia possibile conoscerle solo attraverso l'esperienza diretta.(ma)

L'insegnamento

11. Sergison Bates architects
Edifici con residenze e uffici,
Nordbahnhof, Vienna, Austria
(foto Stefan Müller).
Questo progetto è stato sviluppato in collaborazione con Werner Neuwirth e von Ballmoos Krucker. Qui tutti eravamo interessati a creare il senso di prossimità una volta diffuso nei tessuti urbani del XX secolo, come strategia di resistenza contro la pressione a creare distanze sempre maggiori tra gli edifici, con la conseguente perdita dei rapporti di vicinato che ne deriva.

12. Barcellona.
Edifici di altezza relativamente modesta e alta densità abitativa: un esempio di urbanizzazione che dà origine a una città dinamica.

13. Milano.
Un incrocio a Milano, incorniciato da edifici di Gio Ponti e Giovanni Muzio, tra gli altri.

11.

Sei argomenti di conversazione
Six talking points

11. Sergison Bates architects
Urban housing and studios,
Nordbahnhof, Vienna, Austria
(photo Stefan Müller).
This project was developed in
collaboration with Werner Neuwirth
and von Ballmoos Krucker. Here
we all shared an interest in creating the
sense of proximity that was common
in pre-twentieth century urban fabrics
as a way of resisting the increasing
pressure to place ever greater distance
between buildings, with the resulting
loss of neighbourliness that comes
with it.

12. Barcelona.
An example of a relatively low-rise,
high-density urbanism that gives rise to
a vibrant city.

13. Milan.
A junction in Milan framed by buildings
by Gio Ponti and Giovanni Muzio, among
others.

Teaching

ing process that is visual, subjective and individual. The fact remains that you don't set out by writing down a concept, but by drawing.

S The evolution of a concept comes through the assessment of the work that's made, the order that we bring to that work through the need to define the issues, the themes, and the idea that a project addresses. It's not a clear process, and certainly not a linear one. In our work, doubt – and the management of doubt – are extremely important.

D The last theme I'd like to touch on is that of teaching, particularly the manner in which you see the relation between teaching and the practice of architecture. Do you think that you have to practice in order to teach? Do you think you have to teach in order to practice?

S There are architects that I admire greatly – Sigurd Lewerentz, Asnago and Vender, Fernand Pouillon, to name but a few – who never engaged with academia in any form. There are architects that I admire greatly who rarely spoke publicly about their work and never found it easy to articulate their work through the precision of writing. So, I don't think it's necessary to teach to be a critical or interesting architect.
For me, it is the overlapping of teaching and practice that I consider necessary. I have come to realise this through the experience of teaching in the UK, where it is almost impossible to be a good practitioner who also teaches. In the continental European tradition teachers are expected to be committed to practice. The knowledge of building, the research that derives from a critical practice committed to building, lend themselves to teaching. But not everyone can teach.

D Conversely, do you think that there can be great teachers of architecture, of studio specifically, that are not practitioners?

S I can think of examples. Micha Bandini was a great studio teacher. Peter Carl is an inspirational teacher… But – and it's not a criticism of either of them – there is a limit to their knowledge. They don't really know about the messy business of building, and so all that is absent from their teaching. My title is Professor of Design and Construction; I couldn't hold that title if I were not in practice, because construction and the discipline of construction is ever-evolving and I think you can only really know this by doing it yourself.

12.

13.

Note biografiche
Biographies

Manuel
Aires Mateus

Collabora con Gonçalo Byrne dal 1983 ed è professore dal 1986. Professore invitato alla UAL e Lusiada di Lisbona, Harvard (USA). È stato invitato a tenere seminari in Europa, Sud America e Asia. Con Francisco Aires Mateus ha vinto premi in Portogallo, Italia, Messico e Spagna. Professore all'Accademia di architettura-USI dal 2003.

Worked with Gonçalo Byrne from 1983 and was professor from 1986. Visiting professor at the UAL and Lusiada in Lisbon and Harvard (USA). He has been invited to hold seminars in Europe, South America and Asia. With Francisco Aires Mateus has won various prizes in Portugal, Italy, Mexico and Spain. Professor at the Academy of Architecture-USI since 2003.

Walter
Angonese

foto/photo Alberto Canepa

Laureato presso lo IUAV di Venezia, vive a Caldaro, Sudtirolo. Ha insegnato all'Università di Innsbruck ed è stato professore invitato a Vienna, Palermo, Reggio Calabria, Monaco di Baviera, Zurigo, Milano, Porto e Viseu, Berlino. I suoi lavori hanno ricevuto diversi premi e riconoscimenti. Professore all'Accademia di architettura-USI dal 2011.

Graduated from IUAV in Venice he lives in Caldaro, Sudtirolo. He has taught at the University of Innsbruck, and was visiting professor at Wien, Palermo, Reggio Calabria, Munich, Zurich, Milan, Porto and Viseu, Berlin. He has received many awards. Professor at the Academy of Architecture-USI since 2011.

Michele
Arnaboldi

foto/photo Alberto Canepa

Si laurea nel 1979 al Politecnico di Zurigo, dove è assistente dal 1982 al 1984 presso la cattedra di Dolf Schnebli. Dal 1979 al 1985 lavora presso lo studio d'architettura Luigi Snozzi. Nel 1985 apre un proprio studio. Dal 1986 partecipa a concorsi nazionali e internazionali ricevendo diversi riconoscimenti. Nel 1994-1995 è professore invitato alla Washington University St Louis, USA. Professore all'Accademia di architettura-USI dal 2009.

Graduated in 1979 from the Federal Polytechnic of Zurich (ETH). Assistant from 1982 to 1984 in the course held by Dolf Schnebli. From 1979 to 1985 worked in Luigi Snozzi's architectural firm. In 1985 he opened his own practice. Since 1986 he has taken part successfully in national and international competitions. In 1994-1995 he was visiting professor at Washington University, St Louis, USA. Professor at the Academy of Architecture-USI since 2009.

Valentin
Bearth

foto/photo Alberto Canepa

Laureato al Politecnico di Zurigo con Dolf Schnebli nel 1983, inizia a collaborare con lo studio di Peter Zumthor. Nel 1988 fonda con Andrea Deplazes lo studio Bearth & Deplazes, che ha sede a Coira e a Zurigo, cui è associato dal 1995 anche Daniel Ladner. Lo studio realizza numerosi edifici residenziali, pubblici e scolastici, ottenendo riconoscimenti nazionali e internazionali: nel 1999 è finalista al Mies van der Rohe Award.

After graduating from the Polytechnic of Zurich with Dolf Schnebli in 1983, he began to collaborate with the Peter Zumthor practice. In 1988 he and Andrea Deplazes founded the Bearth & Deplazes practice, with offices at Chur and Zurich, and took Daniel Ladner into partnership in 1995. The firm has produced numerous housing projects and commissions for public works and schools, receiving widespread recognition in Switzerland and abroad:

Dal 1997 al 2000 fa parte della Commissione Federale per la Protezione dei Monumenti in Svizzera. Professore all'Accademia di architettura-USI dal 2003.

in 1999 it was a finalist in the Mies van der Rohe Award. From 1997 to 2000 he was a member of the Federal Commission for the Protection of Monuments in Switzerland. Professor at the Academy of Architecture-USI since 2003.

Laureato nel 1982 presso il Politecnico di Milano. Nel 1989 inizia la propria attività professionale occupandosi di architettura e design. Nel 1998 ha vinto il premio Compasso d'Oro-ADI per la sedia *Laleggera*. Professore all'Accademia di architettura-USI dal 2013.

Graduated in 1982 from the Milan Polytechnic. In 1988 began his professional practice by working on architecture and design. In 1998 won the Compasso d'Oro-ADI award for the *Laleggera* chair. Professor at the Academy of Architecture-USI since 2013.

foto/photo Alberto Canepa

Riccardo Blumer

Dal 1982 è titolare con Elisabeth Boesch di uno studio di architettura a Zurigo. Realizza opere in Svizzera, Germania, Giappone e Hong Kong. Tra i progetti più importanti: ristrutturazione e rinnovo Amtshaus III a Zurigo; Maag-Areal a Zurigo, con Diener & Diener; Padiglione *Oui!* Expo 02 a Yverdon; Areal Sulzer-Lagerplatz a Winterthur; ristrutturazione e ampliamento Villa Rainhof a Zurigo; ristrutturazione e ampliamento Kurtheater a Baden. È stato docente di Riuso presso i Politecnici di Losanna e Zurigo, l'Istituto di architettura di Ginevra, la Scuola superiore di arti figurative e la HafenCity University di Amburgo. Professore all'Accademia di architettura-USI dal 2008.

Since 1982 has been principal of an architectural firm in Zurich with Elisabeth Boesch. Has built works in Switzerland, Germany, Japan and Hong Kong. Among the most important projects: restructuring and renewal of Amtshaus III in Zurich; Maag-Areal in Zurich, with Diener & Diener; Pavilion *Oui!* Expo 02 in Yverdon; Areal Sulzer-Lagerplatz in Winterthur; renovation and extension to Villa Rainhof in Zurich; restructuring and extension to Kurtheater in Baden. Has taught Reuse at the Institutes of Technology in Lausanne and Zurich, the Institute of Architecture in Geneva, the Higher School of Visual Arts and the HafenCity University of Hamburg. Professor at the Academy of Architecture-USI since 2008.

foto/photo Alberto Canepa

Martin Boesch

Mario Botta

foto/photo Alberto Canepa

Laureato all'Università IUAV di Venezia, professore ai Politecnici federali di Losanna e Zurigo, e professore *honoris causa* presso diverse università. Ha ricevuto importanti riconoscimenti internazionali. Le sue opere sono realizzate in tutto il mondo. Professore all'Accademia di architettura-USI dal 2003.

Graduated from the Venice University IUAV. Professor of the Federal Polytechnics of Lausanne and Zurich as well as honorary professor of a number of universities. He has received important international awards and completed projects all over the world. Professor at the Academy of Architecture-USI since 2003.

Burkhalter Sumi

Marianne Burkhalter ha lavorato come architetto a Firenze (Superstudio), New York e Los Angeles (Studio Works), ed è stata uditrice all'Università di Princeton. Ha svolto attività didattiche alla SKI-ARC di Los Angeles e al Politecnico di Losanna. Christian Sumi, dopo la laurea al Politecnico di Zurigo, ha collaborato con l'Istituto di Storia e Teoria dell'Architettura, ha insegnato alla Harvard University, al Politecnico di Losanna e alla University of Strathclyde di Glasgow. Insieme, Marianne Burkhalter e Christian Sumi dirigono uno studio di architettura a Zurigo, che ha acquisito fama internazionale grazie, tra le altre cose, agli innovativi edifici in legno e alle particolari colorazioni policrome. Attualmente lo studio si occupa di ristrutturazioni di edifici industriali e di urbanizzazione dello spazio alpino, nonché di allestimenti di mostre. Professori all'Accademia di architettura-USI dal 2008.

Marianne Burkhalter has practiced as an architect in Florence (Superstudio), New York and Los Angeles (Studio Works), and been an auditor at the University of Princeton. She has taught at SKI-ARC in Los Angeles and the Lausanne Polytechnic. Graduated from the Zurich Polytechnic, Christian Sumi worked for the Institute of History and Theory of Architecture and has taught at Harvard University, the Lausanne Polytechnic and the University of Strathclyde in Glasgow. Together, Marianne Burkhalter and Christian Sumi run an architectural practice in Zurich. The firm acquired an international reputation by, among other things, its innovative wooden buildings and distinctive use of polychrome colours. Currently it is engaged in restructuring industrial buildings and the urbanization of Alpine space, as well as designing exhibitions. Professors at the Academy of Architecture-USI since 2008.

Antonio Citterio

foto/photo Alberto Canepa

Apre il proprio studio di progettazione nel 1972 e si laurea in Architettura al Politecnico di Milano nel 1975. Fra il 1987 e il 1996 è associato a Terry Dwan, colla quale realizza edifici in Europa e Giappone. Nel 1999 fonda con Patricia Viel lo studio Antonio Citterio and Partners, che opera a livello internazionale sviluppando programmi progettuali complessi, ad ogni scala e in sinergia con un *network* qualificato di consulenze specialistiche. Tra le tipologie

Opened his own design practice in 1972 and graduated in Architecture from the Milan Polytechnic in 1975. Between 1987 and 1996 he was in partnership with Terry Dwan, with whom he designed buildings in Europe and Japan. With Patricia Viel in 1999 he founded the office Antonio Citterio and Partners, which works internationally developing complex programs, on all scales and in synergy with an outstanding network of specialist consul-

progettuali realizzate: piani urbanistici, complessi residenziali e commerciali, stabilimenti industriali, ristrutturazioni conservative di edifici pubblici, pianificazione di spazi per il lavoro, uffici, showroom, alberghi. Nel campo del disegno industriale collabora con le maggiori aziende italiane e straniere. Nel 1987 e nel 1995 riceve il Compasso d'Oro-ADI. Nel 2008 riceve dalla Royal Society for the encouragement of Arts, Manufactures & Commerce di Londra l'onorificenza Royal Designer for Industry. Professore all'Accademia di architettura-USI dal 2006.

tants. The practice is actively engaged in a wide range of project typologies: urban planning, residential and commercial complexes, industrial facilities, conservative restructurings of public buildings, planning of workspaces, offices, showrooms and hotels. In the field of industrial design he collaborates with the major Italian and foreign companies. In 1987 and 1995 he was awarded the Compasso d'Oro-ADI. In 2008 he received the accolade of Royal Designer for Industry from the Royal Society for the encouragement of Arts, Manufactures & Commerce in London. Professor at the Academy of Architecture-USI since 2006.

Ha studiato a Losanna e a New York (Cooper Union), laureandosi al Politecnico di Losanna (EPFL). È stato professore invitato all'EPFL e alla Pennsylvania University. È contitolare dell'Atelier Cube, al quale l'Institut für Geschichte und Theorie der Architektur (gta) del Politecnico di Zurigo ha dedicato una mostra nel 1997. Professore all'Accademia di architettura-USI dal 2000.

Studied at Lausanne and New York (Cooper Union) and graduated from the Polytechnic of Lausanne. Visiting professor at the EPFL and Pennsylvania University. In 1982 he was co-founder of the Atelier Cube, to which the Institut für Geschichte und Theorie der Architektur (gta) of the Federal Polytechnic of Zurich devoted an exhibition in 1997. Professor at the Academy of Architecture-USI since 2000.

foto/photo Alberto Canepa

Marc Collomb

Yvonne Farrell e Shelley McNamara fondano nel 1977 a Dublino lo studio Grafton Architects. Lo studio espone, tra l'altro, alla Biennale di Venezia del 2002 e alla Mies van der Rohe Award Exhibition del 2003. Tra le realizzazioni: edifici scolastici, residenziali, pubblici, e progetti su scala urbana. Nel 2012 riceve il Leone d'argento alla Biennale di Venezia. Professori all'Accademia di architettura-USI dal 2013.

Yvonne Farrell and Shelley McNamara are founder member of Grafton Architects established in Dublin in 1977. Exhibited work includes the Venice Biennale 2002, Mies van der Rohe Award Exhibition 2003. Completed work includes university buildings, schools, housing, public buildings together with urban design projects. Were awarded the Silver Lion at the Venice Biennale 2012. Professors at the Academy of Architecture-USI since 2013.

Grafton Architects

Diébédo Francis Kéré

foto/photo Alberto Canepa

Nato a Gando (Burkina Faso), durante gli studi alla Technische Universität di Berlino fonda, nel 1998, l'associazione Schulbausteine für Gando, con l'obiettivo di combinare il sapere acquisito in Europa con le tecniche costruttive tradizionali dell'Africa Occidentale. Nel 2001 termina la costruzione della sua prima scuola in Burkina Faso e apre a Berlino lo studio Kéré Architecture, impegnato soprattutto in progetti sociali. Professore onorario alla TU fino al 2011, professore ospite alla Milwaukee University e all'Università IUAV, insegna alla Harvard Graduate School of Design. Ha ricevuto il Global Holcim Award Gold (2012), il Marcus Prize (2011), il BSI Swiss Architectural Award (2010) e l'Aga Khan Award (2004). Ha preso parte a diverse esposizioni, tra le quali *Small Scale Big Change*, al MoMA (2011), e la Biennale di Venezia (2010). Professore all'Accademia di architettura-USI dal 2015.

Born in Gando (Burkina Faso), studied at the TU Berlin, where he set up the association Schulbausteine für Gando in 1998 with the objective of combining his European gained knowledge with traditional building techniques from West Africa. He built his first school in Burkina Faso in 2001 and opened in Berlin his own office Kéré Architecture engaging mainly in social projects. Honorary professor at the TU Berlin until 2011, he has also been invited as a guest professor in Milwaukee University, Università IUAV (Venice) and currently teaching at Harvard Graduate School of Design. In addition, he has won the Global Holcim Award Gold (2012), the Marcus Prize (2011), the BSI Swiss Architectural Award (2010) and the Aga Khan Award (2004). Has also participated in several exhibitions such as *Small Scale Big Change* at the MoMA (2011) and the Venice Biennale (2010). Professor at the Academy of Architecture-USI since 2015.

Quintus Miller

foto/photo Alberto Canepa

Studi al Politecnico di Zurigo, dal 1990 al 1994 assistente di progettazione. Dal 1994 è titolare con Paola Maranta di uno studio d'architettura con sede a Basilea. Professore invitato ai Politecnici di Losanna e Zurigo, dal 2004 al 2008 è stato membro della Commissione di Pianificazione della città di Lucerna, e dal 2005 è membro della Commissione dei Beni culturali della città di Zurigo. Professore all'Accademia di architettura-USI dal 2009.

Studied at the Zurich Polytechnic, from 1990 to 1994 was design assistant. Since 1994 he and Paola Maranta have had an architectural practice in Basel. Professor at the Lausanne and Zurich Polytechnics, from 2004 to 2008 he has been a member of the Stadtbaukomission der Stadt Luzern and since 2005 of the Denkmalpflegekomission der Stadt Zürich. Professor at the Academy of Architecture-USI since 2009.

João Nunes

foto/photo Alberto Canepa

Laureato in Architettura del paesaggio all'Istituto Superiore di Agronomia di Lisbona, ha conseguito il Master presso l'ETSAB di Barcellona. Docente presso l'Istituto dove si è laureato e professore ospite all'ETSAB e alla Facoltà di Architettura di Alghero, ha tenuto seminari presso varie scuole: Harvard, UPenn, ETSAB, Università IUAV, Politecnico di Milano, École National Supérieure du Paysage di Versailles. Con PROAP, di cui è fondatore e

Graduate Degree in Landscape Architecture at the Agronomics Institute from the Technical University of Lisbon and Master degree from the ETSAB, Barcelona. Lecturer at the Institute where he graduated and visiting professor at ETSAB UPC Barcelona, FA Alghero USS. Attended seminars at several schools: Harvard, UPenn, ETSAB, Università IUAV, Milan Polytechnic, École National Supérieure du Paysage di Versailles. At PROAP Landscape

CEO, ha realizzato progetti riconosciuti da premi internazionali, tra i quali: Parco del Tejo, Cava do Viriato, Parco del Mondego, Waterfront di Anversa. Professore all'Accademia di architettura-USI dal 2014.

Architecture, as a founder and CEO, he is the author and main responsible of some internationally recognized and awarded projects: Tejo and Trancão Park, Cava Viriato, Mondego Green Park, and Antwerp Waterfront. Professor at the Academy of Architecture-USI since 2014.

Laureato nel 1986 al Politecnico di Zurigo (ETH). Dal 1993 al 1995 ha vissuto e lavorato a Los Angeles. È stato professore invitato a Zurigo (ETH), Stoccarda (HFT), Londra (AA), New York (Cornell) e nel 2009 alla cattedra Kenzo Tange della Harvard University di Cambridge (USA). È titolare di uno studio di architettura a Flims. Professore all'Accademia di architettura-USI dal 2007.

Graduated in 1986 from the Federal Polytechnic of Zurich (ETH). From 1993 to 1995 lived and worked in Los Angeles. Has been visiting professor in Zurich (ETH), Stuttgart (HFT), London (AA) and New York (Cornell). In 2009 has been Kenzo Tange visiting professor in Harvard University (Mass.). He has an architectural practice in Flims. Professor at the Academy of Architecture-USI since 2007.

Valerio Olgiati

foto/photo Alberto Canepa

Laureato all'Architectural Association di Londra nel 1989, ha lavorato negli studi di David Chipperfield e Tony Fretton. Nel 1996 apre con Stephen Bates lo studio Sergison Bates Architects, i cui lavori ricevono numerosi riconoscimenti e vengono pubblicati sulle maggiori riviste di architettura. La mostra a loro dedicata, *Brick-work, thinking and making*, inaugurata al Politecnico di Zurigo nel 2005 e subito dopo al RIBA di Londra, ha fatto poi tappa a Dresda, Amburgo, Vienna, Barcellona e Mendrisio. Professore all'Accademia di architettura-USI dal 2008.

Graduated from the Architectural Association (London) in 1989, he worked for David Chipperfield Architects and Tony Fretton Architects. In 1996 he established Sergison Bates Architects with Stephen Bates. Several of their projects have received awards and the practice's work has been published in a number of architectural journals. Their exhibition *Brick-work, thinking and making*, first shown at Zurich Polytechnic in 2005 and subsequently at RIBA in London, has since travelled to Dresden, Hamburg, Vienna, Barcelona, Mendrisio. Professor at the Academy of Architecture-USI since 2008.

Jonathan Sergison

foto/photo Alberto Canepa

Stampa
Print
> Arti grafiche Veladini,
> Lugano

Finito di stampare
> nel giugno 2016

Printed
> in June 2016

MISTO
Carta da fonti gestite in maniera responsabile
Paper from responsible sources
FSC® C021749